应用型大学学科建设的理论与实践

王世杰 著

中国科学技术大学出版社

内容简介

本书针对高校学科建设中存在的不足,深入分析应用型大学面临的新形势和新挑战以及社会主义市场经济、经济全球化和新科技革命对高等教育的深刻影响,运用多种理论分析框架,从理论分析和实证探索两个方面系统地阐述了应用型大学学科建设的内涵和本质,并在总结和分析各应用型大学学科建设成就与不足的基础上,结合典型案例探究影响学科建设的核心要素,展示各应用型大学学科建设的特色实践内容,从而为应用型大学的学科建设提供参考和借鉴。

图书在版编目(CIP)数据

应用型大学学科建设的理论与实践/王世杰著. —合肥:中国科学技术大学出版社,2019.9
ISBN 978-7-312-04789-3

Ⅰ. 应⋯ Ⅱ. 王⋯ Ⅲ. 高等学校—学科建设—研究 Ⅳ. G642.3

中国版本图书馆 CIP 数据核字(2019)第 205467 号

出版	中国科学技术大学出版社 安徽省合肥市金寨路 96 号,230026 http://press.ustc.edu.cn https://zgkxjsdxcbs.tmall.com
印刷	合肥华苑印刷包装有限公司
发行	中国科学技术大学出版社
经销	全国新华书店
开本	710 mm×1000 mm 1/16
印张	18
字数	313 千
版次	2019 年 9 月第 1 版
印次	2019 年 9 月第 1 次印刷
定价	158.00 元

前　言

学科是高校的基础元素,是高等学校完成人才培养、科学研究、社会服务和文化传承创新四大功能的最基本载体。[①] 学科建设是高校发展的基础,在学校发展中处于战略地位,学科和专业设置在很大程度上决定了学校的办学特色。学科建设不仅是一种学术活动,更是一种办学行为,实际上是高校办学行为的中心——学科建设的好坏决定着高校办学的优劣与成败。学科建设包含了学术方向凝练、学术队伍建设、科学研究和人才培养、平台建设等诸多方面。通过学科建设,能够稳定队伍、形成合力、增加活力,推动科学研究不断取得突破与创新。

在我国高等教育改革发展的浪潮中,应用型大学是不可忽视的一类群体。应用型大学是适应社会发展而产生的服务于现代化生产、建设、管理一线的新型大学,在我国的高校群体中占有很大比重。由于应用型大学主要为行业或地方区域经济建设一线培养人才,其发展水平直接影响着我国社会经济的现代化进程。因此,应用型大学学科建设具有重要的现实意义,应用型大学应该抓住机遇,为建设一流学科,乃至为建设一流大学夯基础、做准备,发展与之相适应的特色学科专业体系。

本书针对高校学科建设中存在的不足,深入分析应用型大学面临的新形势和新挑战以及社会主义市场经济、经济全球化和新科技革命对高等教育的深刻影响,运用多种理论分析框架,从理论分析和实证探索两个方面系统地阐述了应用型大学学科建设的内涵和本质,并在总结和分析各应用型大学学科建设成

---

① 谢桂华.关于学科建设的若干问题[J].高等教育研究,2002(9):46-52.

就与不足的基础上,结合典型案例探究影响学科建设的核心要素,展示各应用型大学学科建设的特色实践内容,从而为应用型大学的学科建设提供参考和借鉴。

高校学科建设是复杂的系统工程,既涉及教学、科研、管理形态,也涉及人才培养、专业建设、课程体系的完善。具体来说,学科建设要素包括学科目标确立、学科专业方向规划、学科人才梯队组建、课程体系建构、学科平台建设、学术成果显示、学科环境营造等。但无论如何拓展学科的内涵,现代大学意义上的学科建设呈现三种形态,即学科组织形态、学科知识形态及学科活动形态。[①] 换句话说,学科组织载体、学科知识体系、学科学术活动是学科建设的应有之义,是解决当前高校学科建设面临挑战的实然因素,也是协调高校学科建设中各种矛盾关系并为高校学科建设提供良好学术生态环境的应然因素。[②]

鉴于此,本书从学科知识及教学体系建设、学科组织机构建设和学科建设保障体系三个方面论述了应用型大学的学科建设。具体而言,学科知识及教学体系建设主要探讨学科体系优化、课程教学改革和科研平台建设;学科组织机构建设主要探讨学科机构完善、学科团队组建和经费投入保障;学科建设保障体系主要探讨学科规划制定、管理体制创新和评价体系构建。在此基础上,从国际经验和国内经验两个方面,进一步探讨应用型大学学科建设的实践探索。最后,对加强应用型大学的学科建设作了对策性研究,即加强顶层设计,做好发展规划;重构学科系统,推动学科、专业、课程一体化建设;遵循学科建设规律,营造良好发展环境;加强应用型研究,以科技创新驱动发展;坚持产教融合和校企合作,坚持学科链与地方产业链紧密对接。

从世界高等教育发展的历史来看,我国建设高水平应用型大学还要经历一个不断探索和实践的过程。在新时代,应用型大学要紧跟一流大学和一流学科建设步伐,大力推进内涵式发展,其关键在于以提高质量为核心,坚定不移抓好学科建设。学科是应用型高等教育持续推进的核心要素,是应用型高等教育核心竞争力的集中体现。应用型大学推进内涵式发展,要通过学科的优化和整合,积极培育学科优势,重点打造一批应用型优势学科和特色专业群,推动学科群与交叉学科建设,促进学科与科技进步、产业发展同频共振,并根据地方经济

---

① 康翠萍.学术自由视野下的大学发展[J].教育研究,2007(9):55-58.
② 康翠萍.高校学科建设的三种形态及其政策建构[J].高等教育研究,2015(11):37-41.

前言

社会发展的需求状况,建立并完善专业动态调整机制,不断优化学科和专业结构,切实发挥学科专业在内涵式发展中的牵引和带动作用。

应用型大学作为中国高等教育的重要组成部分,要把握好新时代所聚焦的新思想和所担负的新使命,把握好在教育强国和"双一流"建设进程中所确定的新目标,把握好融入地方、服务地方的新作为,力求在新时代呈现新气象、开启新征程。

王世杰

2019 年 8 月

目　　录

前言 …………………………………………………………………（ⅰ）

第一章　绪论 ……………………………………………………（ 1 ）
　　第一节　发展历程 ……………………………………………（ 2 ）
　　第二节　研究综述 ……………………………………………（ 8 ）
　　第三节　理论基础 ……………………………………………（ 42 ）
　　第四节　研究设计 ……………………………………………（ 49 ）

第二章　应用型大学学科建设内涵 ……………………………（ 57 ）
　　第一节　应用型大学的发展及内涵 …………………………（ 57 ）
　　第二节　学科及学科建设的内涵 ……………………………（ 82 ）
　　第三节　应用型大学的学科建设 ……………………………（102）

第三章　应用型大学学科知识及教学体系建设 ………………（111）
　　第一节　优化学科体系 ………………………………………（111）
　　第二节　改革课程教学 ………………………………………（132）
　　第三节　建设科研平台 ………………………………………（147）

第四章　应用型大学学科组织机构建设 ………………………（162）
　　第一节　完善学科机构 ………………………………………（162）
　　第二节　组建学科团队 ………………………………………（167）
　　第三节　保障财政投入 ………………………………………（175）

第五章　应用型大学学科建设保障体系 ……………………………………（179）
第一节　制定学科规划 ……………………………………（179）
第二节　创新管理体制 ……………………………………（188）
第三节　构建评价体系 ……………………………………（194）

第六章　应用型大学学科建设的实践探索 …………………………………（199）
第一节　国际经验 …………………………………………（199）
第二节　国内探索 …………………………………………（223）
第三节　启示与借鉴 ………………………………………（244）

第七章　结语 ……………………………………………………（257）

参考文献 …………………………………………………………（270）

第一章　绪　　论

  当今世界正在朝着政治多极化、经济全球化、文化多样化、社会信息化方向深入发展。我国也进入了新时代,特别是党的十八大以来,党和国家事业发生了历史性变革,我国站到了新的历史起点上,中国特色社会主义进入了新的发展阶段。到 2020 年,我国将实现第一个百年奋斗目标,全面建成小康社会;从 2020 年到 2035 年,在全面建成小康社会的基础上,再奋斗 15 年,基本实现社会主义现代化;从 2035 年到本世纪中叶,在基本实现现代化的基础上,再奋斗 15 年,把我国建成富强、民主、文明、和谐、美丽的社会主义现代化强国。

  科技和产业革命将我们带进了网络时代。随着新一轮科技革命的深入发展,技术迭代周期快速缩短,网络技术与智能技术正在加速变革产业结构与经济社会发展方式。瞬息万变的科技革命和产业革命正在高速改变世界格局,知识经济深入发展,正在崛起并向创新型国家转型的中国,其经济发展进入新常态。新格局对高校建设也提出了新的要求,正在引导高校向应用型转型发展。高校必须抢抓时机大力作为,紧紧把握住这个新的转型期。

  当下我国迈入了高等教育普及化阶段,人们对拥有更好的教育的期盼更加强烈,党和政府希望我们办好教育来实现人民群众过上美好生活的愿望。党的十八届五中全会鼓励具备条件的普通本科高校向应用型高校转变,国家和地方大多已经行动起来,引导地方高校向应用型转变,应用型高校的发展已呈千帆竞渡之势。

作为全球重要的新兴经济体,我国大众创业、万众创新、人人创意的局面正在形成,推动经济社会快速转型升级发展,这也要求高校实现快速转型,从而为建设新兴国家提供人才与智力支撑。虽然高校建设新兴应用型大学的创新实践刚刚起步,还处于初级阶段,仅仅在若干点上取得了进展,但目前应用型办学理念尚未完全转化为每位教职工的自觉行动,办学模式依然带有浓厚的工业化时代大学的色彩,思维惯性与阻力还相当强大,不能自然地顺应网络化、智能化时代的发展,尚缺乏办大学需要的宽阔学科专业跨度以及合作科研的自觉性,更缺乏领军人才与主动协作的高水平团队,也尚未形成与办学定位相匹配的文化体系。虽然新兴应用型高校建设有了新的气象,在应用性方面也比较突出,但是实践还远远落后于发展理念,师资团队、教育层次、科研产出、培养质量、办学条件以及体制机制等方面还面临着诸多弱项、短板以及瓶颈问题,与应用型大学的设置条件也还有一定的差距,这些问题亟待解决。

第一节 发 展 历 程

一、应用型大学的发展历程

应用型大学是我国经济社会发展到一定程度后对高等教育提出的必然要求。实际上,在我国高等教育体系中,尽管以往没有应用型大学的分类,但却并不乏这类性质的大学。传统上,我国经济领域中各行各业主管部门所创办的行业性大学,是以服务行业部门的经济生产为目的的,在专业设置和教育教学中紧密结合行业部门的生产需要,所培养的人才直接到对应的行业部门就业,这就是我国较早的应用型大学。当然,今天我国要建立的应用型大学有其特殊性,其特殊之处就在于要促使一大批并非以应用性办学为办学目的的大学转型发展，使之成为一种新型大学。

从起源来讲，大学办学最初并不具有应用性，所以，也就不存在应用型大学。应用型大学的出现是有条件的，它是现代工程技术教育发展的结果。回顾历史，应用型大学的产生发展与经济社会的发展密切相关。早在19世纪30年代，伴随着工业革命的开展，英国掀起了著名的"新大学运动"，以伦敦大学和曼彻斯特大学为首的一批新型城市大学应运而生，改变了英国的高等教育结构。在教育史上，工程技术教育发展的历史并不长，只有150年左右。19世纪中期以前，基本上没有工程技术高等教育，那时技术教育还没有进入高等教育领域。即便是19世纪中期开始有了工程技术教育，其规模也很小，不成体系，更没有太大的影响力。二战后，城市工业化、农村城镇化和高等教育大众化、普及化，共同推动了工程技术教育的发展，诞生了一批以工程技术教育为主的大学。当然，也促使一批综合性大学发展工程技术教育。20世纪上半期，军事工业与科技不断发展，二战结束后世界致力于经济重建与发展，其间欧美国家建立了一大批以培养工程技术人才为目的的大学，形成了一种新的大学类型，即应用型大学。

新中国成立后，我国开始进行全面的社会主义建设。为了满足大规模经济建设的需要，国家对高等教育进行了院系调整，建设了一大批专门学院，例如机械学院、交通学院、石油学院、航空学院、煤炭学院、化工学院等。这些专门学院或大学实际上就是应用型大学，其发展主要经历了工业化初创时期的设立与发展(1950—1976)、改革开放时期的发展(1978—1996)、新型工业化时期的发展(1997年至今)等三个阶段。在高等教育管理体制改革前，这类高校的三个主要特征分别是：由其所隶属的某行业主管部门监管；学科专业设置单一、覆盖面较狭窄；人才培养和科学研究紧跟本行业发展脚步。这类高校经过几十年的建设和发展，使高校和社会的联系更加紧密，校企合作范围从广度向深度拓展，形成良性互动，特色学科成为国民经济发展的助推器。行业特色型高校既发展了地方经济，又促进了自身特征的形成，主要体现为：一是以应用为导向的人才培养定位，为行业发展输送专业人才，培养方案侧重于专业化和应用性，突出培养学生解决实际问题的能力，区别于通识教育理念，由此培养出的学生具有既博又专的特质，广博的学识能帮助学生实现人生的可持续发展，专业、精湛的学科知识、技能又为其在本专业领域有所作为提供了可能。其突出强调培养学生的创新能力和社会适应能力，多样化的课程设置使学生具有宽广的视野、较高的起点，使其成为能适应经济社会发展需要，引领未来发展方向的优秀人才。二是以本行业为中心的学科结构体系，为此类高校找准自身办学定位，充分利用自身特色和优势，扩大自身影响力提供了可能。三是办学方向瞄准行业发展需求，其办学主要目标也是为行业提供服务，不仅致力于解决行业发展过程中遇到的突出问题和困难，而且提倡主动走到行业发展最前沿，不断提出科学新理论，为行业发展提供方向指引和理论支撑，为我国产业结构优化升级、创新能力提升做出巨大贡献。

应用型高等教育发展的基础是工业化和城市化。改革开放以来，我国不断推进工业化和城市化发展，在工农业生产总值大幅攀升的背景下，工业化和城市化水平不断提升。从 2014 年开始，我国城镇人口超过农村人口，城市化发展进入了一个新时期。我国已经成为全球第二大经济体，2014 年国内生产总值（GDP）达到了 70 多万亿元人民币，而在 1978 年，我国 GDP 只有 3560.17 亿元人民币。在国际上，发达国家经济体量比我国大的只有美国，与美国超过 17 万亿美元的 GDP 总量相比，我国还有较大的差距。GDP 总量排在全球第三位的国家是日本，其经济体量只有 4 万多亿美元。① 大规模的经济发展需要大规模的人力资源支持，经济发展所需要的人力资源要靠高等教育来培养，经济发展除了需要高科技人才外，还需要大规模的应用型人才。所以，凡是经济发达的国家，必定重视应用型人才培养，这是世界各国共同的发展趋势。在大众化和普及化的背景下，培养大批应用型人才是高等教育的必然选择。因此，从 2000 年开始，教育部就提倡新建本科院校建设应用型高校，2013 年在教育部的推动下，部分新建本科院校确定了建设应用技术大学的目标，加快了建设应用型大学的步伐。应用型大学将对促进我国工业化和城市化进程发挥重要的支撑作用。

应用型大学就是要适应高等教育大众化和普及化发展的需要，满足学生就业与发展的要求。传统大学，现在称之为综合性大学，学科以基础学科为主。基础学科是指文、理等基础性学科：文科一般指文学、语言学、历史学、哲学、经济学以及政治学等学科，理科一般指数学、物理、化学、生物、地理、天文等学科。传统大学在基础学科方面实力强大，并且一直以这些基础学科为办学主体。与

---

① 世界银行关于各国 GDP 总量的统计［EB/OL］.（2016-10-12）. http://data.worldbank.org/country.

传统大学不同,应用型大学的特点是:第一,培养应用型人才,这是应用型大学的天职和使命。第二,学科专业服务于培养应用型人才,所以学科专业大都是以应用为导向的,或者说是应用性的。第三,依托校企合作办学。要培养应用型人才,单纯地依靠学校自身是不够的,很难要求学校培养的毕业生一走向社会就能熟练地工作,适应相关职业工作的要求。所以,要培养应用型人才,学校一定要和社会进行对接,让学生能够根据工作要求,把在学校中学到的知识技术应用到实践中,在实际操作中使其技能逐渐变得熟练起来。同时,还要学习职业伦理。职业伦理是指在工作岗位上,与同事之间、领导之间关系的处理,对生产和产品与人和环境等关系的认识,以及对工作和同行的态度。这些能力和素质在学校很难学到,只有在校企合作教育中才可能获得。第四,服务地方。应用型大学常常是所在地区经济社会发展不可或缺的一部分。应用型大学是在满足地方的需要中成长起来的,在大众化、普及化时代,它如果不能服务于地方,就很难在那里生根,地方经济社会发展缺少了大学的支持,社会文明及生产水平的提高就得不到支持。①

二、高校学科建设历程

20世纪80年代初,我国提出在高校开展重点学科建设。1983年5月,我国改革开放后的第一次全国高等教育工作会议在武汉召开,在《关于调整改革和加快发展高等教育的若干问题》的会议文件中,提出"重点学科是重点大学的基础,只有建设好一批重点学科才能办好重点大学"。1985年8月发布的《中共中央关于教育体制改革的决定》明确提出"有计划建设一批重点学科"。1987年8月,国家教委根据《中共中央关于教育体制改革的决定》的有关精神,发布了《关于做好高等学校重点学科申报工作的通知》和《关于评选高等学校重点学科的暂行规定》。1988年,国家教委批准公布416个重点学科点。②

20世纪90年代,国家提出要进一步加强学科建设。1993年2月,中共中央、国务院颁布了《中国教育改革和发展纲要》,提出了在21世纪集中力量重点

---

① 别敦荣. 应用型大学的发展与教学改革[J]. 玉林师范学院学报,2017(3):3-9.
② 谢桂华. 学位与研究生教育研究新进展[M]. 北京:高等教育出版社,2006:6.

建设100所高水平大学(即"211工程")的目标。虽然"211工程"建设目标是高水平大学,但建设内容的核心依然是重点学科,较之原先单一地针对某一具体学科开展重点建设,"211工程"转变为"以点带面"带动学校整体发展的建设,并对重点学科建设提出了提高教育质量、提高管理水平方面的要求。"211工程"是我国教育领域以重点学科建设带动重点大学建设的重点工程,它从战略发展的角度开创了我国重点学科建设的新阶段。1998年12月,教育部制定的《面向21世纪教育振兴行动计划》提出继续并加快进行"211工程"建设,大力提高高等学校的知识创新能力,重点建设若干高水平的国际著名大学和一批一流学科,并要求在学科建设、人才队伍、基础设施、后勤保障体系等方面开展重点建设(即"985工程")。

  21世纪初,重点学科建设进入蓬勃发展阶段。2006年10月,教育部、国务院学位委员会在总结20年来重点学科建设的经验基础之上,发布了《关于加强国家重点学科建设的意见》,再次明确了设置国家重点学科的条件,重点加强了对国家重点学科的建设周期和建设成效的评估机制,明确提出重点学科建设要构建教育部、省级政府和学校三级建设的管理体系。2006年12月,教育部对国家重点学科建设情况进行考核评估,并启动第三轮国家重点学科的评估选拔工作。2010年7月,《国家中长期教育改革和发展规划纲要(2010—2020年)》提出要"加快建设一流大学和一流学科。以重点学科建设为基础,继续实施'985工程'和优势学科创新平台建设,继续实施'211工程'和启动特色重点学科项目。改进管理模式,引入竞争机制,实行绩效评估,进行动态管理。"这标志着国家重点学科建设进入了长期规划、动态管理、分段实施的阶段。2012年,教育部、财政部发布了《关于实施高等学校创新能力提升计划的意见》,决定实施"高等学校创新能力提升计划"(简称"2011计划")。"2011计划"的指导思想是:按照"国家急需、世界一流"的要求,瞄准科学前沿和国家发展的重大需求,以重点学科建设为基础,以机制体制改革为重点,以创新能力提升为突破口,大力推动协同创新,充分发挥高等教育作为科技第一生产力和人才第一资源重要结合点在国家发展中的独特作用,支撑经济社会又好又快发展。"2011计划"的实施,是我国继"211工程"和"985工程"之后的又一新型高等学校重点建设模式。但与以往不同的是,"2011计划"强调以推进高等学校科技体制改革为核心,以人才、学科、科研三位一体创新能力提升为核心任务,标志着国家高等学校重点建设管理模式进行了调整。2014年初,教育部顺应社会发展需求,进一步简政放权,取消了国家重点学科的审批;同时,2014年1月发布了《学位授权点合格评估办法》,决定于2014—2019年开展学位授权点合格评估工作,这标志着我国高等教育发展已经进入到内涵式发展的新阶段。由于重点学科建设都是依托相应学位授权点的学科,故学位授权点的定期评估和授权单位各学科自我诊断式评估,实际上就是学科根据经济社会发展的外在需求,结合学校或学科自身发展定位,主动寻找并适时调整学科建设重点和发展方向的过程。因此,高等学校重点学科建设从过去以国家引导为主"自上而下"进行的重点建设转型为以学校、学科为主的"自下而上"主动适应国家或区域经济社会重点发展领域的需求、有的放矢地进行重点建设的新阶段。

2015年以来,教育部继续强调要"加快一流大学和一流学科建设"。[①] 2015年11月5日,国务院发布《统筹推进世界一流大学和一流学科建设总体方案》,在统筹考虑、综合兼顾"211工程"和"985工程"建设长短优劣的同时,突出了以学科为基础的原则。2017年,党的十九大报告要求:"加快一流大学和一流学科建设,实现高等教育内涵式发展。"2017年9月,伴随着《关于公布世界一流大学和一流学科建设高校及建设学科名单的通知》的印发,一流大学、一流学科名单正式"出炉","双一流"建设真正发轫。"双一流"建设"坚持以学科为基础"的原则,以学科为基础、为中心、为依据,成为"双一流"建设的既定思路,确定了42所"一流大学"重点建设高校,因为它们拥有更多的可能成为一流学科的学科。相对之前曾经实施的以整个学校或者若干平台为基础的重点建设方案,"双一流"建设注意了同类学科的可比较性和可检验性,自然就比以往的"211工程""985工程"高校的遴选、投入和考核方式更加科学,更加可控。然而令人遗憾的是,在强化学科建设、学科评估和学科导向的同时,方案并未对跨学科、多学科的研究,以及问题导向、应用导向的研究给予充分的重视、留下足够的空间。"2011计划"所倡导的协同创新、跨界合作的新方向和新思路,似乎也未能纳入"双一流"建设的范畴。随后开展的第四次学科评估,更强化了学科本位、学科为上的倾向。

综上所述,高等学校重点学科建设经过大约30年的实践,特别是经过"211工程"和"985工程"两大工程建设和三轮国家重点学科的评选,取得了一大批

[①] 谢桂华.20世纪的中国高等教育:学位制度与研究生教育卷[M].北京:高等教育出版社,2003:12.

高水平的科研成果,建设单位的学科建设普遍取得了长足进展,并带动了一批相关学科的建设和发展,有力推动了我国高等学校的建设和发展,达到了国家开展重点学科建设的初衷。从国家层面来看,各项制度和运行机制日趋成熟;但从地方政府和高等学校层面来看则仍处于探索阶段,目前对于国家重点学科建设和管理,"省部"级教育行政主管部门的作用不突出;在三级重点学科建设体系中,国家和省部级的重点学科都有明确的评选和验收机制,但校级重点学科却不明确,以致有的高校不设置校级重点学科。2010年后的新形势表明,国家将建立一种政府简政放权、强化学校和学科的自主及自律的新常态。这就要求高校要不断保持和发展自身优势并形成突出的学科特色。[①]

第二节 研 究 综 述

一、有关应用型大学的研究综述

1. 国际探索

向应用型转型是党和国家对高等教育改革发展的战略部署,也是我国地方普通本科高校建设发展的大势所趋。向应用型转型是深层次的综合改革,涉及办学定位、理念和思路从学科逻辑到应用逻辑的重构。向应用型转型也是大范围的综合改革,涉及学校治理结构、培养模式、专业设置和师资建设等方方面面。应用型大学的转型发展应当具有国际视野。

(1)西欧应用型大学的实践探索。

20世纪60年代后期,面对职业教育的巨大需求,德国开始建设应用技术

---

① 李娟,李晓旭.高等学校重点学科建设研究[M].北京:中国科学技术出版社,2015:2-7.

大学(Fachhochschule)。随后,荷兰、瑞士、奥地利等西欧国家也开始了建设应用型大学(学院)的尝试。经过几十年发展,西欧各国建成了数量可观的应用型大学(学院),包括德国、荷兰、瑞士、奥地利等国的应用技术大学,英国的多科技术学院(Polytechnic),法国的大学科技学院(IUT),爱尔兰的理工学院(Institute of Technology)等。这些应用型大学(学院)建设起步早、发展成熟,形成了以人才培养的职业性、专业设置的行业性、校企协同的普遍性和科研服务的应用性为特征的发展模式。应用型大学(学院)已经成为西欧国家高等教育不可缺少的重要组成部分。[1]

从西欧应用型大学(学院)的办学经验看,研究型大学与应用型大学并没有高低、贵贱之分,两者的分野并不意味着办学层次和办学水平的高低。在职业教育成熟发达的德国,德国科学评议委员会就指出,研究型大学与应用型大学是"不同类型但等值"的高等学校,并不存在等级高低的差别。研究型大学与应用型大学相互平行、相互补充,两者只是在办学类型和学校定位上有所差别,只是在人才培养、科学研究和社会服务上的侧重不同。一方面,应用型大学同样可以发展高层次的职业教育。应用型大学的人才培养以本科学历层次为主,但不局限于本科层次,以应用性为导向的博士研究生培养和专业学位硕士研究生培养同样是应用型大学人才培养的重要组成部分。在德国,应用技术大学拥有与研究型大学同等效力的学士和硕士学位授予权,个别学校还拥有博士点;另一方面,应用型大学同样可以从事高水平的应用性科研生产,为社会贡献高质量的技术创新。西欧应用型大学(学院)广泛参与行业、企业的技术研发,主动融入以行业、企业为主体的区域技术创新体系,打通了先进技术孵化、转移和扩散路径,促进了先进技术转化、应用和创新,成为区域和行业的科技服务基地和技术创新基地,在西欧各国创新体系中扮演着越来越重要的角色。比如,爱尔兰的理工学院是本国创新体系的重要组成部分,正是众多理工学院围绕信息技术和生物技术开展的高水平研发工作,保证了爱尔兰一直占据着软件产业和医药化工产业世界大国的龙头地位。同样,从西欧应用型大学(学院)的办学经验来看,开展应用性研究和社会服务是应用型大学的重要使命。在西欧应用型大学(学院)发展的最初阶段也存在重人才培养而轻科学研究、社会服务的倾向,

---

[1] 欧江.从学科逻辑到应用逻辑:西欧应用型大学转型的经验借鉴[J].湖北函授大学学报,2017(8):20.

但随着经济社会对应用性研究需求的不断增长以及学校自身发展的要求,这种定位逐渐不能适应时代的需求。从20世纪90年代中后期开始,科研功能逐渐受到西欧应用型大学(学院)的重视,很多院校都开始大力从事应用性科学研究。

西欧应用型大学(学院)的学制设置、课程设置、学生考核和师资配备都十分注重突出职业导向和实践导向。在学制和课程设置上,德国的应用技术大学的课程设置包括大量的实践性课程和案例课程。有的应用技术大学在教学安排中专门设有一或两个学期的实习学期,整个学期学生都需要进入企业亲身参与生产经营实践。英国的多科技术学院采取了"三明治"式的学制设置,学生一学年在学校接受专业教育,一学年在企业接受培训,两者交替进行;在学生的考核评价上,德国的应用技术大学鼓励学生把解决实习企业的具体问题作为毕业设计或毕业论文的选题方向;在师资队伍建设上,德国《高等教育总法》规定,应用技术大学教师除具有博士学位外,还应在本专业有至少5年以上的实际工作经验。德国的应用技术大学聘有大量的兼职教师,这些兼职教师主要是来自企业的工程师、研发人员或管理人员,在一些学校兼职教师的数量甚至多于专职教师。同时,德国的应用技术大学也十分重视加强专职教师与社会的联系,专职教师每四年可带薪到相关企业工作或调研半年。通过这些举措,西欧应用型大学(学院)将最新的生产技术理论和知识引入教学,加强与社会特别是产业界的联系,保证了教学、科研与行业发展前沿保持高度一致。

主动融入区域经济发展,与区域经济产业结构、劳动力需求密切结合,是西欧应用型大学(学院)专业设置的基本原则。比如在德国的斯图加特和沃尔夫斯堡等汽车制造业大市,当地的应用技术大学都建立了以机械、电子和汽车工程专业为核心的专业体系。同时,德国的应用技术大学的专业设置对产业升级和结构调整具有较强的敏感性。英国的多科技术学院为贴近区域产业发展需要,在设置专业时会开展全方位的调查研究,主动征求企业的意见,了解企业的用人要求,再结合学校实际确定设置方案,以保证新开设的专业能够适应区域产业需要。紧密对接区域产业特色的专业设置,一方面为区域产业竞争力的提升提供了强劲动力,另一方面也造就了毕业生的高就业率和高就业质量。跨学科和复合型是德国、荷兰、瑞士等国家的应用技术大学专业设置的另一大特点。不同于传统的、根据学科设置专业的原则,应用技术大学根据区域及自身发展的需要,按照符合市场需要的职业分类原则跨学科设置专业。为实现紧密对接产业链,应用技术大学还将服务同一产业链的关联专业组织为专业集群。

在西欧应用型大学(学院),企业全过程、全方位地参与人才培养和技术研发,形成了许多成熟而且卓有成效的校企合作模式。在人才培养上,一些德国的应用技术大学与企业合作开设"双元制"专业,申请者通过企业的考察并与企业签订合同后才会被学校录取,同时得到企业提供的资助。"双元制"专业的学生既是学校的学生,也是企业的员工,教学的理论部分在学校进行,实践部分则在企业进行;法国的大学科技学院与企业的合作十分紧密,企业参与课程提纲和教学计划的制定,为学校提供资金支持和师资力量,为学生提供实习机会;荷兰政府大力支持应用技术大学与企业的合作,荷兰《职业教育和成人教育法》规定,政府负责招募公司为应用技术大学提供实习培训场所,并监督这些公司所提供服务的质量。荷兰政府还拨款设立了专门机构,为应用技术大学与企业的合作牵线搭桥。此外,西欧应用型大学(学院)的人才培养也不局限于学历教育,面向一线、贴近行业的继续教育、技能培训也是其人才培养的重要环节。西欧应用型大学(学院)的校企协同同样体现在应用研究和技术服务上。西欧应用型大学(学院)的科研具有鲜明的需求导向,以应用研究和开发为重点,以行业企业需求和解决生产的实际问题为导向,与企业生产实践紧密结合。比如,瑞士的应用技术大学会向合作企业派出人员,合作开展新技术研发,解决新技术在实际应用过程中遇到的问题,为企业提供技术解决方案,并及时反馈至教学和科研中。此外,西欧应用型大学(学院)十分强调学校、政府、行业和企业的协同联动创新,致力于加强与政府、行业、企业、社会团体的合作。比如,芬兰政府建立了由地方政府、应用技术大学和企业组成的研发网络,共同设立研发项目,开展应用性研发与创新活动。西欧应用型大学(学院)的科研绩效评价考核和利益分配机制也以应用研究成果为导向,鼓励技术创新和科研成果的转化应用。瑞士政府投入的科研经费只占应用技术大学总投入的25%,其余经费均来自于企业投入。①

(2) 三种不同的发展类型。

自20世纪六七十年代以来,由于产业结构和经济发展模式的转变,世界许多国家和地区,包括德国、奥地利和瑞士等一些高等教育发展较为突出的欧洲国家,在高等教育大众化的进程中,通过将高级专业学校及工程师学校相互合

---

① 欧江. 从学科逻辑到应用逻辑:西欧应用型大学转型的经验借鉴[J]. 湖北函授大学学报,2017(8):20-21.

并,或鼓励成立一批具有良好应用教学背景的院校,从而兴起"应用科学大学"的体系概念,并推动高等教育向纵深层次进行分类化和目标化改革。就应用型大学的名称定性而言,无论是德语区的"专业高校"(Fachhochschulen),抑或是英文名称"应用科学大学"(University of Applied Sciences),都表明应用型大学具备明确而天然的高等教育的属性,其理应归属高等教育体系,同时具备和学术型大学同样重要的人才培养功能和地位。除欧洲典型的应用科学大学之外,包括英国的多科技术学院、日本的技术科学大学和中国台湾地区的科技大学等,都具有较强的应用型大学属性。应用型大学的主要教学专业集中在信息技术、制造业、产业经济、企业管理等与工业和社会生活密切相关的一系列专业和领域中。纵观目前国际比较成熟的应用型大学发展模式,大致可以分为以下三种类型:[①]

一是德国模式:区域型导向。德国应用科学大学是在经济快速发展、产业结构不断变化和结构性失业的背景下产生的,其原始结构是由有培养能力和专业设置较为理想的一批工程技术类学校进行相互合并和改革而组成的。德国在1976年颁布的《高等教育总纲法》,为应用科学大学的创建和发展奠定了法律基础。德国的行政管理体制属于联邦制,有关各级各类教育管辖和资助权都由联邦州政府负责,因此,德国应用科学大学设立之初就受到联邦州和各个城市及地区的企业、经济和产业结构的共同影响。截至目前,德国应用科学大学已经形成包括卫生、工程、科技、法律、生物、化学、经济、管理以及部分社会科学等学科为主的专业教学体系,并以门类众多、以应用性和技术性培养见长为主要培养特色。以德国为代表的应用科学大学结构模式强调地区经济和产业驱动对于应用高等教育领域的影响和作用,而应用型大学在以区域为主导的管理和支撑条件下,需要在数量和质量上为本地区的产业发展提供相应的应用型人才支持。根据德国的经验,在课程实际设置层面,应用型大学需要突出区域特色,充分利用地区的优势产业和龙头项目,以区域结构化和配套产业的合作化为教学实践的依托,形成"立足地方、服务区域、促进本地经济和人才发展"的教学原则性理念。在实际操作中,应用型大学所设立的学科和专业应适度超前,以适应本地区的产业结构和技术需求,在充分掌握区域经济发展优势和限制条

[①] 陈志伟.应用型大学的基本内涵与国别特征研究[J].贵州师范大学学报(社会科学版),2016(1):142-145.

件之后,对主要教学内容和规划作出相应的调整,同时在大量调研和预测的基础上,对本地区乃至整个经济带的产业发展和经济增长趋势进行科学和合理的预判,从而对院校的招生结构和教学导向进行一定的指导和完善。同时,在对教师的选拔和聘用过程中,要侧重对地区行业结构中具有丰富实践和科研经验的人才的吸引和招揽,尤其可以通过对地方优质企业中研发和产业生产链的一线及实操人员的兼职聘任,实现院校与地方企业之间的技术互通和产教关联。在德国许多应用科学大学中,所聘任的兼职实践型教师在数量上远超理论型全职教师,这也是德国应用科学大学在实践创新型人才培养过程中,从师资结构角度获得专业支撑的关键因素之一。

二是芬兰模式:国家型导向。芬兰应用科学大学的办学经费和日常开支主要由中央和地方政府负担,而政府对于芬兰应用科学大学的主要期待在于,其培养的应用型人才,能够适应国家创新发展的需要和知识密集型产业发展的经济战略。因而,从整体上看,芬兰科技产业研发投入占GDP的比例为3.96%,投入强度居欧盟之首。目前芬兰应用科学大学在校生占全部高等教育在校生的45%,这一数字也说明芬兰应用科学大学对于高等教育生源的吸收和接纳能力与普通学术型大学几乎一致。芬兰应用科学大学主要依照国家整体规划和部署,从知识密集型产业着手,以科技创新和社会服务为根本培养宗旨,以协同发展、校企联合为主要合作手段,通过高校间联合兴办科技园、校企之间协作形成研发网络体系、产学研共同支撑创新科技等具体形式和举措,实现了以国家投入、地区引导、企业扶持和院校负责的应用型高等教育结构。在国家型导向的前提和指引下,应用型大学需要按照国家的统一规划和部署,结合自身具体校情和实力,来制定相应的人才培养规划和目标,尤其要充分依据人才紧缺的行业对于院校培养出高精技术技能型毕业生的需求标准和素质期望,来对本校教学大纲和教育目标进行相应的完善和提升。就整体结构而言,在国家战略模式的引领下,应用型大学在高等教育范围内需要和学术型大学互为补充、相互促进,成为整体教育布局中的一体两翼。

三是英国模式:行业型导向。20世纪六七十年代,英国通过对部分高级技术学院的整合和升级,形成了30余所具备应用科学大学功能的多科技术学院。该类院校与英国传统的学术型大学不同,其办学主旨完全侧重于为企业提供所需的应用型和专业型人才,其专业和系科设置,主要根据地方企业和工厂的具体需求而设立,因此其专业结构和教学内容是灵活多变的,并按照地方企业的发展趋势和产业转换而进行相应的结构调整。此类院校的培养形式也注重与企业的生产实践进行接轨和联合，突出表现在课程结构上包含几乎等量的理论知识学习和企业生产实习内容，即在校学生要按照工、学交替的"三明治"式学习模式来进行基础理论和职业技术之间的交替学习和训练。同时，学生的毕业论文、课程论文等比较重要的作业和成果均与企业的生产项目相关联，以项目导向来确定学校的教学内容和培养标准。对于应用型大学而言，其自身具有充分培养实力的一个基本保障，即此类高校的教育模式与行业和企业对人才质量和数量的需求息息相关。因此，对于行业和企业迫切需要的人才，应用型大学应该通过系统化设立相关专业和学科，在保证培养质量的前提下，对所需人才按照数量规模要求进行对口化和专业化的理论和实践教育。

以区域型、国家型抑或行业型导向为基础的应用科学大学发展模式，都强调人才培养过程中的理论与实践相结合、知识与应用相关联、企业与学校相合作、基础与创新相协调的相关发展重点和原则，尤其注重院校的培养内容和规模与国家、地区和相关企业经济发展模式及生产效能之间的配合与协同。而欧洲诸多应用科学大学的共同培养经验还包括灵活的学制提升了学生参与应用型高等教育的机会和积极性，招生结构的多元化和较大的自由度则充分吸纳了学校和社会相应的人才资源，政府和企业对于经费支出和实习条件的投入和支持则从外部环境与办学资源上保证了应用型大学的正常运作。

虽然我国应用型大学的创建仍处于起步阶段，对于应用型大学的理论研究和实际操作还有待深化和加强，然而由于我国城镇化进程提速、产业升级调整加快、经济结构不断优化，因而作为能够为社会科技和产业部门培养和输送高端应用型人才的应用型大学，其发轫和快速发展正当其时。通过进一步的理论整合、实践探索和经验借鉴，应用型大学的发展模式和培养特征将逐步改革传统的人才培养观，并不断满足社会科技行业、工业领域和创新经济体对于高端应用型人才的质量要求和数量需求。

2. 国内研究

在我国教育政策的语境下，尚未出现过"应用型大学"的概念。无论是政府文件和领导讲话，还是政府推动的教育活动，一般提及"应用型本科（院校）""应用型高校""应用技术型高校""应用技术大学（学院）"等。例如，在教育部的推动下,2013年35所地方本科院校在天津成立了"应用技术大学(学院)联盟"(AUAS);2014年178所高校就"实现地方本科高校转型发展"和"建设中国特色应用技术大学"等问题达成了《驻马店宣言》。但在这些体现政府改革愿望的教育活动中,我们很难看到"应用型大学"的字样。不过自2015年以来,政府也逐渐认识到,可以且需要转型为应用型的地方本科院校并不全是技术类院校,地方高校的转型方向也不仅仅是"技术"类大学,因而在政府的文件乃至领导的报告中,很少再提"技术"两字。例如,在2016年的《政府工作报告》中,国务院总理李克强如此表达地方高校的应用转型,"提升高校教学水平和创新能力,推动具备条件的普通本科高校向应用型转变"。

从"应用技术大学"到"应用型高校",体现了我国政府对于"应用型"内涵认识的深化以及外延的扩大,但是,远未从"应用型大学"的高度与广度来推进传统学术型向应用型转轨。迄今为止,在体现政府意志的教育术语中,"应用型高校"主要定位于新建本科院校、地方院校,至多扩展到独立学院、民办高校等。显然,这样的"应用型高校"既不被希望向(专业)博士学位层次高度发展,也不会包括高水平、研究型的行业特色大学,其广度被锁定在研究型大学与高职高专两者之间的中间地带,最终构建为学术型、应用型、职业型三大高等教育体系。

从理论界教育学术语言的表达来看,各种各样的"应用型"称谓层出不穷。学者们不仅沿用了官方的教育术语,而且还有诸如"应用职业大学""应用科学大学""技术本科院校"等概念,不一而足。尤其值得注意的是,"应用型大学"早已成为学者的话语,并散播在各种文献中,模糊了政策语言与学术语言对于"应用型"字眼的不同运用。例如,有研究者在中国知网以"应用型大学"作为篇名进行精确查询,自1999年至今,其论文年发表量一直处于上升趋势。1999年1篇,2009年38篇,2014年80篇,2015年增至157篇,2016年突破200篇。[①] 但是,在这些明确以"应用型大学"作为研究对象的论文中,学者们大多缺乏一种更宽广的视野来理解"应用型大学"。有些仅仅从新建本科院校、民办高校等类型与层次来谈论应用型大学,从这些高校办学特点来看,明显缩小了应用型大学的内涵与外延;有些虽然认识到应用型大学是一个包容性很强的综合性概念,但往往撇开一流的行业特色研究型大学而讨论地方高校的转型、高职高专

---

① 付八军.学以致用:应用型大学的灵魂[J].教育发展研究,2016(19):25.

院校的升格等,其实只要地方高校、高职高专院校发展得好,它们都可以像高水平的行业特色大学一样,成为一流的应用型大学。国内较早呼吁发展应用型本科的高等教育学科主要创始人潘懋元先生,根据《国际教育标准分类法》将高等教育分为5—6级,其中5A又分两类:5A1属于学术型,5A2属于应用型。他主张大量的地方高校转向5A2型。潘先生关于应用型大学的概念,与政府对于"应用型高校"的理解,基本上是一致的。

应用型大学的实践与理论,更多地来源于境外。从国际视野来看,应用型大学的称谓不尽相同,而且其层次与地位经历了一个不断提升的过程。从世界范围来看,各国或者各地不再将应用型高校定格在某一个层次,而是从更大的范围与更高的层次来推动应用型大学建设,最后在教育市场中检验建设成效。

(1) 办学定位。

应用型大学是中国高等学校办学的一种类型。这类高等学校是伴随着我国高等教育进入大众化阶段和社会主义市场经济深入发展而诞生的,它顺应社会经济发展的需要,适应科学技术的进步,主动为地区经济社会服务,直接为生产第一线服务,致力于培养基础扎实、知识面宽、应用能力强,具有创新精神的高素质应用型人才。因此,应用型大学有独特的办学定位和办学模式。

我国著名高等教育学家潘懋元曾从七个方面界定了"应用型本科院校"的内涵:

① 发展目标定位。应用型本科院校要通过大力培育办学特色,提升整体办学实力和核心竞争力;同时,要从实际出发,围绕社会需要,培养高素质应用型创新人才。

② 学科专业定位。应用型本科院校以本科教育为主,兼有研究生教育,也可进行适量的高职教育。学科专业设置突出应用性,并且根据社会经济的需要,适时调整学科专业设置。

③ 服务面向定位。应用型本科院校应当以为地方经济社会发展服务为自己的办学目标之一,要依托地方经济社会发展,集聚发展资源,拓展发展空间。

④ 教学定位。应用型本科院校应当构建适应自身人才培养目标的教学模式,高度重视实践教学和创新实践能力培养,积极推进产学合作教育,构建产学研相结合的办学机制。

⑤ 人才培养定位。应用型本科院校培养应用型人才。应用型人才的知识、能力、素质结构不同于研究型人才,具有鲜明的特点。具体而言,应用型人

才专业知识面更广,实践能力更强,综合素质更高,并具有较强的科学运用、技术推广与转换能力等。

⑥ 师资队伍定位。应用型本科院校需要拥有一批"双师型"教师。"双师型"既能传授专业理论知识,也熟悉专业岗位操作,动手能力强,善于培养应用型创新人才。

⑦ 科学研究定位。应用型本科院校的科学研究聚焦经济社会发展需求,坚持以市场为导向,坚持面向经济建设主战场,注重科研成果的转化。

我国教育部公布的"普通高等学校本科教学工作水平评估指标体系"中,将高等学校的定位分类为目标定位、类型定位、层次定位、学科专业定位和服务面向定位等五个方面。依据上述定位分类,应用型大学的定位应该从以下五个方面确立:

① 发展目标定位。应用型大学为地方经济社会发展和现代化建设培养高素质的应用型创新人才,支撑地方产业经济发展,在应用科学领域推动科技创新。

② 办学类型定位。应用型大学属于单科或者多科型的高等院校。

③ 办学层次定位。应用型大学以培养本科生为主,兼培养工程型、技术型的研究生和高职专科生。

④ 学科专业定位。应用型大学学科专业直接满足地区先进制造业和现代服务业的需求,为地区产业发展培养一线工程师、设计师和管理人员。

⑤ 服务面向定位。应用型大学为地区社会经济发展中的生产、建设、管理、服务一线提供人才支撑和技术支持。

上述关于应用型大学的定位是对其共性的描述,每一所具体的高等院校,由于办学历史不同,区域发展的产业特征不同,获得的发展资源不同,每所院校可根据自己的特点确定其办学定位。

(2) 影响因素。

应用型大学要科学地确定办学定位,除了要遵循应用型大学定位的一般规律之外,还要深入分析影响学校办学定位的各种因素。影响应用型大学办学定位的因素主要有:

① 办学条件。包括校园校舍、学科专业、教师队伍、实验室及设备、资金来源、历史积淀和合作依托关系等。

② 市场需求。包括人才市场和生源市场的双重需求。市场需求及人才的

种类、科类、层次、规格、数量、素质、修养和特长等,既关系到市场的近期需求,又涉及长期需求的变化趋势。

③ 政策因素。包括国家、地方有关教育的、经济的、行业与产业的政策法规以及鼓励或限制的各种因素。

④ 所处位置。学校在全国,特别是在本地区高等教育结构中所处的位置,既关注比自己层次高的学校,也关注比自己层次低一些的学校,更关注与自身同类型、同层次的学校,要知己知彼。

⑤ 发展趋势。包括国际化、现代化、大众化的教育发展趋势,多类型、多层次、多渠道投资的办学方向。

深入分析影响学校定位的因素,有助于给应用型大学确定一个科学的、合理的、准确的,并具有个性的定位。因此,应用型大学要根据这些因素的变化,不断调整办学定位,以适应社会和时代的要求。

(3) 内涵及特征。

从教学、科研和社会服务的三大职能角度分析,应用型大学的内涵可以从以下几个方面作进一步解读。从教学角度看,应用型大学要培养适应社会经济发展需求的高素质应用型人才,所以教学内容以应用知识为主,专业训练以培养实践能力为主。从科研角度看,学科建设对接地区产业,致力于应用性项目的研究和开发,科技创新聚焦于技术的引进、传播、改造与应用。从社会服务角度看,学科专业设置满足地方社会经济发展需求,主动为地方社会经济发展提供人才、知识、技术服务。

关于应用型大学的特征,有学者通过比较传统研究型大学和以实用型教育为主的大学在规定上的不同来阐述。研究型大学主要指教育部门所支持的"985工程"和"211工程"大学。而一般的实用型教育的大学主要以职业技术教育为主,其目的是为社会经济建设提供工程技术人员。

秦玉东认为,应用型大学介于研究型大学和以职业技术教育为主的两类高校之间,是连接研究型与实用型教育的中间体,主要有以下几个方面的特点:其一,科学研究注重应用性。应用型大学的科研活动以行业、岗位或者岗位群所需要的技术创新与应用作为主要目的。其二,学科专业设置面向产业。应用型大学的学科专业设置符合区域经济发展需要,布局合理,学科专业对接产业,是应用型大学内涵建设与发展的重要基础。其三,人才培养突出实践能力训练。应用型大学实施应用型教育,教学模式构建的主要思路是:应用型学科专业设置要聚焦社会实际需要,注重所学知识的实用性。重视学生应用能力的培养,尤其要重视学生技术开发能力与技术创新能力的培养。

朱科蓉根据应用型大学产生的背景、作用、目的,把应用型大学的特征归纳为以下几点:

① 历史较短。从20世纪90年代开始,我国对一大批高等院校进行了调整,将一部分条件较好的专科或成人高校合并升格为新兴的本科院校。由于这些院校在生源和设施等方面处于弱势,催生它们向应用型大学发展。

② 面向大众。应用型大学与传统的精英教育不同,它是大众化的高等教育,是面向社会普通成员的国民教育。

③ 服务地方。应用型大学围绕区域经济社会发展的需求,为地方经济建设与社会发展培养大批下得去、留得住、用得上的高素质应用型人才。

④ 应用为本。应用型大学在学科设置和人才培养上都重视实际应用。

⑤ 实践教学。应用型大学强调对学生实践能力的培养,教学过程中实践教学环节占较高比重。

结合应用型大学的建设任务和应用型大学的现实情况,徐静姝、张剑秋将应用型大学的特征作了以下归纳:

① 应用型大学全方位地对接地区经济建设和社会发展的实际需要,与地方或区域经济社会密切联系,有较强的社会服务能力,并大力发展产学合作教育。

② 应用型大学以发展应用性教育、培养应用型人才为主要目标。

③ 应用型大学以经济社会发展为导向,构建学科与专业并重的应用型学科专业体系。

④ 应用型大学开展应用性的科学技术研究,强调技术创新和工艺创新,促进地区产业发展。

⑤ 应用型大学强调师资队伍的应用能力素质和实际工作经验。

⑥ 应用型大学构建了模拟生产和管理岗位一线的教学环境和企业真实的实训实习基地。

依据学界对应用型大学特征的研究成果,我们认为应用型大学的特征可归纳为以下几个方面:

① 应用型大学以依托产业办学、服务地区经济为宗旨。不同类型的高校为社会提供的服务类型是不同的。研究型大学主要承担国家经济发展所必需

的尖端技术的研究和开发任务,而应用型大学则应主动服务地区经济,主要承担地区经济和产业发展所需的技术开发和技术创新任务。

② 应用型大学以培养应用型人才为目标。与研究型大学培养精英人才相比,应用型大学重点培养直接为生产工作服务,能够胜任企业生产一线岗位的应用型人才,其应用性集中体现为两个结合:一是科学技术与职业岗位的结合;二是社会适应能力和实际工作能力培养相结合。

③ 应用型大学以新兴专业或方向为学科专业设置主导。应用型大学建设发展聚焦地方经济社会发展和大众生活,并直接为之服务。因此,这类高校的专业设置应以社会经济发展需要为导向,培养工程应用型、技术应用型、服务应用型、职业应用型、复合应用型等专业应用型人才。

④ 应用型大学以构建应用型学科体系为学科建设目标。应用型大学开展应用性科学研究。随着高等教育的发展,高等学校不应当闭门办学,而是要主动为社会服务。应用型大学必须以应用研究为主,努力建设工程性学科、技术性学科和复合性学科。

⑤ 应用型大学以理论和应用有机结合作为课程体系设计原则。培养胜任生产第一线工作岗位的应用型人才,是应用型大学的培养目标。与此相应,课程模式分为三个平台:学科基础课程平台、应用能力平台、基本素质课程平台。每个平台都涵盖理论课程和实践课程,并贯穿于四年本科教育之中,随着学生学业的进步,学科基础课程平台和基本素质课程平台课程逐步减少,应用能力培养的实践环节课程逐步增加。

⑥ 应用型大学以学科性与应用性相结合为主要教学方法。应用性教育认为学科不仅是专业的基础,也是专业的背景。学科基础课程体系和应用能力课程体系可以同步进行,学生应在学习和实践过程中掌握理论、训练技术。因此,在应用型大学本科教育教学过程中,把学科性和应用性两种教学方法结合起来,才能形成应用型大学教学模式和方法的鲜明特色。

⑦ 应用型大学以应用能力素质为核心的师资队伍建设。应用型大学既然以培养应用型人才为己任,那么师资队伍不仅要具备较高的学术水平,同时还要具备丰富的实践经历和较强的应用能力,"双师型"教师应当在师资队伍中占有较高的比例。

⑧ 应用型大学以产学研结合为培养应用型人才的根本途径。应用型大学应当坚持产学研结合,只有把人才培养和科技创新与企业需求有机结合起来,

并且学校与企业建立产学研合作机制,才能培养适应社会需要的应用型人才。因此,建立产学合作的机制是培养应用型人才的关键。①

(4) 现状及问题。

一是办学定位不明确。办学定位是根据社会需求、学校所处内外环境、自身条件及发展潜力所确定的人才培养规格、社会服务重点、发展目标方向,解决的是"培养什么样的人才"的问题。然而,许多应用型大学尚未明确自身的定位,一种情况是在教育实践中徘徊在研究型大学和实用型大学之间,还未真正确立应用型大学的定位;另一种是虽然确立了应用型大学的办学定位,但对应用型大学的内外部环境、办学条件尚不十分清晰,没有找到适合自身特点的发展方向和具体的发展路径。上述两种情况阻碍了应用型大学的发展和办学水平的提高。

二是管理体制相对落后。从宏观管理体制来说,大多数应用型大学是"省属院校"的管理体制,省级教育行政管理部门与应用型大学之间的管理权限划分不明确,高等学校的办学自主权相对较弱,管理权限也不明确。从内部管理体制来看,由于相当一部分应用型大学是在我国高校大规模扩招过程中由专科学校升格而成的,本身就缺少本科院校管理经验,又习惯沿用旧的管理模式,即便原来就是本科院校也存在着应用型大学如何形成符合自身发展特点的管理体制问题。总之,应用型大学面临着探索、建立一种新的高等教育外部和内部体制的任务。

三是师资力量相对薄弱。应用型大学的师资队伍相对薄弱,不仅表现在师资水平不如高水平研究型大学,关键还在于存在着严重的结构性问题。应用型大学人才培养和科技创新要求都是围绕着"应用型"进行的,这就要求师资队伍在培养应用型人才和促进技术创新方面应当具有优势。然而,我国应用型大学的师资都是研究型大学培养出来的,师资队伍主要由学术型教师构成,了解企业、熟悉生产第一线、擅长技术开发和技术创新的"双师型"教师很少,这种状况严重阻碍了应用型大学办学目标的实现。

四是办学经费相对不足。办学经费不足是应用型大学发展的重要瓶颈之一。应用型大学的人才培养要求比研究型大学安排更多的实践、实习和实训,应用型大学的科技创新要求聚焦经济社会发展中的实际问题,要求进行工程技

---

① 史健勇.基于东方管理理论的应用型大学竞争力研究[D].上海:复旦大学,2012:27-28.

术创新,这就需要更多的经费投入。然而,国家在教育经费投入和科技创新投入方面,更多关注的是研究型大学和基础性研究,应用型大学除了地方下拨的一般性教育经费外,其余需要通过市场配置,鉴于我国目前企业创新动力不足,应用型大学在市场竞争中,难以获得足够的经费支持,特色发展道路受到严重制约。

五是学科专业建设滞后。应用型大学的学科专业建设水平总体不高,且学科专业雷同,与地方经济社会发展需求结合不够紧密。此外,应用型大学学科专业建设缺乏带头人和稳定的学科团队,应用型大学学科专业建设的目标与研究型大学不同,擅长应用型人才培养和工程技术创新,解决工程技术领域实际问题的学科团队和学科带头人非常缺乏。同时,培养应用型人才和开展工程技术创新的实验实训实践基地不足,理论课程和实践课程的比率和教学内容,都难以适应应用型人才培养的要求。许多应用型大学现有的实验实训设施主要是基础研究中的验证性实验设施,能够解决实际问题的综合性的实验设施相对较少。围绕应用型大学的办学定位,强化学科专业建设,形成学科专业特色,是当前应用型大学内涵建设的一项重要任务。

六是缺乏有效评价体系。教育绩效评价是促进应用型大学发展的重要环节。目前,我国尚未建立起针对应用型大学的办学绩效的科学的评价体系。一方面,应用型大学缺少内部的自我绩效评价体系;另一方面,国家教育行政管理部门也缺乏针对应用型大学的评价制度。没有评价,就没有进步。应用型大学的功能在于培养应用型人才,在于服务地区经济社会发展,有效的教育评价体系有助于引导应用型大学更好、更准确地把握办学定位,聚焦应用型人才培养以满足地区社会经济发展的需求。

我国应用型大学办学历史短,办学实力相对较弱,如何实现应用型大学的办学定位目标,把握应用型大学的办学规律,尚在探索之中,存在上述问题在所难免。但是,随着我国高等教育大众化的普及,以及社会经济发展对应用型人才需求的不断增长,应用型大学面临着良好的发展机遇。同时,《国家中长期教育改革和发展规划纲要(2010—2020年)》都对应用型本科教育进行了相关部署,有理由相信,未来十年国家和地方政府对应用型大学发展的支持将不断加大,应用型大学的办学模式将日趋成熟。

二、有关学科的研究综述

中国唐宋时期就有对学科的文字记载,西方的"学科"一词则可以追溯到"乔叟(Chaucer)时代"。随着社会变革与时代发展,学科也不断被赋予新的内涵,外延也不断扩大,丰富的内涵和宽泛的外延拓展了学科的功能和价值。学科是一个使用广泛而含义多重的学术术语,从不同的研究立场、视角出发,学科有着不同的定义和标准,各种界定的背后都隐含着特定的哲学假设和价值取向。梳理各种研究,可从微观、中观和宏观三个层面来思考学科的概念。

1. 微观层面的"教学科目说"

在微观层面上,从日常教学实践出发,学科可视为学科课程的组成部分,与"教学科目"通用。中国古代的"六艺"(礼、乐、射、御、书、数),欧洲古代的"七艺"(语法、修辞、逻辑或辩证法、算术、几何、音乐、天文学),都是当时学校设置的学科。近代学校教学内容日益丰富,设置的学科也随之增多。但其内容受教育目标和学生身心发展水平的制约,并不能完全随科学的分化而分化。科学按知识结构和逻辑体系展开论述;学科却要兼顾学习者的心理发展规律,以便于学生认知,从而提高教学效率。

从汉语的词源上看,中国古代学科的本意也是教学科目的意思。《新唐书》《儒学传序》载:"自杨绾、郑余庆、郑覃等以大儒辅政,议优学科,先经谊,黜进士,后文辞,亦弗能克也。"这里的学科是指学问的科目门类。宋代的孙光宪在《北梦琐言》中称:"咸通中,进士皮日休进书两通,其一,请以《孟子》为学科。"[①]学科在这里是指唐宋时期科举考试的科目。无论是考试科目还是学问科目,都把学科作为一门具体实施的教学科目。

《现代汉语词典》对学科的界定包括三点:① 按照学问的性质而划分的门类,如自然科学中的物理学、化学;② 学校教学的科目,如语文、数学;③ 军事训练或体育训练中的各种知识性科目(区别于"术科")。其中一个基本意思就是

---

① 汉语大词典编委会.汉语大词典:卷4[Z].上海:汉语大词典出版社,1991:238.

指学校教学的科目。微观层面学科的含义最接近英文的"subject"。①《牛津高阶英汉双解词典》(第4版)对"subject"的解释是:"branch of knowledge studied in a school,etc 学科、科目";对"discipline"的解释中也包括"branch of knowledge,subject of instruction 学科、教学科目"的含义。②

2. 中观层面的"知识体系说"

《教育大辞典》把学科解释为一定科学领域的总称(如人文学科、数学学科等)或一门科学的分支(如自然科学部门的生物学、化学、物理学,社会科学部门的经济学、史学、教育学等)。③"学问(知识)门类"指分门分科的知识体系,"科学分支"仅指分门分科的科学知识。狭义的科学仅指自然科学,是通过观察、实验获得的解释或描述自然世界规律的知识体系;广义的科学泛指人们关于自然、社会和思维的知识体系。广义的"科学分支"与"学问(知识)门类"在科学和教育领域基本上是通用的,既可以指科研部门和大学所研究的知识门类或科学分支,也可以指教育部门传播的知识门类或科学分支。无论如何理解学科,学科都毫无疑问地指"知识体系"。

很多学者都从知识体系的角度对学科进行界定。学科是指一定科学领域的认识过程及其知识门类,是既对应于又从属于某门科学的相对独立的研究活动及其方法体系和知识体系,是特定科学领域内的事实和概念系统,是具有相同或类似知识的集合体,是按一定原则和方法建构成的具有内在联系和彼此相关的有组织的活动及其成果载体的知识体。学科是由专业人员以独有的领域为对象,按照专门的术语和方法建立起来的概念一致、体系严密、结论可靠的专门化知识体系。

中观层面的学科概念最接近英文"discipline"的含义。从词源学上看,不同的语言文化环境中有不同的词语对应中文的"学科"一词,拉丁文、德文、法文、英文中"学科"对应的词分别是"disciplina""disiziplin""discipline"和"discipline"。但是"discipline"具有多重而又相关的含义,包括学科、学术领域、

---

① 中国社会科学院语言研究所词典编辑室.现代汉语词典[Z].北京:外语教学与研究出版社,2002:2178.
② 霍恩比.牛津高阶英汉双解词典[Z].4版.北京:商务印书馆,1997:408,1522.
③ 顾明远.教育大辞典:第一卷[Z].上海:上海教育出版社,1990:258.

课程、纪律、严格的训练、规范准则、戒律、约束以至熏陶。汉语里没有相对应的词语能包含它的丰富含义。沙姆韦（David R. Shumway）和梅瑟达维多（Ellen Messet-Davidow）在《学科规训制度导论》（Disciplinarity：An Introduction）一文中认为："学科"的字源探究显示出它种种意义的历史衍延，多于能够为它立下确实定义。该词"源自一印欧字根……希腊文的教学辞'didasko'（教）和拉丁文'disco'（学）均同。古拉丁文'disciplina'本身已兼有知识（知识体系）及权力（孩童纪律、军纪）之义"。乔叟时代的英文"discipline"指各门知识，尤其是医学、法律和神学这些新兴大学里的"高等部门"。据《牛津英语字典》，"discipline"（学科/规训）为门徒和学者所属，而教义（"doctrine"）则为博士和教师所有。结果"学科/规训"跟实习或练习有关，而教义则属抽象理论。有了这个分立，就能理解何以会选取"学科"来描述基于经验方法和诉诸客观性的新学科。称一个研究范围为一门"学科"，即指它并非只是依赖教条而立，其权威性并非源自一人或一派，而是基于普遍接受的方法和真理。

法国学者莫兰（Edgar Morin）指出：学科是科学知识领域内的一个组成部分，其在科学范围内确定自己的研究领域和特长，迎合科学各方面的需要。尽管科学涵盖百科，但每一个学科由于有自己特定的边界、有自建的学术用语、研究方法和理论，因而都是独立的。德国学者黑克豪森（Hechhausen）运用经验和事实分析的方法来考察学科，认为它是对同类问题所进行的专门的科学研究，以便实现知识的新旧更替、知识的一体化以及理论的系统化与再系统化。法国学者布瓦索（Boisot）运用结构和形式分析的方法来考察学科，认为它是一个结构，是一个由可观察或已形式化并且受方法和程序制约的客体与作为客体间相互作用具体化的现象以及按照一组原理表述或阐释并预测现象作用方式的定律等三种成分组合成的集合体。①

国家技术监督局1992年11月1日批准、1993年7月1日实施的《中华人民共和国国家标准学科分类与代码表》（GB/T 13745－92）对"学科"和"学科群"作了界定：学科是以一定共性的客体为研究对象而形成的相对独立的知识体系或分支学科。学科群是具有某一共同属性的一组学科，每个学科群包含了若干个分支学科。②

---

① 杨天平.学科概念的沿演与指谓[J].大学教育科学，2004(1)：13-15.
② 丁雅娴.学科分类研究与应用[M].北京：中国标准出版社，1994：38.

作为知识分类体系的学科有两层涵义:第一层指学科提供一定的逻辑以保存已有的实践知识,第二层指学科依据一定的逻辑结构来规范知识增长的分类体系。学科即一定知识范畴的逻辑体系,具有系统性和整体性。①

3. 宏观层面的"学术组织(制度)说"

学科还有其延伸意,指把传播和发展同类知识的群体联结起来所建制成的一定的学术组织。中世纪拉丁语中的"faculty"(学部)原意就指某一学科领域。从13世纪中期开始,学部一词的外延扩大,指的是按某一学科设置的教学研究单位。可见,自中世纪开始,学科就既指某一知识领域,又指外延扩大了的学术组织。②

克拉克(Clark)认为,"学科明显是一种联结化学家与化学家、心理学家与心理学家、历史学家与历史学家的专门化组织方式。它按学科,即通过知识领域实现专门化。"③当我们说某人属于某学科时,此时的学科概念便延伸为由专门化知识群体结成的学界的或学术的组织,也称科学共同体(scientific community)。托马斯·库恩指出:"科学共同体是由一些学有专长的实际工作者所组成的。他们由他们所受教育和训练中的共同因素结合在一起,他们自认为也被认为专门探索一些共同的目标,也包括培养自己的接班人。"④

学者汪晖从学科与个体以及社会的关系出发,对学科进行阐释:第一,学科不是囿于一所大学的社会形式;第二,学科甚至也不是囿于一个民族国家的教育和研究制度的社会形式;第三,学科首先是一个以具有正当资格的研究者为中心的研究社群。各个体为了利于相互交流和他们的研究工作设立一定程度的权威标准,组成了一个社群。换言之,学者作为学科工作者从事"分门划界"(boundary-work)的区分活动,这种活动内在地要求发展清晰客观的论据。学科专门化包含了排他性的原则或所有权的原则,即任何外人都无权进入这个专门领地。这里不仅包含科学与非科学的分界,而且也包含不同学科之间的权力

---

① 宣勇,凌健."学科"考辨[J].高等教育研究,2006(4):18-23.
② 万力维.学科:原指、延指、隐指[J].现代大学教育,2005(2):16-19.
③ 伯顿·R.克拉克.高等教育系统:学术组织的跨国研究[M].王承绪,徐辉,等译.杭州:杭州大学出版社,1994:34.
④ 托马斯·库恩.必要的张力[M].福州:福建人民出版社,1981:292.

关系的不断的斗争和重新界定。①

学科的分门别类方式是和现代社会建制直接相关的,它把社会的多样性和复杂性加以条理化,并用合理化知识的形式把它们转化成为学科的对象。控制稳定的对象及其对客观化方法的信赖(调查、证明、规范性判断、监控等)是学科规训机制和社会控制系统的共同特征。

比利时学者阿波斯特尔(Apostel)运用科学社会学的方法来考察学科,认为它是以建立模式为目的(基础学科)和以改变客体为目的(应用学科)的活动。中国学者陈燮君运用发生学的方法来考察学科,认为它是一种创造活动,是一个集学科精神、学科风格、学科价值、学科内容、学科方法、学科模式、学科素质、学科优势于一身的统一体,等等。②

学科制度是知识生产和知识创新的基础。在学科制度结构的建构过程中,作为社会行动者的研究者和学科培养制度(学生)、学科评价制度(出版物)以及学科基金制度(研究基金)四者之间,构成密切关联的知识生产和知识创新的动态网络,同时它也是学术符号资本的生产和再生产的动态网络,其中研究者处于核心地位。学科制度必然与宏大的社会制度发生联系。因此,如何在宏大的社会结构和过程的背景下,建构既与外界环境有良性的互动,又能保证学科制度自身的自主性、权威和尊严的良好的学科制度,就成为值得关注的基本问题。③

从历史的观点来看,作为一种制度和结构,学科是作为大学制度的一个组成部分而形成和发展起来的,学科及其制度基本上以大学为存在的根据。而从大学结构的角度来考虑,学科系统构成了大学制度的主干。考察现代大学的发展史可以看到,学科首先是大学这个大厦的基础和框架,大学的其他结构、制度成分是围绕学科的制度化而形成的:首先有一个学科,然后才有一个专业,有一个系,有一个学院。现代大学专业、系和学院的分化应是学科发展的结果,而不是相反。

我国高等院校的教学与科研建设中出现了一种引申和扩延的学科概念图式。它将学科作为知识体系的本体含义推展至划分和组合学术活动的基本方

---

① 汪晖.死火重温[M].北京:人民文学出版社,2000:242-243.
② 杨天平.学科概念的沿演与指谓[J].大学教育科学,2004(1):13-15.
③ 孟宪范.学科制度建设研讨会综述[J].开放时代,2002(2):134-143.

式,包括学科发展方向、学术梯队、人才培养、科学研究和基础设施等并指向于以创造和发展知识为其内在职责的专门化的组织系统。虽然万变不离其宗,其所谓专门化的组织体系也还是围绕着学科作为相对独立的标准化的科学知识体系的核心意义而展开的,但这样富有创意的定义已越出传统学科定义的界阈,它不仅切合并准确地反映了学科发展的规律及其进展,同时也足可以与英国贝尔纳关于科学是一种建制的思想相呼应。因为这样的学科定义已与贝氏的社会建制思想相类通,具有异曲同工之处。它把作为知识系统的学科概念拓深并拓展至发展知识和创造知识的专门组织系统。[1]

由此可见,学科是一个历史的范畴,它既是时代精神孕育的结果,又总是处于过渡和发展的状态,说明它是一个发展的、动态的概念。知识的保存、传播和生产贯穿于学科发展的始终,围绕知识的保存、传播和生产,衍生了学科组织和学科制度。其中,知识体系是核心,组织体系是基础,制度规范是保障。同时学科又是一个社会的范畴,作为社会大系统中的子系统,不可避免地受到社会系统中各种因素的影响,社会需求和价值取向成为主导因素,在一定程度上直接或间接地左右着学科的发展。此外,学科也是一个矛盾的统一体,在个体独立和群体关联的矛盾中寻求动态有序与自然恒稳的统一,在封闭性与开放性的矛盾中实现科学发展的内在逻辑和社会需求的统一,在理论性和实践性的矛盾中昭示社会价值、经济价值和科学价值的统一。[2]

三、有关学科建设的研究综述

1. 国外学科建设的实践

由于教育体制、政治体制及政府管理体制不尽相同,在国外,很少有人把高等学校的学科建设问题作为一个单独的问题来进行研究。在外文中,甚至找不出与学科建设(discipline construction)相对应的词语。但这并不等于说国外就

---

[1] 杨天平. 学科概念的沿演与指谓[J]. 大学教育科学,2004(1):13-15.
[2] 翟亚军. 大学学科建设模式研究[D]. 合肥:中国科学技术大学,2007:3.

没有人研究学科建设问题。英文"学科"包含了课程及训练两方面的含义。事实上,国外的政府教育主管部门及高等学校就是通过对专业设置、科学研究计划和教学计划的控制来开展学科建设研究的。不少国外学者在研究高等教育或大学问题时,也都把学科建设问题作为一个重要方面来进行研究。他们不仅研究过大学的学科布局问题,也研究过如何提高大学学科水平的问题。这些实践和经验归纳起来主要有[①]:

(1) 在学科设置上,国外著名研究型大学根据不同时代科技发展和人才培养的需要,不断增设新的学科门类,促进学科设置由单科向多科发展。学科门类众多是当今世界各国著名研究型大学学科布局的一个突出特点。但从世界各国著名研究型大学学科建设发展的历史来看,没有一所研究型大学在开始的时候学科设置所涉及的领域就比较广泛。恰恰相反,几乎每一所研究型大学在开始的时候学科设置都比较单一或学科门类很少,随后根据不同时代科技发展和人才培养的需要,通过不断增设新的学科门类,才形成了理工文管等多学科并存的局面。

(2) 在学科结构上,国外著名研究型大学注重构建以文理学科为基础,以医工经管等应用型学科为主干的多学科相互交叉、促进、融合的学科体系。国外著名研究型大学的学科结构一般具有以下几个特点:一是文理基础性学科雄厚,基础性研究水平高;二是以强大的医工经管等应用型学科为主干;三是综合性、交叉性、边缘性学科特别多。因此,在学科建设实践中,一定不能把基础性学科与应用型学科截然分开,因为离开了基础学科,应用学科就缺乏基础和发展潜力;反之,离开了应用学科,基础学科就缺乏生机和活力。这是高水平大学学科建设所遵循的一条基本规律。

(3) 在发展战略上,国外著名研究型大学以突出重点、形成特色为指导思想,反对平均发展和机械模仿。强调以突出重点、形成特色为指导思想,反对平均发展和机械模仿。

(4) 在管理体制上,遵循学科发展既高度分化又高度综合的规律,建立了科层组织与矩阵结构相结合的管理体制。当代科学发展的一个重要趋势就是学科既高度分化,又在高度分化的基础上高度综合,目前以高度综合为主。世

---

① 程永波,罗云.启迪与借鉴:关于国外著名研究型大学学科建设实践的研究[J].黑龙江高教研究,2006(3):35-37.

界各国著名研究型大学的学科建设在管理体制上基本上都顺应了这一趋势。一方面,继续保持按学科分化要求建立起来的院系科层式学科建制的传统,以促进学科的进一步分化;另一方面,又根据学科综合化发展的趋势,建立了大量的各种形式的跨学科的研究中心或组织,以促进不同学科的交叉、融合。

(5) 在学科建设的组织层面上,一流大学的学科组织在坚持传统与面向现代化的同时,学科组织的国际化倾向也十分明显。学科组织中学术人员的国际交流与互动早已成为各国的共同做法,与此同时,各国之间联合设置科研机构、共同举办各种教学研讨班、联合组织科研小组的现象愈来愈多。

(6) 在学科队伍建设上,国外著名研究型大学高度重视"人才高原"的形成,依靠汇聚一流名师提升学校的科研水平。国外学科建设的成功经验表明:学科建设的根基在"学科队伍建设"。只有建设一支一流水平的学科队伍,才能建成一流水平的学科和大学。一流水平的学科队伍,不仅表现为其学科带头人具有一流水平的学术造诣和学术声望,而且还表现为这些学科带头人所扎根的基础——作为学科队伍主体的人才群体,即"人才高原"应具有一定的海拔高度。在学科队伍建设中,不仅要重视学科带头人的选拔和培养,更要注重学科队伍整体的建设和其素质的提高。只有构建起海拔较高的"人才高原",才可能使学科的发展达到世界科学的巅峰。

(7) 在学科功能上,国外著名研究型大学坚持教学、科研和社会服务密切结合,走人才培养、科学研究、社会服务一体化的道路。

2. 国外学科建设的模式

有研究者根据国外大学的学科建设实践,将学科建设归纳为四种模式:①

(1) 平衡发展模式与重点突破模式。大学学科的竞争性特征是任何大学都不能回避的问题,由于资源的局限,学科之间的竞争日益突出,是一碗水端平,平衡发展各学科,还是有所侧重,鼓励支持一些学科先发展起来,不同的大学给出了不同的回答。

(2) 教学至上模式、科研重于教学模式与教学科研并重模式。教学和科研

---

① 翟亚军,王战军.理念与模式:关于世界一流大学学科建设的解读[J].清华大学教育研究,2009(1):20.

作为大学的两大职能,既有合作又有冲突。是科研重于教学,还是教学重于科研,抑或是教学与科研齐头并进,世界一流大学的实践证明,三种模式并无高低优劣之分。

（3）有限发展模式与全面发展模式。普林斯顿大学从一个乡村学馆发展成为美国顶尖的大学之一,很重要的一个因素就是坚持自己的道路,不赶时髦,不盲从权威,在各种情势下保持清醒的头脑。20世纪60年代,普林斯顿大学面临社会呼吁其建立法学院和商学院的巨大压力,其进行了顽强抵制。今天,虽然普林斯顿大学仍然没有医学院、教育学院、法学院和商学院,但是这丝毫没有影响其世界一流大学的地位。芝加哥大学则始终秉承全面发展的理念,从建校开始就按照哈珀校长的理想,即朝着一个由神学、法学、医学、工程、美术、教育和音乐等专门学院组成的综合性大学的方向发展。

（4）协同发展模式。麻省理工学院(MIT)是一所重视科学、技术和管理的一流大学,它在宇宙科学、原子科学、航天技术、生物工程等领域的科学研究不仅在美国居于领先地位,而且引领着世界潮流。虽如此,它并不忽视人文学科的发展,不过这种发展也不是漫无边际的,而是"培植与工程、科学直接相关的学科",充分发挥理工科潜力的同时也为理工科的发展提供支持,使其语言学、心理学携手并进,经济学与工业管理学紧密结合,政治学和电子学密切相关。特殊的发展背景,造就了MIT与众不同的人文学科内涵,成就了其人文学科不输于其他学校的领先地位,而人文学科的发展,也使得MIT的理工学科有了更广阔的发展空间。

3. 国内研究进展

国内有关学科建设的研究,王梅、陈士俊、王怡然对1989—2004年发表的889篇有关学科建设的论文分析后指出:对于学科建设的研究,我国学者普遍使用定性理论分析,基本属于个人观点陈述型和经验总结型,定量模型分析、实证研究和大规模的统计调查研究极为稀少。他们进而指出,这些年关于高校学科建设的研究成果不少,研究出发点是具体学校或具体学科经验的总结;研究方法侧重于表层分析,不少研究深度不够,所得出的结论往往缺乏实证基础。他们进行了深刻的理论分析、实证分析和统计调查的研究,进而得出中国学科建设的研究尚处于起步阶段。同时,通过对889篇论文的研究内容进行分类频度统计,指出论文频度较高的主要集中在两类:一是各高校有关学校自身学科建设的经验或某一具体学科建设的"经验介绍";二是从宏观角度阐释其研究成果对不同地区、不同高校的学科建设具有较强普适性的"总体阐释"类文章。

关于高校学科建设的研究视角可以归纳为[1]:

① 结合某一具体学科来阐述学科建设问题,这一研究视角针对性较强。例如,潘懋元、陈兴德的《依附、借鉴、创新——中国高等教育学科建设之路》。翟亚军、王战军[2]从生态学理论出发为大学学科建设提供了一个全新的理论研究视角。他们认为大学学科系统的生态性要求在大学学科建设中必须恪守适应性理论、平衡理论、生态位理论以及竞争与共生理论。

② 结合不同高校自身特点介绍高校学科建设的经验,这一研究视角具有一定的启示性和指导性。例如,王大中针对清华大学的教学实际而写的《大学学科建设和专业结构调整的实践和体会》。

③ 综合众多高校学科建设实践,从战略高度审视学科建设中存在的问题,把握建设的关键环节,进而提出相应对策建议。例如,谢桂华的《关于学科建设的若干问题》等。

④ 切入学科建设的各个环节,阐述学科建设的相关理论问题,涉及概念内涵、结构布局、发展规律、资源配置和学科评价等。例如,杨天平的《学科概念的沿演与指谓》,张振刚、李林的《研究型大学学科布局的对称性及其构建研究》,朱东华的《学科评估理论及方法》等。

学位论文中涉及此方面的研究主要有:2003年浙江大学邹晓东的博士论文《研究型大学学科组织创新研究》[3],该论文从组织和组织创新理论角度出发,提出学科组织创新和学科组织核心能力的重要概念,明确提出学科组织创新是研究型大学改革与发展的本质。论文分析了学科组织要素,提出以提升学科组织核心能力为目的的学科组织创新理论模式,包括学科组织战略、结构和文化创新,并运用了国内外知名研究型大学学科组织创新的案例实证研究、学科组织要素和学科组织创新的调查统计分析、学科组织创新的系统动力学模型

---

[1] 王梅,陈士俊,王怡然.我国高校学科建设研究述评[J].中国地质大学学报(社会科学版),2006,6(1):76-81.

[2] 翟亚军,王战军.基于生态学观点的大学学科建设应然研究[J].科学学与科学技术管理,2006(12):11-15.

[3] 邹晓东.研究型大学学科组织创新研究[D].杭州:浙江大学,2003.

构造等研究途径。2004年华东师范大学庞青山的博士论文《大学学科结构与学科制度研究》[①],该论文从高等教育学、社会学、科学学、组织论、学科学、制度教育学等多学科的视角,把学科视为科学、教育、社会三维结构中的一个中心要素,以学科这一具有多重含义的概念为文章的逻辑起点,运用历史法、比较法、个案分析法、辩证逻辑从抽象上升到具体的方法,从大学学科是以结构形式存在的前提入手,依次讨论大学学科结构、学科组织、学科制度、学科文化,试图使大学学科的研究体现出一定理论性和系统性。此外,中南大学刘湘宁的硕士论文《我国研究型大学学科建设目标研究》[②]、南京航空航天大学郑海燕的硕士论文《大学学科建设的战略研究》[③]、浙江大学段丹的硕士论文《基于矩阵结构的大学学科组织结构创新研究》[④]、大连理工大学张立伟的硕士论文《基于核心竞争力理论的大学学科建设研究》[⑤]等均从不同角度对学科建设进行了研究。

在学术专著方面,很多学者从某一视角对学科进行研究。例如,2005年罗云所著的《中国重点大学与学科建设》以重点大学的学科建设为研究对象,从学校管理的层面总结了我国重点大学学科建设中存在的问题和误区,介绍了国外若干大学学科建设的经验,提出了我国大学学科建设的对策和建议。[⑥] 该著作较为全面地总结了我国重点大学的学科建设工作。陈君的《学科学导论》运用发生学,从学科发展角度探索了学科产生的内在动力、机制及发展趋势;刘仲林的《现代交叉科学》和《跨学科教育论》则分别从交叉学科、跨学科的视角剖析了这类学科的特点、功能和表现形式等;胡建雄等著的《学科组织创新》侧重对高等学校院系学科结构进行探究,并以论文集的形式展示了高校学科组织结构的系列研究成果。这些著作对高校学科建设具有很好的启发和指导意义。也有其他有关高校学科建设研究的内容散见于各种著作及研讨会中,例如,陶爱珠主编的《攀登——我国创建世界一流大学的研究》从我国顶尖大学的学科现状及其成因和学科发展的策略两部分来阐释学科建设。在中国社会科学杂志社主办的"学科制度建设"研讨会上,与会专家代表也纷纷就学科建设发表看法。

---

① 庞青山.大学学科结构与学科制度研究[D].上海:华东师范大学,2004.
② 刘湘宁.我国研究型大学学科建设目标研究[D].长沙:中南大学,2003.
③ 郑海燕.大学学科建设的战略研究[D].南京:南京航空航天大学,2004.
④ 段丹.基于矩阵结构的大学学科组织结构创新研究[D].杭州:浙江大学,2006.
⑤ 张立伟.基于核心竞争力理论的大学学科建设研究[D].大连:大连理工大学,2006.
⑥ 罗云.中国重点大学与学科建设[M].北京:中国社会科学出版社,2005:5.

但基于研讨会形式本身的局限性,论述不够透彻,整体表达也不够全面和系统。

(1) 关于学科建设的特征。

通过对学科建设概念的分析与现实的考察,我国高教界对学科建设的共同特征达成了一定程度的共识,归纳起来主要有以下几个方面[①]:

一是综合性与系统性。学科建设是一项综合性很强的工作。它辐射和渗透到学校的每个环节。既包括理论探索,又包括实践检验;既包括教学科研活动,又包括学校的组织管理;既包括教学科研平台等硬环境的建设,又包括机制、体制及文化等软环境的营造。反之,学科建设还受到来自学校各方面的因素制约,如学校的目标定位、发展规划等。学科建设是一个系统工程,是学校建设的综合性体现。

二是适应性与创新性。学科建设是个"解难"的过程。要适应科技发展与国家、社会和学校发展的需求,需要主动获取学科发展的前沿和世界科技发展的新动向,不断开辟新的领域和新的研究方向,同时注重在发展中创造和形成新的学科优势和特色。"适应"是学科生存的环境,"创新"是学科发展的动力。学科建设是高校机制创新、体制创新和文化创新的综合体现。

三是动态性与发展性。学科建设是高校在历史积淀的基础上不断调整学科结构,提高学科水平,催生学科生长点的动态过程。它既是一个历史的概念,也是一个发展的概念,需要着眼于高校的目标定位和发展战略。随着时代的发展变化和外部环境的变迁,不断丰富和发展学科建设的途径和内容,实现与时俱进。

四是长期性与持续性。学科建设不是一朝一夕所能完成的,是关系到高校长远发展的战略性建设,具有明显的长期性建设特征。任何一门学科都要经历从无到有、从小到大、从弱到强的过程,不但需要漫长的建设时间,还需要经受时间和历史的考验。学科建设不会因学校领导者的离位而消失,只会因外界环境的变化甚至学科建设主体的改变而转换建设重点,但学科建设仍会持续下去。

(2) 关于学科建设的原则。

有论者认为,学科建设是一项复杂的系统工程,需要用科学的方法来建构,

---

① 王梅,陈士俊,王怡然. 我国高校学科建设研究述评[J]. 中国地质大学学报(社会科学版),2006,6(1):76-81.

应该坚持系统性原则、科学性原则、创新性原则和实效性原则。① 又有论者进一步从学科建设实践中存在的问题分析入手,明确提出学科建设应遵循体系建设原则、重点建设原则、可行性原则、特色与创新原则、超前性原则和共生性原则。② 上述原则多是基于高校受人力、物力和财力等客观条件的局限,学校在分配资源方面对所有的学科不可能一视同仁、平均分配地进行学科建设,否则势必造成资源配置分散,无法集中资源实现学科建设产生质的飞跃。这正反映了我国高校学科建设的现状,也从侧面说明我国一贯坚持重点建设原则的正确性。

(3) 关于学科建设的作用。

有论者认为,学科建设的作用表现在五个方面③:① 学科水平决定一所大学的水平,是高校办学水平和综合实力最主要的体现;② 学科是吸引人才的强磁场、培养人才的沃土;③ 学科对人的发展起着定向和规范的作用;④ 学科建设是构筑高校核心竞争力的必由之路;⑤ 学科建设是大学发展的平台,是大学人才培养、科学研究和社会服务三大功能的基石。

左兵进一步认为,重点学科建设是我国重点建设制度在高等教育领域中的现实反映,是国家从国家利益出发重点发展一批高水平学科的意志的体现,也是高校间学科竞争与利益博弈的必然选择和结果。④ 从 1952 年的院系调整到 1986 年以来的重点学科评选,我国学科建设制度经历了从雏形到确立再到不断完善的发展历程,而制度变迁中的路径依赖和组织趋同中的模仿机制则是我国学科建设制度的制度性根源。

(4) 关于学科建设的多元体现。

有论者认为,学科建设内涵丰富、外延宽泛,其表现形式也呈现多样化和多元化。高校学科建设主要表现在三个层面:宏观层面上包括学科发展规划,学科建设的定位、目标和学科方向的选择;中观层面上包括学科结构和布局、学科组织建设、管理体制建设;微观层面上包括学术队伍建设、经费投入与管理建

---

① 周秀娇,朱建成. 对学科建设的原则和实践问题的思考[J]. 佛山科学技术学院学报(社会科学版),2003(1):80-83.
② 田定湘,胡建强. 对大学学科建设几个问题的思考[J]. 湖南社会科学,2003(2):14-16.
③ 刘献君. 论高校学科建设[J]. 高等教育研究,2000(5):16-20.
④ 左兵. 政策导引下的重点学科建设制度分析[J]. 高等教育研究,2006,27(10):36-41.

设、条件平台建设、科学研究和教学工作。①

还有论者进一步指出,高校的学科建设体现在多个方面,但这些方面不是相互割裂而是相互联系、相互依存的,它们彼此存在一种必然的逻辑联系。其中学科方向是根本、学科队伍是关键、学科基地是保证、学科制度是核心、学科平台是基础。② 王艳玉、张社列、谷冠鹏则研究指出了我国大学学科建设中普遍存在的学科优势积累不稳定现象。③ 基于他们的经验和观察,他们分析了影响学科优势积累的主要因素,进而从学科战略管理、学科带头人的识别与培养、学科梯队建设、学术评价机制、组织文化建设及相关政策方面初步探讨了促进学科建设和学科优势积累的可行性对策。

不难看出,学科建设可以体现在各个层面上。学科建设就是在学科与学校发展定位、制度建设、队伍建设、科学研究、思想道德建设、人才培养、本科教育、管理工作和平台建设等众多复杂关系交织的网络中寻求交叉点。这为高校的管理者提供了广阔的思路与途径,但同时也提出了挑战,即如何在纷繁复杂的关系中突显学科的龙头地位,更好地协调相互关系。

(5) 我国高校学科建设存在的问题。

不同的主体由于价值观、关注点和研究角度不同,通常对学科建设中存在的问题所持的态度是各异的。有论者认为,我国高校在学科建设实践中存在着一些误区。这些误区有的已经或正在纠正,有的还在影响着我们的创建实践。主要有以下四个方面④:

一是认为学科门类齐全就是学科布局合理。这种认识表现在学科建设实践中就是在学科布局上贪多求全,盲目追求学科设置的多门类、齐全性。从传统模式多年运行的后果来看,各高校学科专业设置由"小而专",变为"大而全",争着办综合性大学,盲目追求全面优势,扩展弱势学科,致使各高校专业趋同,形成缺乏特色、"千人一面"的局面。

二是认为学科带头人的学术水平等于学科发展水平。这种认识在学科建设实践中的表现是:只重视高水平学科带头人的引进,不重视或轻视学科带头

---

① 田恩舜.关于我国高校学科建设的思考[J].现代教育科学,2002(9):17-19.
② 游海.高校学科建设必须正确处理的几个关系[J].江西社会科学,2004(9):167-172.
③ 王艳玉,张社列,谷冠鹏.学科建设与优势积累[J].河北大学学报(哲学社会科学版),2002,27(1):76-80.
④ 罗云.警惕我国重点大学学科建设中的若干误区[J].现代大学教育,2004(4):55-58.

人的培养、学科梯队的形成、学科基础设施的改善、学科氛围的营造和学科环境的构建。相比于国外著名高校学科建设之路,就是缺乏对"人才高原"的建设。

三是认为科学研究水平等于学科发展水平。这种观点认为,学科的发展是通过知识创新、知识发现实现的,科学研究是知识创新、知识发现的主要手段。因此,科学研究的水平也就决定了学科的发展水平。但以科学研究代替学科发展是一种短视的行为,不利于学科的可持续发展。

四是认为有钱就能搞好学科建设。这种观点把我国高校学科发展水平不高的原因简单归咎于资金投入不足,以为只要有了足够的经费投入,学科建设就能得到较好的发展。

还有论者通过对我国高校学科建设的具体要素分析,认为学科建设存在的问题如下[①]:

一是学科方向上追求名称的动听,缺乏实际条件的审视,忽视学科自身的系统性和社会的真正需求,存在"老(研究方向非学术前沿)、同(研究方向没有特色)、活(研究方向不稳定)、散(研究方向不集中)"问题。

二是队伍建设上混淆学科带头人、学术带头人与学科负责人的概念,学科队伍人才缺乏,学科梯队结构不合理,学术队伍间存在内耗,"老人统治"严重,队伍建设后劲不足。

三是基地建设中各个院、系和教研室都追求小而全,致使有限的资金分散,造成设备重复购置现象较为严重、利用率低。

四是经费管理中顾个人、失集体;多无偿、少有偿;有奖金、无罚金;热规定、冷监控。

五是学科组织结构中不适应学科建设的新需要,合作效率低下、人才资源浪费。

另外,还有些论者就我国目前一些高校研究生培养规模增长太快,盲目争取学位授权点数量而导致学科建设中存在急功近利、缺乏务实精神等问题进行了探讨。[②]

有研究者认为,目前特色行业型高校学科专业体系存在的主要问题有:

一是行业面向性强,但发展环境封闭。学科内涵发展的依据不完全是行业

---

① 黄争舸,叶松. 大学学科建设问题分析[J]. 高等农业教育,2004(9):16-18.
② 郑龙章,陈绍军. 普通高等学校学科建设的思路[J]. 高等农业教育,2004(1):45-47.

发展的实际诉求，这种状况会带来学科体系发展环境封闭、与热点问题和学术主流脱节、学术影响力不足、研究方向单一、缺乏学术影响力等问题。目前单一学科内部的单项发展依旧是大部分行业特色型高校学科建设的主要趋势，无法达到资源共享，不同科研平台缺乏充分交流，科研仪器设备权属界定过于明确，导致每个学科各自为政，造成科研资源和教学资源的极大浪费。①

二是学科综合实力不强，基础学科研究薄弱。基于依托行业办学的历程，培养人才强调的重点是职业素养和对口行业技能，科学研究的定位是解决行业应用问题，对产业技术进行升级改造。当前学科的综合实力需要继续提高。大学评价体系的缺陷，对行业特色学科的建设造成了不利的影响。这种模式缺乏可持续发展和原始创新能力，导致学科研究基础薄弱，师资队伍建设困难，投入经费不足，缺乏人才培养的科学文化素养教育和通识教育。

三是结构聚合性明显，新学科培育滞后。特色学科发展衍生出学科新体系和新内容，资源和优势集中于少数特色学科，学科建设的长远性和整体性的缺乏，导致基础学科发展滞后，其他学科发展受到限制，部分交叉学科和通用学科无法充分发展，新型学科难以快速起步，缺乏学科文化的多样性。应用型大学在面临社会可持续发展和建设创新型国家的背景下，需要把握机遇，积极探索发展交叉学科和新兴学科。但交叉学科、新兴学科发展难成气候的主要原因在于基础薄弱、人才缺乏和学科单一。②

四是学科专业重复设置，特色高度趋同。由于在专业设置和建设上过分追求市场需求，而非学科特色和优势，使专业设置重复，资源浪费严重。③ 对于学科专业重复的问题，需要看到一方面它有利于学科本身的建设，另一方面还要关注学科同质发展是否存在没有从理性出发、未合理利用学习资源使学科交叉融合的问题。④ 许多行业特色型高校在追求更多资源实现综合性发展的同时，导致同质化产生，从而逐渐失去自身固有的特色和优势。

五是过度、盲目追求多学科发展。学科建设是一项长期工作，需投入大量的精力，必须以学校的发展目标为主，出于学术和理性目的，有重点、有选择地

---

① 赵宇,朱伶俐.对行业特色高校学科群建设的思考[J].科技信息,2010(14):56.
② 山红红.行业特色型大学学科建设的思考与实践[J].中国高等教育,2013(Z3):13-15.
③ 沈红宇.中国行业特色研究型大学的发展现状与发展趋势[D].哈尔滨:哈尔滨工程大学,2010.
④ 吕斌.行业高水平大学科学定位与特色发展研究[D].武汉:华中农业大学,2011.

支持部分专业发展。行业特色型大学在与原主管部门分离之后,学科拓展在方向和目标上具有一定的盲目性,无目标、无方向,跟着热点走,致使自身的特色淡化。究其原因:

一是办学定位模糊,影响传统学科专业发展。由于我国大学定位存在过分追求"国际化"、重学轻术、综合求全等一系列问题,这使得社会需求多元与高校人才单一化相矛盾,发展模式趋同化。另外,大学在发展定位上错位问题也很突出。决策者建立高层次大学的期望与定位不准而导致的盲目攀比矛盾,使原有的办学特色逐渐消失,严重影响了传统学科专业的发展。

二是评价体系不完善,误导传统专业发展。我国的高等教育评估体系以政府行政性评估为主导,社会参与流于形式。对于应用型大学而言,其发展更多地需要来自行业的支持,然而现有高等教育评价体系缺乏行业部门参与,对促进应用型大学的学科发展甚为不利。评价标准单一,现有的评价体系过分强调学科建设的综合性和数量规模,这使应用型大学在评价体系中处于不利地位,从而导致应用型大学学科专业体系发展过程困难重重。

三是办学规模的扩张导致传统学科专业的泛化。学科分布相对集中,发展不均衡,人文学科发展缓慢并成为短板。加之应用型大学传统学科与新兴学科、交叉学科比例失调,学科整体水平难以提高。

四是学校自主发展受政策环境制约。由于受到高等教育管理体制改革等一系列政策的影响,社会舆论使大学趋于综合性发展,行业特色型高校地位开始下降,对其自主定位和特色之路产生了巨大冲击,自主发展的诉求与政策环境制约的矛盾日益激化。

(6) 加强我国高校学科建设的对策。

大多数学者从不同角度对我国高校的学科建设提出了对策建议,大体可分为三大类[①]:

一是一般性发展对策。例如,毛晓华等提出:学校高层决策者的高度重视是学科建设的重要保障,学科建设必须进行科学规划,学科建设应从跟踪型转变为自主创新型。[②] 又如,李玉民等基于天津市各高校学科建设的实践提出:

---

① 王梅,陈士俊,王怡然.我国高校学科建设研究述评[J].中国地质大学学报(社会科学版),2006,6(1):76-81.
② 毛晓华,王家平,朱玲.浅议高校学科建设的现状及对策[J].现代教育科学,2003(9):72-73.

学科发展要有明确的定位,实施制度创新,实行"强强联合";积极发展应用型学科;发展新兴与交叉学科;建设高水平的学术队伍。①

二是针对特殊问题的策略。例如,谢桂华就如何抓好学科建设中的科研工作提出了高举"一面旗帜",贯彻"一个方针",坚持走"一条路",组织好"一支科研队伍",建设好"一批学科",建立"一批研究基地",争取"一批高水平、高层次的科研项目",出"一批高水平的科研成果"的"八个一"对策。② 又如,娄延常针对学科建设中如何体现特色,提出在学科建设中必须采取不均衡的学科发展战略,还要特别注重特色鲜明、优势突出的学科群建设;加强学校造诣深、结构合理的学者群和教师队伍梯次建设。③ 卞清则就学科评估提出要按照科学、客观、公正、易行的原则,设计出符合评估目的、易于操作的评估指标;适当考虑重点学科评估的多元化问题;不断完善重点学科评估工作的保障制度。④

三是宏观发展战略思路。如赵沁平提出:研究型大学要有意识地根据不同的目标,采取不同的模式、机制和组织管理形式来设置、建设、发展自己的学科;保持和发展传统学科中的优势和特色;有选择地发展新兴学科,努力形成新的优势学科;高度关注未来学科的发展,积极推动未来学科的形成;抓住机遇,建设综合性大科技平台,创新科技和学科管理体制;以实现国家中长期科技发展规划的目标为己任,调整学科建设规划和发展战略。⑤

(7) 有待深入讨论的几个问题。

从前文所述重点学科的发展历程可以看到,我国的重点学科的建设过程无论是政策研究还是重点学科体系的形成都是自上而下的:国家首开先河,然后省部级主管部门跟进,最后才引起高等学校的重视。在这个过程中,在国家自20世纪80年代开始提出建设重点学科至今的30多年里,普通高等学校在重点学科的建设和管理中的作用逐步从被动选择到主动规划转变,在主动性增强的同时,普通高等学校也开始对学科建设包括重点学科建设进行研究。但就目前我国高校的实际情况来看,对学科建设这一重要问题的理论研究和探讨还存在

---

① 李玉民,岳瑛.天津市大学学科建设探讨[J].科学学与科学技术管理,2001(12):83-85.
② 谢桂华.关于学科建设的若干问题[J].高等教育研究,2002(9):46-52.
③ 娄延常.理念·定位·学科:论高等学校办学特色的战略选择[J].高校理论战线,2003(4):32-34.
④ 卞清.重点学科评估探析[J].江苏高教,1997(4):69-71.
⑤ 赵沁平.谈我国研究型大学的学科建设[J].中国高等教育,2004(5):9-11.

着理论性、系统性和深入性都很不够的问题①，学科建设过程中"重申报轻建设"、盲目追求上层次（博士点、硕士点），忽视对已有学科点的建设管理。这类现象在高校中屡见不鲜，反映在学科建设的管理方面也存在着不少问题，值得我们深思和探讨。

一是对学科建设的理论体系尚未真正确立起来。我国学者对于"学科建设"的认识大多基于"高等学校管理"的实践背景所得出的结论，研究出发点和一些主要观点凝聚着较为浓厚的"实践情结"而缺乏"学术情结"。不论是早期的"无意涉及"还是近期的"有意关注"，他们通常比较注意学科建设的重要地位。王梅等认为，对学科建设理论问题的研究尚显不足，实践研究仍留有较大的空白。② 由于缺乏对学科建设基本问题的深入研究，我国研究者对于学科建设的性质和功能的认识远未到位，从而导致许多人对于学科建设形成各种误读。当前我们特别需要强化对学科建设理论的研究，从学术角度进行探索，寻找理论与实践的契合点，从而彰显其学术价值，真正为解决我国长期存在的高等教育研究与高等教育实践脱节的"两张皮"问题提供新思路，开启新视角，构建新模式。

二是对学科建设的横向与纵向比较有待深入。目前，我国对于学科建设的研究较多地关注自身高校的情况，缺乏与国内外高校同类学科建设的横向的、现实的比较；较多地关注学科建设当前的状况，缺乏纵向的、历史的比较；较少关注中国高等教育和高校发展的历史和现状对学科建设的影响，这样就很容易将学科建设变成短期行为，而不能很好地预测学科建设的未来发展。因此，通过对学科建设纵向历史的追溯与回顾，指导并预测今后学科建设的发展方向是需要重点加强的方面。

三是学科建设的研究内容亟须丰富与完善。我国学者对学科建设的研究范围已较为全面，但全面阐述重点学科建设的文献略显不足，特别是深入研究重点学科建设内涵与本质的理论研究及对重点学科核心要素进行定性和定量分析的相关文章和专著都比较少，而侧重于从宏观角度来考察普通高等学校三级重点学科体系建设及管理机制的研究工作更是尚无系统的理论和实证研究。

---

① 罗云.中国重点大学与学科建设[M].北京：中国社会科学出版社，2005：5.
② 王梅，陈士俊，王怡然.我国高校学科建设研究述评[J].中国地质大学学报（社会科学版），2006，6(1)：76-81.

第三节 理 论 基 础

一、有关高等教育的相关理论

1. 高等教育与经济协调发展理论

高等教育受经济发展影响巨大,经济发展程度决定了高等教育发展的情况,而高等教育的发展反过来也影响经济的发展。高等教育与经济协调发展,既符合社会历史发展的要求,也符合当前经济社会发展的要求。高等教育的发展历来都是根据经济变化的方向,努力调整规模、结构,尽量做到与经济发展相适应。应用型大学同样要主动适应社会经济的发展,遵循教育规律。对于落后的和过时的专业要及时淘汰,而对于新兴的技术和专业要多研发、多运用,以行业需求为中心,大力培养高素质创新型人才。

2. 高等教育市场化理论

以目前的社会发展及高等教育发展模式来看,高等教育直接面向社会输出人才,而社会则对高校输出的人才具有较强的选择性,也就是说,人才质量在一定程度上影响了高校毕业生的就业。因此,从这个本质特征上看,高等教育大众化与高等教育市场化是紧密联系在一起的。只是社会对人才要求的不断提升,迫使高校必须不断深化改革,建设重点学科和优势特色学科才能使不断扩张的高校规模能够跟上社会发展的脚步。在社会、国家、市场、产业、学术多重作用力的影响下,大学必须对各种机会迅速做出反应来应对社会的快速变化。社会对人才的选择体现了高等教育的市场化特征,因此应用型大学必须有针对性地建设重点学科,进而提升学生的整体素质与能力,使他们在社会和市场的选择中具备竞争优势。

3. 资源依赖理论

该理论萌芽于20世纪40年代,任何一个组织在环境中都无法单独生存下去,它必须与环境资源源源不断地进行物质交换,从中得到资源而求得生存与发展。该理论揭示出外部环境对组织成长的重要影响,突出资源互补的重要性。应用型大学作为一种组织,也是不断从环境中获取资源从而获得生存与发展的。这些资源包括人力资源、物质资源和社会资源。行业的发展亦然,离不开大环境的资源补给。

4. 英才多元论

高等教育是一种有特定目的性的活动,需要体现培养人才、科学研究、服务社会、文化传承与创新四大社会价值功能,并且随着高等教育规模的扩张以及大众高等教育的出现,要求大学培养人才的目标必须由传统的学术型、研究型的精英教育逐渐转变为职业型、应用型的大众型教育,这就必须体现社会需求的多元性。在越来越激烈的社会竞争环境下,学生接受高等教育的期望与目的也在发生转变,据相关统计结果显示,进入21世纪以来,越来越多的学生开始将"过上富裕生活"作为大学学习的最终目的或者根本目的。社会对人才的需求也呈现多元化,要求学生进入社会时必须具备较强的职业能力和综合素质,即高等教育所提倡的"英才多元化"。因此,应用型大学重点学科建设必须体现人才培养的技术性、职业性与实用性,在这种背景下,英才多元论便成为应用型大学重点学科建设的理论基础。

5. 高深知识实用化

英国教育学家马克·帕蒂森指出,所有学科都存在基础与高深的区别,这也体现了教育体系的基础教育阶段与高等教育阶段的特征。在我国高等教育体系中,对高深知识层次的教学多集中于研究型,应用型相对较少,这无法体现知识的实际运用。从世界高等教育模式来看,"纯科学"型的研究仍然存在,但应用性知识的生产被广泛地重视和接受,这也使得大学中开始越来越多地出现应用型研究。社会发展经历了一个重要的转变阶段,使得科学技术不仅成为推进知识进步的工具,更是解决现有社会经济问题的工具,这体现了高深知识的实际运用。由此可见,在新的知识生产模式下,传统的研究型精英人才培养模式遭受到了严重的挑战,知识生产模式也促使高校做出新的改变,应用型大学及应用型学科应运而生。

有专家认为,大学诞生以来已经经历了两次学术革命。第一次学术革命是将教学(人才培养)与研究的"界面"链接起来;第二次学术革命则涉及大学和企业乃至政府的"界面"的转化或链接,使得大学除了人才培养和科学研究外,还承担起了发展经济的任务,在科技创新与技术转化方面发挥更重要的作用,由此诞生"创业"职能,真正推动大学向创业型发展。[①] 随着"威斯康星思想"的广泛流传并越来越被社会所接受,大学的教学、科研和服务社会功能愈发完善,面对日益激烈的经济竞争,很多大学开始加强与经济社会发展的联系,服务社会的理念清晰显现,从"象牙塔"中走出来,开始自觉或不自觉地介入产业界和区域的创新创业。

对于两次学术革命中大学的知识生产方式的嬗变,学者专家提出了"两类知识生产模式"的概念。英国学者迈克尔·吉本斯等人认为,整个知识的生产系统正在经历着深刻的变化,一种知识生产的新模式超越了现有学科的范式体系,他提出了知识生产从"模式Ⅰ"变迁到"模式Ⅱ"的新理论。知识生产模式Ⅰ中的知识生产是在一种学科的、规范的术语体系及科学的研究方法中进行的,它遵照着认知的学术研究标准规范,以追求学科的社会认知为目的,将科研活动作为一个专业化的职业行为严谨对待。而知识生产模式Ⅱ是相对于知识生产模式Ⅰ而言的一种新的知识生产模式,它是在应用环境中面向现实社会问题的研究,具有异质性、跨学科、强调社会问责和质量评价的特征。[②] 模式Ⅱ的知识生产具有情境性、跨学科、问题导向的特质,创业型大学的知识生产模式更多的是模式Ⅱ。知识生产模式的转变无疑成为创业型大学兴起的内在原因,模式Ⅱ成为创业型大学发展的重要理论依据。知识生产方式Ⅱ更加关注知识的科

---

① LENCKS C,RIESMAN D. The Academic Revolution[M]. New York:Doubleday,1969.
② 吉本斯. 知识生产的新模式[M]. 北京:北京大学出版社,2011.

学价值以及社会责任,它将加快创业型大学发展的进程。

可以说,大学的第一次"学术革命",以及知识生产模式Ⅰ在大学占据主导地位,使得近代大学发生了历史性变化,出现了教学型大学、研究教学型大学和研究型大学的分野;而第二次"学术革命",以及知识生产模式Ⅱ的产生,催生了创业型大学这样的"新锐"脱颖而出,也赋予现代大学更加深入地介入区域和国家创新创业的功能和价值。[1]

二、有关学科建设的相关理论

1. 学科发展规律理论

学科的高度分化和高度综合是现代科学的重要特征。学科的发展大体上遵循了综合—分化—再综合的"三段论"过程。在学科结构上,是模糊(统合)—精细(细分)—模糊(统合)的辩证演变过程。[2] 学科分化有三个特点:首先是纵向分化,这是受外部因素的影响,诸如经济发展、国家建设甚至是自然界发展的连续性和不可预测性,使学科在微观、宏观和宇观三个方向深入分化。其次是横向分化,这与外部环境也有相应的关系。最后是层次分化,由纵向分化与横向分化共同构成不同的分化层次结构。同样,学科综合有三种方式:第一种是两门以上的邻近学科发生相互交错的相互作用,由此产生一门新的学科;第二种是具有共同的属性的几门学科,形成了"横断学科";第三种是指各分支学科在内容之间、方法之间互相影响、互相渗透,结果导致学科之间的绝对界限模糊,而自然科学、社会科学、经济学等的整体化的发展趋势增强。[3]

---

[1] 陆珂珂,龚放."双一流"建设背景下创业型大学发展的若干思考[J].江苏高教,2018(11):2.
[2] 王波.论合并高校的学科融合[D].武汉:武汉大学,2004.
[3] 李志峰,曾庆东.行业特色型高校主干学科专业体系建设研究[M].武汉:武汉大学出版社,2017:142.

2. "发展极"理论

"发展极"是一个经济学概念,由法国经济学家弗朗索瓦·佩鲁于1995年提出。目前,这一理论被普遍用于高等教育领域,用于解释资源趋优集聚及辐射现象。应用型大学要为行业服务就必须支持优势和特色学科专业建设,加强优势和特色学科专业的办学资源的交流与共享,形成整体优势。特色学科与非特色学科之间的协同创新建设,使得这种优势具备"特色更特,优势更优"的特点,并可发挥其反哺和示范效应,即当优势和特色学科专业的办学达到一定水平后,以点带面,带动更多新兴学科、交叉学科的快速成长并进一步完善应用型大学主干学科专业体系。

3. 比较优势理论与竞争优势理论

这是从经济学中沿用过来的理论,主要应用于相对宏观的经济发展战略研究。从高校构建主干学科专业体系的角度出发,一所高校的发展基础就是拥有比较优势,在此基础上形成的竞争优势,才能使高校掌握竞争的主动权。建构应用型大学主干学科专业体系,除了需要建立起比较优势,还要努力形成自身的核心竞争力。值得注意的是,在建构应用型大学主干学科专业体系的同时要遵循高等教育的规律,不仅要保持住核心学科的优势,而且必须联系基础文理学科,实现学科的交叉、交融。

4. 协同理论

协同学(Synergetics)理论是德国著名物理学家赫尔曼·哈肯(Hermenn Hake)于20世纪70年代在研究激光器的自组织现象时提出来的。它是"一门关于协作的科学",研究那些全然不同学科的极不相同类型的系统之间所普遍存在着的共同特点,即一个由大量子系统所组成的系统,在一定条件下,子系统之间如何通过非线性相互作用产生协同现象和相干效应,使系统形成有一定功能的自组织结构,出现新的有序状态。协同学是关于多组分系统如何通过子系统的协同行为而导致结构有序演化的一门自组织理论。揭示了一个复杂系统从无序到有序、从低级有序到高级有序的演化过程,提出了复杂开放系统有序发展的演化动力是系统内部子系统间协同合作关系。协同学认为,非平衡开放系统在与外界环境进行物质、能量和信息的交换过程中,系统由无序状态逐步演化为有序状态的内在动力是子系统及其内部要素之间的协同作用。没有协同性,子系统的独立性占主导地位,系统整体功能就得不到有效发挥。大学的学科建设和专业建设一体化系统作为一个非平衡开放系统,其学科建设和专业建设子系统常常被人们割裂开,而且由于观念、制度和政策等原因往往导致高校和教师过分重视学科而忽视专业建设,致使两者之间经常出现失衡,难以在实践中产生学科建设和专业建设之间的协同效应。

5. "适应性"理论

"适应性"最初是一个生物学的专业术语,即指"当有机体外界环境发生变化时,生物有机体主动调整自己的特质与生存习惯的能力"。从这个角度来看,一方面它突出自身生活方式的调整,另一方面强调有机体与外界之间的融合。从教育学的角度来看,"适应"是指教育主体根据教育客体的需要和未来发展走向,及时调节,主动变换,使教学活动与社会环境变化相协调;"适应性"是指教育主体准确判断社会发展趋势,不断改进教育模式与教学方法,更新教育理念与思维意识,满足社会对教学提出的新要求的能力。[①] 适应性的本质是行动主体与外界环境之间的和谐与共生,行动主体需求与客观世界需求达到一种平衡,既推动了社会的进步,又有利于个体的发展,使个体的功能、属性融入现实生活中,相得益彰。

应用型大学在我国高等教育体系中占有重要位置,它的发展过程就是不断适应社会发展需求的过程。60多年的办学经验表明,行业特色型高校无论是教学科研活动,还是专门性的人才培养与行业服务都具有更强的针对性和更加直接的社会适应性价值。应用型大学作为一个相对独立的学术场域是具有比较强的稳定性的,知识的保存与传承、培养专业性的应用人才和基础研究的创新都是在这里开展的,而外界社会发展变化的速度随着科学技术的发展越来越快,因此应用型大学学科专业体系对社会环境的适应,不能通过改变社会来实

---

① 施咏清.大学生社会适应性研究[D].南京:河海大学,2007.

现,只能通过高校内部的变革来实现。在改革开放和社会主义市场经济体制逐步建立的背景下,应用型大学也经历了体制转轨,新的体制既带来了机遇,又面临着许多困顿和挑战。在新形势下,应用型大学特色学科应充分发挥优势去满足个人需求和为行业企业服务,为当地经济发展做出贡献,以此获得良好的学术声誉,这就成为应用型大学必然的发展态势,因此,较强的社会适应性已成为应用型大学学科体系的基本要求。

应用型大学学科专业体系的社会适应能力是指应用型大学的学科面对企业实际需求需要的反应能力,针对与原行业疏离、学科服务面狭窄、科技创新弱势的现状不断调整发展战略、突破发展瓶颈的应对能力,以及应用型大学与行业产业、当地社会经济发展之间相互依存的程度。具体包括四个方面的内涵:

一是要明确"传承历史、善于创新"的责任与目标,应用型大学必须始终与国家战略目标相契合,以促进经济社会发展为己任,发扬传统学科优势,在继承历史优秀成果的基础上不断改造,形成新的优势学科。

二是树立"立足行业、面向社会"的教育理念。要紧密衔接所属行业,同时为社会经济发展提供高科技人才和技术创新,从地区社会经济发展的"追随者"转变为地区社会发展进步的"引领者"。

三是确立"协调发展、突出系统"的学科发展思路,坚持走内涵式发展道路,处理好重点支持与一般支持、优先发展与蓄势发展、领头学科与支撑学科、传统学科与新兴学科的关系,形成互动、和谐的生态体系的学科系统。

四是构建"以人为本、全面发展"的培养模式,一方面要依托优势学科专业培养适应社会发展和行业需求的多层次、多类型的高精尖人才;另一方面,要注重综合素质的培养,使高精尖人才具备扎实的理论素养和雄厚的实践能力。

第四节 研 究 设 计

一、研究背景

1. 中国高等教育进入"大众化教育阶段"

1973年,美国教育社会学家、加利福尼亚大学教授马丁·特罗(Martin Trow)提出了高等教育发展阶段论。马丁·特罗认为,高等教育伴随社会经济发展,依次经历"精英教育""大众化教育"和"高等教育普及"三个阶段。高等教育发展"三阶段"理论,将毛入学率作为划分高等教育不同阶段的关键性指标。依据马丁·特罗的理论,高等教育毛入学率低于15%的国家,其高等教育处于精英教育阶段;毛入学率大于15%、小于50%时,其高等教育处于大众化阶段;毛入学率超过50%,其高等教育进入普及化阶段。进入21世纪后,中国高等教育呈现迅猛发展势头。根据《2003年全国教育事业发展统计公报》所提供的统计数据,2003年中国高等教育毛入学率达到15%;根据《2018年全国教育事业发展统计公报》所提供的统计数据,2018年中国高等教育毛入学率达到48.1%。根据马丁·特罗的高等教育发展阶段论,中国高等教育已经从精英教育阶段跨入大众化教育阶段。高等学校为了适应高等教育大众化阶段的需求,突破了传统的单一性办学模式,出现了办学模式多样化的格局。传统的高等学校依据学生生源的变化,开始调整办学理念和办学模式,更加注重办学特色,这就催生了应用型大学的快速发展,也在客观上要求应用型大学选择多样化的发展道路。

2. 市场经济催生多元化社会需求

中国高等教育从精英教育阶段跨入"大众化教育"阶段,是在社会主义市场经济确立和发展的历史条件下进行的。改革开放以来,随着经济体制改革的深入,社会主义市场经济体制发展对我国高等教育产生了深刻的影响。一方面,社会主义市场经济有力地促进了社会生产力的发展,国家财力不断增强,对高等教育的投入不断增加,高等学校的办学条件获得极大改善;另一方面,社会主义市场经济激发了社会经济各个领域对人力资源和科技服务的巨大需求。我国高等教育在供给与需求两方面的大规模扩张刺激下,获得了强大的发展动力,快速步入大众化发展阶段。高等学校是培养人才的社会组织,人力资源是社会最重要的资源,社会主义市场经济要求实现人力资源配置市场化。然而,随着社会主义市场经济的深入发展,我国高等学校的办学模式与社会主义市场经济体制之间存在的种种不适应的状态逐渐显露出来。

首先,高等学校培养的人才规格与社会需求之间不相适应。改革开放前,在我国计划经济时代,人才资源配置是通过国家计划实现的,高等学校规模小,毕业生数量少,国家计划分配毕业生,人才规格与社会需求之间的矛盾并不突出。然而,改革开放后,在社会主义市场经济条件下,高等院校培养的人才受到市场需求的制约。以往高等学校人才数量少、规格单一的精英教育模式,就难以适应社会主义市场经济对数量多、规格多样化的高级人才的需求。其次,高等教育社会功能单一化与社会多样化需求不相适应。市场经济的一个重要原则是主体的多元化和需求的多样化。社会主义市场经济要求高等教育具备多元化的社会功能。因此,高等教育要适应市场经济发展需求,应当选择多元化的办学模式。然而,我国高等教育传统的单一办学模式难以适应市场经济发展对高等教育功能多元化的要求。再次,高等教育缺乏竞争的机制与市场经济多元竞争模式不相适应。社会主义市场经济要求高等学校展开多元化竞争。在社会主义市场经济条件下,高等学校必须考虑办学效益,考虑人力资源的使用效率,考虑学校核心竞争力的发展。然而,我国高等学校的传统办学模式,并没有真正引入竞争机制,更缺乏多元化的竞争机制。

3. 经济全球化趋势呼唤创新人才

经济全球化是生产社会化在全球范围内展开的一种趋势，是各种生产要素，特别是资本为追求最大收益而在全球范围内开拓市场，优化资源配置，进行开发、生产和营销的必然结果。在经济全球化背景下，许多国家和地区的企业通过集结成为特色产业集群去参与激烈的市场竞争。所谓"产业集群"是指在某一区域由与某一产业领域相关的相互之间具有密切联系的企业及其他相关机构聚集组成的有机整体。在经济全球化的今天，许多国家和地区的企业不是孤军奋战，而是组成特色产业集群去参与激烈的市场竞争，国际上富有竞争力的产业大多是集群模式。如美国的硅谷高科技信息产业集群、华尔街的金融业、好莱坞的娱乐业、加州的葡萄酒产业区等成为国家和地区经济持续增长的核心增长极。在经济全球化推动下，产业集群发展和区域经济特色化趋势，要求高等教育培养大批适应产业集群和区域特色产业需要的人才。

传统的高等教育是金字塔式的精英教育，大学成了远离社会经济中心的"象牙之塔"。新科技革命不断深入，要求大学进入社会的中心，尤其是应用型高等学校成为地区经济发展的核心力量，形成对接地区产业的办学模式，为地区经济和产业发展培养各类适需的人才，提供满足地区特色产业发展的科技服务。随着现代科技革命的兴起，社会对高等教育提出了新的要求，即大学人才培养不仅要注重理论知识的传授，而且更重要的还要注重对学生各种素质的培养，尤其要注重对学生创造能力和创新精神的培养。

近几年来，为适应社会经济发展对高层次应用型人才的需求，推动高等教育事业多类型、多层次的发展，教育部先后批准了100多所专科学校改建为本科院校。这些新升格的本科院校多数将自己的发展目标定位为应用型大学，以区别于办学实力较强的研究型、综合性大学。应用型大学与国内众多办学实力较强的老牌大学相比，在办学条件、办学经费、生源质量等方面存在明显不足，所以提升应用型大学的竞争力成为这类大学办学的核心办学理念。在上述这些变化中，不乏与时俱进的创新理念。但是，关于应用型大学的办学定位问题，即如何建立符合真正意义上的应用型大学，特别是应用型大学的人才培养和服务社会的办学理念与功能尚在摸索之中。

4. 应用型大学发展亟待探索

为了丰富我国应用型高等教育体系,促进地方本科高校转型发展,2013年1月底,教育部启动了"应用科技大学改革试点战略研究"项目。2015年10月,教育部、国家发改委、财政部联合下发了《关于引导部分地方普通本科高校向应用型转变的指导意见》(以下简称《指导意见》)。该《指导意见》指出,我国高等教育尚未完全建立生产服务一线紧缺的应用型、复合型、创新型人才培养机制,人才培养结构和质量尚不适应经济结构调整和产业升级的要求,鼓励和引导部分普通本科高校向真正意义上的应用型大学转变。

普通本科高校向应用型大学转变的指导思想的核心涵义是"全面提高学校服务区域经济社会发展和创新驱动发展的能力",即一方面增强为行业企业技术进步服务的能力,另一方面增强培养应用型、复合型、创新型人才的能力,由此演绎的办学思路包含办学定位(服务地方经济社会发展)、办学模式(产教融合校企合作)、办学目的(培养应用型技术技能人才)和办学关键点(增强学生就业创业能力)4个方面。依据指导意见内容和顺序,普通本科高校转型发展的主要任务包括14个方面:① 明确类型定位和转型路径;② 加快融入区域经济社会发展;③ 抓住新产业、新业态和新技术发展机遇;④ 建立行业企业合作发展平台;⑤ 建立紧密对接产业链、创新链的专业体系;⑥ 创新应用型技术技能型人才培养模式;⑦ 深化人才培养方案和课程体系改革;⑧ 加强实验实训实习基地建设;⑨ 促进与中职、专科层次高职有机衔接;⑩ 广泛开展面向一线技术技能人才的继续教育;⑪ 深化考试招生制度改革;⑫ 加强"双师双能型"教师队伍建设;⑬ 提升以应用为驱动的创新能力;⑭ 完善校内评价制度和信息公开制度。

"应用型"成为我国地方本科院校转型发展的重要方向。与此同时,地方政府纷纷出台相应政策。例如,浙江省出台了《关于积极促进更多本科高校加强应用型建设的指导意见》等文件,确定了浙江师范大学、绍兴文理学院等41所普通本科院校(含独立学院)走应用型发展道路。在这种背景下,如何加快地方本科院校从传统学术型转向应用型,就成为高等教育理论界的时代课题。但是,无论是从概念名称来识别,还是从政策文本来分析,"应用型"道路似乎只是我国推动新建地方本科院校转型变革、高等教育类型多元化发展的一种应对策略。于是，相对于传统的"学术型"而言，"应用型"被认为是低层次的办学，甚至将地方高校转向应用型视为降格到本科高职院校。这种观念不仅误导了新建地方本科院校的转型发展，而且不利于行业性研究型大学的转型发展，也影响到整个高等教育在国家创新体系中的地位。

二、研究问题与思路

随着中国高等教育进入大众化发展阶段，应用型大学面临着生存和发展的挑战和机遇。教育部初步确定600余所高校转向应用型本科，包括100余所普通本科院校、全部260余所独立学院和全部240余所新建本科院校。这些院校的学科建设如何开展，是困扰其发展的根本。基于此，本书研究的主要问题是：如何理解应用型大学的学科建设？其内涵、要素、定位等有何特殊性？应用型大学如何开展学科建设？

本书针对高校学科建设研究中存在的不足，深入分析应用型大学面临的新形势和新挑战以及社会主义市场经济、经济全球化和新科技革命对高等教育的深刻影响，运用多种理论分析框架，从理论分析和实证探索两个方面系统地阐述了应用型大学学科建设的内涵和本质，并在总结和分析各应用型大学学科建设成就与不足的基础上，结合典型案例探究影响学科建设的核心要素，展示各应用型大学学科建设的特色实践内容，从而为应用型大学的学科建设提供参考借鉴。

三、研究方法

1. 定性与思辨分析法

本书采用的定性与思辨分析方法，包括感悟性思辨分析和哲学性思辨分析两种方法。感悟性思辨分析是从自身经验、学识积累出发对研究对象进行解释或阐述，哲学性思辨引用哲学观点或从哲学高度进行相关论述。

2. 比较-历史研究法

本研究所采用的比较-历史研究方法是从国内外学科建设的过程进行考查,以弄清它的实质和发展规律。这种研究方法主要有三个步骤:第一步是收集国内外应用型大学学科建设肇始以来的历史资料,第二步是对这些历史资料进行鉴别,第三步是进行资料分类、分析。

3. 文献研究法

本研究所采用的文献研究法是一种非接触性研究方法,主要是指搜集、鉴别、整理应用型大学学科建设的相关文献,并通过对文献的研究,形成对应用型大学学科建设的科学、理性的认识。

4. 个案研究法

本研究以各应用型大学学科建设的典型探索为个案,其兼具本质性个案和工具性个案的特征。一方面,分析其建设的具体路径及实施策略,以及在建设过程中遇到的各种困惑,提出有效的对策。另一方面,通过描述、归纳和解释等方式,概括出学科体系建设的有效路径及建设经验,有助于弥补应用型大学学科建设的不足,真正实现学科与专业建设一体化。

四、研究意义

学科是办好高校的基础元素,是高等学校完成人才培养、科学研究、社会服务和文化传承四大功能的最基本的载体。[①] 正如美国学者伯顿·克拉克所指出的:"无论哪里,高等教育的工作都按学科(discipline)和院校(institution)组成两个基本的纵横交错的模式。"从某种意义上讲,大学的核心竞争力集中体现

---

① 谢桂华.关于学科建设的若干问题[J].高等教育研究,2002(9):46-52.

在其学科建设水平上。大学的学科建设水平是其人才培养、科学研究、队伍建设、条件设施的综合表征。一所大学是否能跻身一流水平，主要看它有没有一批高水平、有特色的学科，有没有一支造诣深、声望高、有影响的教师队伍，有没有一批国内领先、国际先进的科研成果。学科建设不仅是一种学术活动，更是一种办学行为；而且它实际上是高校办学行为的中心，它的好坏决定着高校办学目标实现的优劣与成败。学科建设由于包含了学术方向凝练、学术队伍建设、科学研究和人才培养、条件平台建设等诸多方面，因而是一个复杂的系统工程。大学学科建设体现出学术活动与办学行为的两重性，学科建设发展规划成为了大学发展战略规划的核心，学科建设成为统领高等学校工作的中心，它直接影响着学校办学效果和整体办学水平。

学科建设是体现高等学校科研实力和学科特色的窗口，是吸引人才、吸引优秀学生的重要学术环境之一，是一种"标杆效应"，并且对其他学科具有带动和辐射效应，是通过紧密结合国家和地方发展战略促进高校自身发展的一条成功之路。通过学科建设，能够稳定队伍、形成合力、增加活力，推动科学研究不断取得突破创新。学科建设一方面推动了学科本身的发展，另一方面也推动了学科所在高校对经济和社会发展发挥更大的作用。所以，抓好高等学校学科建设是一项具有战略意义的举措。[①]

在我国高等教育发展浪潮中，应用型大学是不可忽视的一类群体。随着中国高等教育改革的持续推进，国内不少大学也面临着向此类大学转型。其中包括一些普通高校，师范、医学等专业类院校，新建高校和独立学院等。应用型大学本身就提供了一条特色化的发展道路，更体现了高等教育发展的多元化。应用型大学同时肩负着经济转型升级的重要动力源、区域经济社会发展的协同创新中心两大新职能，是部分中下游研究型大学转型、应用型本科升级和民办高校跨越发展的奋斗目标。应用型大学建设应该抓住机遇，为建设一流学科，甚至为建设一流大学夯基础、做准备，发展与之相适应的特色学科体系。

应用型大学是适应社会发展产生的服务于现代化生产、建设、管理一线的新型大学，在我国的高校群体中占有较大比重。由于应用型大学主要为行业或地方区域经济建设一线培养人才，其发展水平直接影响着我国社会经济的现代

---

① 周蒲荣.高校重点学科的建设与管理[J].湖南师范大学自然科学学报,1998,21(3):92-96.

化进程。《国家中长期教育改革和发展规划纲要(2010—2020年)》明确提出:"以重点学科建设为基础,改进管理模式,引入竞争机制,实行绩效评估,进行动态管理。"在高等学校的发展中,学科建设居于核心地位,这是高等学校中最重要的基本建设,高校的院系只有抓住学科建设这个龙头,才能构筑整体和谐发展的平台,才能不断开创教学、科研以及为社会服务的新局面,在日益激烈的竞争中立于不败之地。学科建设作为高等学校各项工作的龙头,高校整体实力的核心,其建设状况从根本上反映和体现学校的办学水平、办学特色和学术地位。因此,应用型大学学科建设有着重要的现实意义。但在目前关于学科建设的众多研究成果之中,针对应用型大学学科建设的研究却是凤毛麟角。[①] 因此,本书所开展的研究有助于高校加强学科建设的理论与实践探讨,从而推进高校内涵式发展。

---

① 刘晓,周明星.应用型大学学科建设:内涵、内容与内功——以天津工程师范学院学科建设工作为例[J].荆门职业技术学院学报(教育学刊),2007(7):43.

第二章 应用型大学学科建设内涵

第一节 应用型大学的发展及内涵

一、建设背景

应用型大学是经济社会发展背景下教育领域的新产物,折射出中国经济转型升级的人才需求趋势和国家发展战略的需求层次,其整体背景是经济因素、教育因素和时代因素共同作用在教育领域尤其是职业教育体系中的表征。[1]

1. 经济因素

国际金融危机严重冲击了世界各国的实体经济,撕裂了既有生产方式,主

---

[1] 朱国华,张勤.应用大学建设:整体背景、目标定位与优势路径[J].职业技术教育,2017(34):51-56.

要经济体经济复苏迹象微弱,被迫启动产业转型升级,争相在互联网创新经济的驱动下引领第四次工业革命潮流。面对GDP增长率持续疲软趋势,美国率先启动"再工业化"战略,德国政府推出"工业4.0"战略,中国则推出"中国制造2025"战略。

美国加大"再工业化"战略推进力度。金融危机后,美国政府随即启动"再工业化"战略,试图通过工业互联网建立起新的工业体系,培育未来经济增长点,引领全球产业转型升级。《工业互联网:突破智慧与机器的界限》白皮书发布标志着以工业互联网为核心的"再工业化"战略被确立为美国的国家发展战略,主要体现在三个方面:一是智能设备升级构成机器互联网,二是工业环节精确化构成信息互联网,三是大数据与工业体系对接形成物联网。美国加速"再工业化"战略掀起了世界各国争相以互联网工业为核心的经济转型升级潮流。

德国稳步实施"工业4.0"战略。德国政府认为三次工业革命带来了机械化(工业1.0)、电气化(工业2.0)和自动化(工业3.0),而当今突飞猛进的互联网技术与日渐成熟的人工智能即将步入智能化(工业4.0),于是在2013年将"德国工业4.0"上升为国家发展战略。"德国工业4.0"的实现路径分为四步:一是通过技术革新实现实体产品的信息数字化,二是通过控件自主化实现设备智能化,三是通过通信技术实现物联网信息实时化,四是通过系统软件实现生产自动化。德国"工业4.0"战略在美国再工业化战略基础上,进一步明晰了经济转型升级的四个步骤,明确了互联网工业的发展方向。

中国力推"中国制造2025"战略。与美德在全球分工体系中的地位以及产业链层次不同,中国工业体系整体对应中低端产品,其转型升级必然是系统性、全局性和整体性转变,通过三个转变即中国制造向中国创造转变、中国速度向中国品质转变、中国产品向中国品牌转变,实现智能制造强国的后发优势和弯道超车效应。"中国制造2025"战略围绕一条主线即新兴信息技术与工业深度融合,重点关注十大领域分三步走,集中解决五大关键问题,即创新驱动问题、中国品质问题、绿色发展问题、创新人才问题和工业结构问题。这一战略抉择主要受制于中国经济结构和层级,也体现了当前中国职业教育人才培养定位和水平,反映出未来职业教育的人才需求。

2. 时代因素

时代主题是一个时代发展变化的高度浓缩与精准概括,充分反映在生产方式、生活方式和思维方式的变革上,工业时代以来的三次时代主题转换在产业和教育上反映尤为明显。20世纪上半叶的时代主题是"革命与战争",战争前及战争中均大力发展重工业尤其是军事工业;战后重视科学,形成了以相对论和量子论为代表的第三次科学(技术)革命,人类社会进入科技时代;战争中高等教育受到冲击,人才流失;战后人才集聚于发达国家,引领了研究型大学的建设潮流。20世纪80年代至21世纪头10年的时代主题是"和平与发展",科学的进步促进了技术的发展,以电子、信息和生物技术为代表的新兴技术形成了新能源经济,引发了第四次(科学)技术革命;研究型大学被发展中国家重点借鉴,出现应用倾向;一批应用型大学应运而生,出现顶级应用型大学。21世纪第二个十年以来的时代主题是"改革与创新",工业互联网与物联网步入跨越式发展阶段,人类迅速进入智能工业阶段,应用型大学地位逐步提高并受到普遍重视。

国际金融危机不但间接影响了全球产业链和教育体系,而且预示着时代主题正在由"和平与发展"转向"改革与创新",改革是面对后金融危机时代主要经济体经济增长长期普遍乏力的必然选择;创新是对全球产业链各个层面、各个行业普遍转型升级的必然要求,主要表现在人才培养体系改革与人才创新、工业互联网及物联网技术改革与技术创新、全球价值链重塑与理论创新。

一是人才培养体系改革与人才创新。《国家中长期教育改革和发展规划纲要(2010—2020年)》明确了中国特色现代职业教育体系当前的重点任务是加强应用型本科建设,在此基础上培育一批职业技术教育顶级大学即应用型大学,在人才培养体系改革上明晰了路线图与时间表。应用型大学甚至应用型本科院校建设的核心仍然是人才创新,处于经济发展微笑曲线底端的产业迫切需要创新型科研人才和高技能人才;而新兴的互联网工业链企业组织形态发生重大变革,即由中心工厂转向研发中心,在未来产业体系中,对工程师的人才需求将成为常态,工程师将成为人才的主力军。

二是工业互联网及物联网技术改革与技术创新。在世界主要经济体纷纷推出改革战略后,技术创新成为支撑改革战略的关键,生产方式由自动化转向智能化,"机器换人"正在演变成"信息换机器"。在纵向上,工业互联网将彻底改变中心工厂的模式,用户参与的工业生产及个性化服务成为常态;在横向上,单纯的工业互联网融合被迫让位于全社会的产业组织网络化,分散的企业协同让位于行业协同创新。

三是全球价值链重塑与理论创新。互联网已经成为机器、电力、信息之后改变工业发展态势的里程碑,经历了"＋互联网"阶段、"互联网＋"阶段后,正在向互联网经济阶段过渡。互联网思维和工业互联网将从人联网、物联网、企联网和政联网等社会生产生活的各个方面重塑价值链,通过产品智能化与信息化为用户提供更佳的服务与体验。

3. 教育因素

中国特色社会主义市场经济体系建设促使高等教育大众化和教育产业化迅猛发展。当前产业转型升级的人才需求转向促使社会建立健全职业教育体系,即由既有的中职、高职高专拓展成完整的职业教育培养链,形成中职起点、高职承接、应用型本科中坚、工程硕士博士封顶的层次结构,真正打通职业技术教育的纵向培养通道,构建起中国特色的现代职业教育体系,建立健全学术教育与职业教育之间自由流动的横向通道,形成学术教育体系与职业教育体系双向并立的格局。

面对单一的行政化教育考核指标与资源分配导向,中国高等院校被迫涌向研究型大学的单一方向,出现同质化、单向度、滞后性等诸多问题。与此同时,职业院校则长期限定于专科层次,在人才师资上陷入逃离陷阱;在生源分配上陷入末批次保底怪圈;在产业融合上陷入低端生产线对接;在人才培养上形成蓝领惯性。"中国制造 2025"战略推动的产业转型升级迫切需要大量具备扎实的基础应用技能和创新发展思维的工程师人才,而这是当前职业教育体系难以提供的。中国大力倡导的供给侧结构改革必然包括教育领域人才的供给侧结构改革,即在应用型本科建设的基础上尽快实现应用型大学改革的顶层设计。

发展应用型大学可以解决高职高专学生进一步深造的问题,为高职高专院校提升层次提供渠道和出口,延伸高等职业教育的培养理念,促进应用型高教体系的形成;发展应用型大学教育也是社会现代化的客观需要,既是我国经济发展和社会进步的要求,也是追赶国际高等教育发展潮流的一种需要;应用型大学教育还有利于优化人才培养的规格,适应地方经济和社会发展需要。

发展和建设"应用型大学"主要是由"新建地方本科院校"结合自身实际和服务面向,针对社会经济发展中应用型人才比较匮乏的现实而提出的。1999年升格之后的本科院校,被称为新建地方本科院校,这类院校在发展本科教育中面临多重困境,在办本科教育之后,是继续沿着老牌本科院校的足迹前行,还是另辟蹊径,寻找新的增长点。残酷的竞争表明,高等院校需要实现错位发展,赶超老牌本科院校的发展模式走不通,雷同的人才培养模式和人才培养规格定位会浪费掉新建地方本科院校的潜质。据此,新建地方本科院校需要准确的办学定位和人才培养目标定位,准确意味着在发展本科教育中要秉承专科教育时代的优良办学传统,意味着在发展本科教育中要保持与老牌本科院校错位发展的优势,意味着在发展本科教育中要有服务区域经济社会文化发展的意愿,意味着本科教育的人才培养要妥善处理好学术性与职业性的关系,强化应用性。可以说因为有了1999年及以后升格的新建地方本科院校的存在,才出现当下建设应用型大学的潮流。应用型大学的出现和产生,不仅有经济社会发展的大背景,也有高等教育大众化发展的现实要求,更是基于新建地方本科院校在多年办学实践中不断反思的结果。应用型大学的提出与新建地方本科院校的发展有着紧密的契合度,老牌本科院校的基础和条件决定其不可能走应用型大学的道路,高职院校的现实基础和发展定位注定了他们也不能走应用型大学的道路,只有新建地方本科院校,才有条件有能力发展成应用型大学。[①]

二、发展定位

1. 基于高等学校分类

正确把握应用型大学的定位,首先需要说明中国高等学校的分类。中国高等学校按不同的指标划分,有不同的分类。在已有的研究中,陈厚丰从高等学校的人才培养目标,高等学校学科专业设置、科学研究、社会服务、学生构成、师资队伍、经济(地理)区域、宏观管理等八个维度对高校进行过分类。其中,对应

---

① 冉隆锋.论应用型大学的内涵及特征[J].职业技术教育,2015(13):25-28.

用型大学的界定,是从人才培养目标和学科专业设置两个指标来区分的。依据该分类标准,高等学校人才培养类型可以分为学术研究型、专业应用型、高级技术技能型;学科专业设置主要依据学科分类、专业领域、岗位和岗位群。潘懋元提出三分法:学术型大学、应用型本科高校、职业技术高校。陈厚丰在其著作《中国高等学校分类与定位问题研究》中按高等学校的三大社会职能将我国高校划分为四型:研究型、教学科研型、教学型和应用型。学界对高等学校类别的划分虽然有所不同,但基本上达成了共识。从人才培养类型和学科专业设置上看,应用型大学主要培养专业应用型人才,在学科上针对专业领域开展。但是,上述关于高等学校的分类,基本上是学者的"纸上谈兵",与高等教育管理实践脱节;教育行政管理部门对高等学校类别的划分,则基本上是从隶属关系和办学层次来划分的。

在联合国教科文组织的《国际教育分类法》中,高等教育包括第五级和第六级教育,第五级为大专、本科、研究生教育,第六级是博士研究生教育。在《国际教育分类法》的第五级教育中,《国际教育分类法》并没有对所包含的大专、本科、研究生三个层次的教育按层次进行进一步的分类,而是将其分为 5A 或 5B 两个类型。5B 学习年限较短,一般为 2—3 年,为实用型、职业技术教育,相当于我国目前高职高专教育的类型,但并不限于专科的层次。5A 学习年限较长,一般为四年以上。5A 又被进一步细化,分为 5A1 和 5A2 两种类型,5A1 是按学科分设专业,为进一步研究做准备的教育;5A2 是按大的技术领域(或行业、产业)分设专业,适应高科技要求的专门教育。如果说,5A1 是培养学术型、研究型人才的教育,将其称为研究型教育的话;那么,5A2 则是培养高科技专门人才的教育,应该称为应用型的教育。归纳上述第五级的教育,可分为研究型、应用型、实用型三种类型的教育。

《国际教育标准分类法》教育级别与我国教育层次结构的对应关系如表 2.1 所示。

表 2.1 《国际教育标准分类法》教育级别与我国教育层次结构的对应关系

《国际教育标准分类法》教育级别		中国教育层次结构
级别名称	代号	层次名称
学前教育	0	幼儿园
初等教育(基础教育第一阶段)	1	小学
初级中学教育(基础教育第二阶段)	2	初中

续表

《国际教育标准分类法》教育级别			中国教育层次结构
级别名称	代号		层次名称
高级中学教育(高中)	3		高中
非高等的中学后教育(升学预备班)	4		/
高等教育第一阶段 (不可直接获得高级研究文凭)	5	5A(4年以上) 5A1	硕士研究生阶段 (侧重于基础理论的学科)
		5A2	本科和硕士研究生阶段 (侧重于应用的学科)
		5B(2—3年)	专科、高职教育阶段
高等教育第二阶段 (可获得高级研究资格)	6		博士研究生教育阶段

资料来源:《国际教育标准分类法》2011年修订版。

应用型大学正是对优势凸显、个性鲜明、具有特色的技术应用型高等院校的一种描述。斯坦福大学教育经济学专家卡诺伊认为:"对于中国来说,中国需要更多的是应用型大学。"[①]

2. 基于发展驱动因素

根据应用型大学发展方向驱动因素划分,常见的有市场主导型、学术主导型和政府主导型,如图 2.1 所示。原本坚守特色职业文化的应用型大学逐渐"漂移",在主动力的驱动下融合新的职能定位,采取定向发展策略,进而改进学科专业群、搭建新型平台、提供定向服务。政府主导型的代表是德国与瑞士,其主导建立的应用技术大学与工业企业对接,并延伸至全球产业链,确保了德国工业品质。市场主导型的代表是英国,其创立的教学公司项目极大地刺激了其他国家的人赴英留学,以沃里克产学研合作教育为代表的创新创业计划培育了新的经济增长点。学术主导型代表是美国,其凭借先进的科研技术对接行业企业,首创的企业孵化器释放了高校、企业、师生的创新力与创新创业热情,涌现出诸多引领行业潮流、创造新行业的伟大企业。基于国际社会的经验,我国应

---

① 唐景莉.大学要科学定位各安其位[N].北京:中国教育报,2004-08-11(2).

用型大学可从如下三方面进行定位。

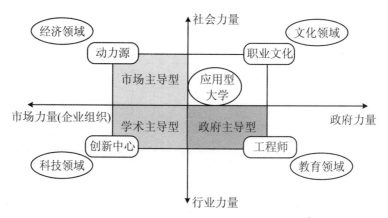

图 2.1　应用型大学三种发展模式导向示意图①

一是高级工程师的人才摇篮。人才培养、科学研究、社会服务与文化传承和创新是高等学校的四大职能,其中人才培养是所有不同目标定位的高校共同肩负的职能。研究型大学培养未来科学研究的领军人物与中坚力量,教学型大学培养未来教育的引领者与知识技能的传承者,高职院校培养工业企业需要的专门技工人才,应用型大学培养专业技能与知识创新并重的工程师人才等。"中国制造 2025"战略是助推"制造大国"向"制造强国"进阶的首个十年行动计划,其确立的新兴重点产业如工业互联网、大数据、物联网等主要以工程师人才队伍为主,随着发展纲要的稳步推进,工程师人才刚性需求激增,应用型大学必然率先肩负起为国家培养高端应用型人才的重任。

二是经济转型升级的重要动力源。应用型大学在经济转型升级乃至未来经济运行中均须承担重要动力源的职能,而非单纯地供给工程师。应用型大学作为经济发展的动力源之一,主要体现在校企联合基地、产学研基地、实习实践中心、企业孵化中心等多种形式的相互融合中。在相互融合中各种基地中心为应用型大学提供实践实训平台和创新研究的载体,而应用型大学将加速知识技能转化,实现动力供给。

三是基于政府主导、行业主为的动力供给,应用型大学更重要的是深度融入区域经济社会发展中,成为协同创新中心。应用型大学的专业学科群围绕区

---

① 朱国华,张勤.应用型大学建设:整体背景、目标定位与优势路径[J].职业技术教育,2017(34):53.

域经济社会发展的主导行业设定,人才培养围绕优势特色行业长远人才需求制定,创新动力供给围绕区域优势行业关键核心技术设置,产业联盟、研发联盟等协同创新形式围绕多方融合程度与融合需求确定,从而真正发挥优势行业对应用型人才培养与孵化的作用,实现应用型大学对技术创新与孵化推广的产学研用一体化协同创新。

由于高等教育体制改革,双元并立的教育体系将迅速建立健全,以学科建设为基准的"双一流大学"评估导向与财政支持导向,迫使原先定位为研究型大学但长期处在百名之外的高校依托学科优势向应用型大学转型,进而在职业教育体系中占据领先位置。部分发展势头迅猛的应用型本科把应用型大学作为中长期发展目标,试图在职业技术教育内部抢占先机,跻身一流高校的前列。部分民办高校也极其珍惜高等教育改革良机,凭借机制灵活与规模效应积极调整发展战略,削弱补强,集优聚锐,迅速向应用型大学发展,提升学生培养层次。

因此,应用型本科建设主要以普通本科院校、新建本科院校和独立学院为主,而应用型大学则是部分中下游研究型大学转型、应用型本科升级和民办高校跨越发展的奋斗目标。除了工程师人才的摇篮这一应用型大学自身角色的目标定位,政府和行业企业也对应用型大学寄予厚望。在经济结构调整与转型升级中,应用型大学要肩负起重要动力源的职能;在区域经济社会发展中,应用型大学要肩负起协同创新中心的职能。

3. 基于关系处理

有研究者认为,应用型大学要准确定位,需要处理好以下几对关系:[①]第一,理论与应用的关系,或者说是基础与应用的关系。在精英化时期,传统高等教育的基本格局主要由所谓的"五大班子"构成,即综合大学、工业大学、医科大学、农业大学、师范大学等五种类型的本科院校,其中综合大学和师范大学数量最多,这些学校的办学大都是偏重基础的。基础性的文科向应用性领域拓展,或者以基础学科的优势发展一些应用性的学科领域,就是向应用型发展。在理科方面,物理学可以向机械、材料、电子等领域拓展,数学可以向计算机、信息科学、统计学等领域拓展,化学可以向化学工程、食品安全等领域拓展,生物学可

---

① 别敦荣. 应用型大学的发展与教学改革[J]. 玉林师范学院学报,2017(3):3-9.

以向生命科学、生命技术、生物工程或制药等领域拓展。如果能比较好地处理基础与应用或者理论与应用的关系，就能准确地定位自己，应用型大学才有可能办得好。应用型大学的学科设置以应用型学科专业为主体，基础学科为应用型学科和专业发展服务，发挥支撑性作用。用一个形象的符号来形容，它是倒着的"T"，基础学科是应用学科发展的根基，这就是基础和应用的关系。

第二，过去与未来的关系。过去长期形成的办学模式、人才培养模式、课程体系，都是围绕着培养基础学科人才来设计的。应用型大学有其专门的办学要求。首先，要进行产、学合作，把企业的需求纳入学校的人才培养中，让企业的人员参与到教学过程中来。要把教师培养成为既懂理论又懂应用的人，使其要像工程师那样，熟悉企业的工艺技术、生产流程和生产过程中的各种问题。这就需要让教师去企业挂职锻炼，成为复合型的教师。现在不只是要求教师成为"双师型"的教师，还有要成为"三师型"的说法，即教师要既是人师又是经师，还是工程师，要教书、教技能、还要育人。

第三，教学与科研的关系。科研是提高学科水平，支持高水平教学，从而提高学生培养水平和质量的必由之路。应用型大学的科研要在应用性研究方面多下功夫，当然，也不排斥基础学科的科研。聚集力量、集中资源，组织开展应用性科研，发展应用型学科专业领域，是应用型大学提高办学水平的必然要求。

第四，地方与全国的关系，甚至是与全球的关系。一方面，应用型大学是地方性的，要扎根地方，成为地方经济社会发展不可缺少的支持、引导力量。另一方面，一所大学，它服务的范围远远不止地方，尤其是在很多时候，地方的需求还并没有发展起来，还是一种潜在的需求，或者还没有大规模地呈现出来，应用型大学的办学就不能只是满足地方的需要，还要服务更多地区、更大的范围的需要。地方大学要成为整个经济社会发展、整个社会文明的发动机和播种机。在学科专业建设、人才培养的定位上，地方大学不能用狭隘的眼光来处理。眼睛不能只盯着现在，而是要看到未来。

第五，应用型大学与高职院校的关系。在人才培养上，应用型大学培养既具有比较扎实和深厚的学术理论功底，又具有较强职业技能和动手操作能力的职业型高级专门应用型人才，其强调理论儒化与技能培养并重，要求学生不仅要具备专业的操作能力与应用能力，而且还要具有较宽广、较厚实的专业基础理论知识，具备一定的专业理论研究与开发能力，为从事产品开发和应用研究打下良好的基础。高职院校则以培养技能型人才为主，侧重于培养学生的动手操作能力和应用能力,对学生不作理论要求,在教学中更多强调怎么做,淡化为什么、是什么等内容的分析。与高职院校相比,应用型大学的理论基础课程与专业理论基础课程开得更多、分量更足,学生学得也更扎实。高职院校则弱化了这方面的内容,所开课程主要是专业应用课程。应用型大学与高职院校的区别不是年限的差别,也不是层级结构的差异,从根本上讲是人才培养规格和要求的差异,因此应用型大学并非高职院校的本科形式。

第六,"专才"与"通才"的关系。培养应用型人才是所有高等学校的目标,但对老牌本科院校来讲,培养应用型人才不是唯一目标,也不是主要目标。应用型大学主要面向地方经济社会发展中的生产、建设、管理、服务第一线,培养具备从事相关行业知识、能力、综合素质的高级应用型专门人才。应用型大学的教育是"专才"与"通才"相结合的教育,属于"培养实用操作层面的应用型人才的教育"层次。应用型大学既不同于老牌本科院校,也不是三年制高职院校增容之后的新形态,与老牌本科院校相比,其更强调知识的应用性和技能性,与高职院校的专科教育相比,其更强调学生的理论基础知识和未来的发展。应用型人才是相对于理论型的学术型人才而言的,从目前我国高等教育体系来看,除"985""211"的研究型大学主要定位于培养从事研究的理论型学术型人才之外(其中这类研究型大学也要培养应用型人才),绝大多数高等学校从来没有脱离过培养理论与实践相结合的应用型人才的目标。虽然都叫应用型人才,但应用型人才的内涵和外延不一样,应用型人才的层次也有差异。研究型大学及老牌本科院校培养的是广泛意义上的应用型人才,不同于新建地方本科院校指向区域经济社会发展中一线岗位的应用型人才。由此可知,应用型人才的培养可以通过多种教育类型、多种途径来实现,应用型大学不是培养应用型人才唯一的途径,但却是主要的高等教育类型。

第七,工具性与本体性的关系。有人提出以市场、企业或行业为导向培养为地方经济社会发展服务的应用型人才凸显出了大学的功利性和工具性,认为应用型大学的教育彰显了教育的外在价值,忽略了教育本真的育人价值。应用型大学作为高等教育的一种类型,其功能亦应唤醒人的生命意识,创造美好生活。人是以意义生命为内核的一种精神存在和物质存在相统一的具有社会性的独立个体。教育要使人成为"人",就必须关注人的意义生命和精神存在,应用型大学的"应用型"不是片面地应用于经济社会,而首先应该应用于生活,要解决现实生活中的问题。应用型大学的教育不仅具有工具理性,同样也承载了价值理性。归根结底,应用型大学不仅要面向区域经济社会的发展,更需要立足于人的生活,关注人生命的生成性、可持续性和完整性。①

4. 基于高校评估指标定位

教育部公布的"普通高等学校本科教学工作水平评估指标体系",将高等学校的定位内涵分解为五个方面:目标定位、类型定位、层次定位、学科专业定位、服务定位。对应用型大学而言:

(1) 目标定位:应用型大学立足于提升职业技能,为地方培养高级专业型和职业型人才。应用型大学的教育以行业、企业标准为中心,围绕就业,进行职业资格教育,提倡产学研相结合,并通过校企合作,结合地方经济发展的需要灵活设置学科与专业,通过教育提升学生获得技术资格证书的能力以达到提高学生职业素质的教育目标。

(2) 类型定位:应用型大学是面向市场需要的社会服务型、职业型大学,是高等职业教育培养内涵的延伸;应用型大学要借鉴高职高专院校的教育理念,提升其办学层次和人才培养质量;应用型大学的建设也应该有重点和非重点的区分,其评价指标不应和研究型大学的评价指标相同,不同类型、不同层次的学校都能办出一流的教育。应用型大学和高等职业教育院校是同一类型的学校,它是可以大力发展并有作为的高等教育形式。应用型大学的专科层次就是高职高专院校,这将为高等职业教育提供出口和渠道,应建立高等职业教育与应用型本科教育间的转换渠道,为高等职业教育创造发展空间。

(3) 层次定位:以培养高等职业专科生为特色,以培养应用型本科生为主,以培养少量高级社会服务型的研究生为辅,通过设置应用型专业衔接专科、本科、研究生三个层次,形成系统的培养层次,并在此基础上构建终身职业学习体系,建立和完善职业与技能资格体系。

(4) 学科专业定位:应用型大学是以产业、行业、职业、岗位为专业设置导向的大学。应用型大学以普通高校本科学科为基础,根据产业、岗位和新兴行业的需要灵活设置专业,既体现普通高校本科教育学科规律,也体现应用型本科专业的职业和技能特色。应用型大学为适应地区产业结构特点和经济发展

---

① 冉隆锋. 论应用型大学的内涵及特征[J]. 职业技术教育,2015(13):25-28.

战略设立相配套的应用型学科和专业,建立以市场需求为导向的滚动式学科专业调整机制,根据市场的实际需要,不断调整专业培养口径。在学科和专业的设置上,既要坚持高等教育学科规范化要求,同时也要坚持政府和市场互动的原则,更多地通过市场调节和社会支持设置市场需求大、预期受益大的学科与专业,鼓励新兴专业。

(5) 服务定位:为本地区一线提供生产、建设、管理、服务人才。高等教育的布局结构与社会发展规模、地区经济建设紧密相关,应用型大学为地方经济建设服务,要针对地方产业结构、区域经济类型进行人才培养,根据地方财政、社会可支付能力调整其规模和方向。

综合所述,应用型大学以应用能力培养为依托,与研究型、教学研究型大学不同,致力于面向地方经济和社会发展的需求设置应用学科和专业,强调实践教学,注重应用能力培养,重视应用研究,促进产、学、研、用的结合,培养党政机关、企事业等基层单位需要的能够从事生产、建设、管理、服务的且具有一定理论基础、理论应用和技术能力的应用型专业人才,同时也是服务于地方区域实际生活需要的大众教育,还是服务于丰富地方普通大众精神文化生活的教育,能够在提升地方城市品质和民众素质方面发挥重要作用。

应用型大学是介于研究型大学和高职院校之间的高等教育类型,从学科结构看,属于多科性或单科性院校;按人才培养层次分类,属于硕士学位和学士学位授予院校;按办学水平分类,属于一般本科院校;按科研规模和研究生比例分类,属于教学研究型和教学型院校;按服务面向分类,属于地方本科院校,更多的是新建地方本科院校。总之,应用型大学以培养应用型高级专门人才为目标,以本科生教育为主,兼顾专业硕士研究生培养,科研以应用研究和开发研究为主,专业设置面向行业,主要为地方各行各业培养既有一定理论水平又具有很强应用能力的应用型高级专门人才。[①]

---

① 徐理勤. 现状与发展:中德应用型本科人才培养的比较研究[M]. 杭州:浙江大学出版社,2008:20.

三、内涵特征

1. 内涵

《当代汉语词典》对"应用"的解释为:使用;直接用于生活或生产的。如应用新技术、应用科学等,可以针对岗位、操作环节谈应用,也可以针对行业谈应用,还可以针对产业发展谈应用,甚至关于人生或生活也可以谈应用。"应用"概念的核心是功用和功效,与工具和资源不可分,所以应用性即工具性、资源性。在教育领域中所提的"应用",是指将所学的理论知识运用到实践中,反映在受教育者身上的是一种能力和一种思维方式。

在高等教育人才培养目标指向上,有学术型人才与应用型人才之分。学术型人才是专门从事科学研究以揭示事物发展规律的科研人员,应用型人才是从事将科研成果转化成为技术或者将技术应用到实践中去的工作人员。学术型人才的培养主要靠研究型大学;而应用型人才,既有研究型大学培养的人才,也有非研究型大学培养的人才。总体来讲,应用型人才主要源于应用型大学。

(1) 从历史上看,20世纪60年代以来,国际范围内的高等教育进入大众化发展阶段,一大批有别于传统大学的新型高等教育机构,例如英国的多科技术学院、法国的短期技术大学、日本的技术科学大学、德国的高等专科学校、澳大利亚的技术与继续教育学院以及中国台湾地区的科技大学等纷纷诞生,这些高校便是应用型大学较早的形态。显然,这些高校不是以研究高深学问作为历史使命,而是以实现学生就业作为主要目的。在精英教育阶段,高等教育具有较强的选拔性,学生处在人才的高端,他们不需要接受与市场无缝衔接的教育,也可以实现充分就业。但在大众化尤其是普及化高等教育时期,应用型大学诞生的历史使命在于让更多的学生学到一技之长,然后凭此获得自谋职业的资本。

(2) 从称呼上看,以"技术""科技"等指向性的定语来称呼,偏向理工、科技,尤其是技术,具有很强的实用性,能够解决具体问题。显然,这与那些重视学理基础的文理学院、关注一流学术的研究型大学在名称上还是有区别的。政策语境下的"应用型高校"从名称上依然体现出两种价值诉求:一是这类院校以

"应用"作为办学宗旨,一切知识与学习以是否能够"应用"作为前提;二是这类院校称"大学"还为时尚早,不能与综合性的研究型大学并驾齐驱。于是,在名称上折射出来的应用型大学只能关注生产生活实践中具体的应用,而不是太空宇宙、高深学问等重大、长远的应用。这种较低学术层次的应用属性,进一步强化了应用型大学的"应用"取向。

（3）从比较上看,随着"应用型"研究热潮的兴起,国内不少学者支持高等教育三种类型的说法:研究型大学、应用型大学、高职高专院校。① 当然,也有文章认为"学术型、应用型、职业型"三分法既不科学,也无法操作。② 但是,应用型大学是相对于传统的学术型大学而言的,这是毫无疑义的。两者的根本区别是:传统的学术型教育以"认识世界"为己任,而应用型本科教育则以"改造世界"为己任。③ 还有文章在比较的基础上提出了应用型本科教育的基本特征表现为:定"性"在行业,定"向"在应用,定"格"在复合,定"点"在实践。④ 这些研究表明,应用型大学主要面向现实世界,关注知识的实际应用。

关于应用型大学内涵的界定,学者们观点各异。冯虹认为,应用型大学是与市场、产业、行业和岗位群紧密结合的地方型大学,是与研究型大学、教学型大学相区别的一类新型大学;应用型大学吸取了普通高校本科办学的基本经验,以学科建设为基本逻辑,并借鉴了高职高专专业设置的指导思想,以行业、岗位与技能需要灵活设置专业,培养知识、技术与工作能力紧密结合的高级人才;应用型大学具备专科、本科、研究生三个层次,通过建立和完善职业与技能资格教育,构建终身职业学习体系。⑤ 王洪等认为应用型大学兼有普通高等教育和职业教育的特点,即在人才培养上,一方面要培养高级专门人才,另一方面又要突出职业能力的培养。这一观点是建立在大学功能日益分化到"直接为社会服务"的基础上的。但将应用型大学视为普通高等教育与职业教育的中间形态,理论上并没有阐述清楚。对此,孙广勇作了较清晰的分析。他认为广义的

---

① 潘懋元,周群英.从高校分类的视角看应用型本科课程建设[J].中国大学教学,2009(3).
② 胡天佑.建设"应用型大学"的逻辑与问题[J].中国高教研究,2013(5).
③ 陈小虎."应用型本科教育":内涵解析及其人才培养建构[J].江苏高教,2008(1).
④ 史秋衡,王爱萍.应用型本科教育的基本特征[J].教育发展研究,2008(21).
⑤ 冯虹,刘文忠.对应用型大学的探讨[J].北京联合大学学报(自然科学版),2005(2):26-27.

应用型大学是指一切以应用学科、应用理论、应用技术为主要研究对象,培养各行各业高级应用型人才的高等学校。狭义的应用型大学专指以服务地方经济社会发展和满足青年学生的成才和就业愿望,以"应用型"为定位,主要由公立地方本科院校、新办本科院校、民办本科院校组成。可见,须以"应用型大学"取代"应用技术大学""应用型高校"等各种称谓,不仅在外延上大大扩展应用型高校的范围,而且在内涵上大大提升应用型学术的层次。冉隆锋认为,应用型大学是新建地方本科院校在定位学校发展中所选择的一种高等教育类型,在定位上表现出"服务面向的地方性区域化、学科专业结构和人才培养模式上的应用性职业化取向、学校事业发展与当地经济社会进步特别是支柱产业发展的校地互动性"等鲜明特征;在办学行为上表现出既有别于具有多年本科办学历史的教学型或教学研究型高校,也不同于新建的大量应用型高职院校。具体来讲,就是既有继承和学习老牌本科院校的优良教学传统,也有吸收和借鉴高职院校所凸显的应用型特征。为此,应用型大学在"类"上有"教学"的传承,在"型"上有"应用"的借鉴。[①]

综上所述,应用型大学是进行应用型教育、教授应用型知识、培养应用型人才的普通高等学校。应用型大学的特点非常鲜明:首先,作为应用型大学,其教育教学的核心工作是技能知识传授和基本操作技能的培养,这一定位与教学研究型大学和研究型科研院所有较大区别。其次,应用型大学专业的设置更加契合当地甚至全社会的产业发展阶段和趋势,更加突出特色产业和优势行业的相关技能提升。从服务地方经济与国家产业调整升级的维度来看,应用型大学具有更加注重实际操控和技术落地等方面的优势。应用型专业的设置也具有灵活多样的特点,更加契合市场,更加契合实用,这是应用型大学专业设置必须遵循的准则。第三,应用型大学在教学上更加注重学生的动手能力,更加注重提高学生的应用能力。第四,应用型大学的研究更加侧重实际操作的技术和理论契合,从实际操作的维度推动产、学、研、用的协同发展与提升,为市场经济和社会全面发展培养技术类专门人才,同时培养能适应国家机关、企事业单位工作的具有一定理论基础、理论应用和技术技能的应用型专门人才。

因此,应用型大学是一个笼统的概念,既包括应用技术大学、应用型本科院校,也包括创业型大学,还包括各种致力于应用型人才而不是纯粹学术型人才

---

① 冉隆锋.论应用型大学的内涵及特征[J].职业技术教育,2015(13):25-28.

培养的大学。从本义上来说，应用型大学包含以应用型研究为主导的研究型大学、一流的行业特色高水平大学。① 广义的应用型大学是包括高职高专院校、应用型本科院校和应用型大学等不同层次、前后衔接的以应用型为特征的高等职业教育体系；狭义的应用型大学指高等职业教育体系中以培养应用型博士、硕士学位的工程师为主的顶端职业技术大学或应用技术大学，是以培养技能型高等专科人才的高职高专院校以及培养技师型高等本科人才的应用型本科院校的后续再教育序列，与学术教育体系中的顶端研究型大学相对应。本书应用型大学取其广义。当我们新建的地方本科院校以及独立学院、民办高校等，能够从这样一种广义的高度来推进应用转型，那么，加快应用型大学建设的政府意愿便会转化为高校的自觉行为。

2. 特征

（1）应用型大学面向区域经济社会发展办学，办学定位具有地域性和行业性。

应用型大学主要位于区域中心城市，在地方经济建设、文化发展、人才培养、科技成果转化等方面发挥重要作用。在高等教育发达国家，比如美国的四年制工程大学、部分州立大学、两年制社区学院，澳大利亚的应用科技大学，日本的技术科学大学，德国的应用技术大学，英国的多科性技术学院等应用型大学，生源主要来自本地，专业设置以区域经济社会发展为导向，课程体系根据岗位能力和行业标准而设置，有很强的地域性和行业性特征。应用型大学是新建地方本科院校与老牌本科院校错位发展的突破口，在专业设置、人才培养、科学研究、学科建设和社会服务上具有鲜明的地方特色和行业特征。应用型大学主要以服务于区域经济建设发展为根本，在人才培养上重点结合区域经济与社会发展以及行业发展对人才的需求情况，在科学研究上主要围绕区域发展及行业发展，主动挖掘区域发展及行业发展中存在的问题及潜质，并努力寻求解决区域发展及行业发展中重点与难点问题的途径和方法，在社会服务上注重与地方政府及行业建立"三边关系"，在协同中实现"三赢"。应用型大学为地方而生，成长于区域的经济社会文化环境之中，担负着反哺区域经济社会发展的责任，

---

① 付八军. 学以致用：应用型大学的灵魂[J]. 教育发展研究，2016(19)：26.

其办学定位具有区域性和行业性特征。

（2）应用型大学的学科专业建设具有行业、职业或技术的定向性和地方性。

在学科与专业的关系上，研究型大学的学科是专业设置的基础，学科专业的发展具有明显的导向作用，学科建设取得的成果支撑专业建设。与之相反，应用型大学以开展应用型教育为主，与生产、生活和地方大众生活紧密相连，其培养的人才以适应地方经济社会发展需要为本，因此，专业建设显得尤为重要。应用型大学依据区域经济社会发展带来的行业变化设置专业，专业设置具有行业性和地方性。一旦区域经济发展带动了产业结构的变化，对高级应用型、专门型人才的数量和规格提出新要求，应用型大学的专业建设亦要随着区域社会产业结构的调整和人才需求的变化而相应地进行调整。应用型大学以应用为导向，其学科专业建设必须加强与行业的联系，任何新专业的设置均建立在对劳动力市场和当地经济社会发展进行广泛的市场调查的基础上，专业课程体系也必须反映行业标准和岗位能力的要求。应用型大学依据区域经济社会发展的行业需要设置专业，并据此确定专业培养要求，再根据专业培养要求选择作为专业理论基础的主干学科。应用型大学以经济社会发展为导向，以专业建设为先，以学科建设作为专业建设的支撑和保障，最终实现学科专业建设一体化。

（3）在培养目标上以培养适应区域经济建设和科技进步的应用型人才为主。

应用型大学紧紧围绕区域经济社会发展的需求，培养直接为生产、生活、工作服务的高级应用型人才，这种人才不仅具有技术性思维能力，更能创造性地解决问题，而非简单的技术操作能手。这类人才的应用性主要体现在：一是能将学术、技术和职业有效结合；二是社会适应能力和职业工作能力并举；三是具有突出的职业迁移性；四是创新能力、终身学习能力和可持续发展能力并存。应用型大学以培养应用型人才为主，"为主"不是意味着所有学科专业都只能培养应用型人才，而是也可以培养非应用型人才，但是主要的、大量的任务应该是培养应用型人才。① 因此，应用型大学的专业培养方案应围绕培养应用能力、胜任工作岗位任务为主线设计，实现"足够""扎实"的理论基础和相对完整的实践技能的有机结合。应用型大学的培养方案以培养对象从事岗位工作的需要为出发点，把理论教学的深度和广度限制在技术开发、运用与创新所必需的范

---

① 潘懋元.什么是应用型本科？[J].高教探索，2010(1)：10-11.

围内,具有应用性和实用性的特点。① 培养方案应特别提高实践教学环节的比例,充分体现人才培养方案的实践性和应用性。

(4) 课程体系以应用能力培养为重,教学方法集实践性、针对性、综合性于一体。

应用型大学的课程体系以"学科支撑"和"应用导向"为基本出发点,在满足某一专业学科理论的基本要求上以职业岗位或技术领域的需要为出发点,公共基础课的设置以适应终身教育培养学生日常生活能力为主,专业基础课应体现行业或企业发展的针对性和实用性,实践性环节设计以培养学生的技术应用能力和智力技能为目的。通过对课程的学习,学生不仅要具备从事岗位所需的解决问题的能力和创造力,还要具备可持续的发展力。在课程实施中,应用型大学的教学要有机融合"理论与实践、课内与课外"的多种要素,在教学方法上重点推行集实践性、针对性、综合性于一体的新型教学方法,诸如案例教学法、项目教学法、情景教学法等。通过研讨、实训、示范、交流,构建一个师生共同参与、生动活泼、强调基础知识与专业技能并举、教育与生产劳动相结合的新的教学秩序。②

(5) 应用型大学的教师是既能引导学生学习和掌握专业理论知识,又能指导学生实训的专业化人员。

在应用型大学师资队伍的结构上,从教师类型来看,既有专业理论课教师又有实践实训教师,实践实训教师中既有教授、讲师,又有高级工程师、技师、高级技工等;从教师来源看,既有专职教师又有校外兼职教师,专职教师不仅需要具备所从事专业领域较深的理论基础,还要有比较丰富的专业实践背景和一定的实践能力,校外兼职教师则是校内师资队伍的必要补充,能够带来多年实践经历积淀的工作过程性知识和经验性知识,以及相关的职业素质和能力。

四、发展现状

应用型大学是社会经济发展到一定阶段的产物。不同社会经济发展水平

---

① 张晓敏.建设应用型本科院校之探析[J].辽宁教育行政学院学报,2008(10):59-59.
② 郑国强.创建面向21世纪的新应用型大学[J].高等教育研究,1999(5):93-95.

下,应用型大学的竞争力是有差异的。我国社会经济区域发展不平衡,南方与北方,东部、中部和西部的差距很大,势必影响应用型大学的发展。

从发展的共同点出发,在培养的教育理念上,应用型大学达成了一些共识。目前,我国各地的应用型大学在人才培养目标上已经形成共识。大多数高校确立并坚持了以培养应用型人才为目标。在人才培养方式上,应用型大学充分认识到建立以实践能力培养为核心和以校企产学合作教育为平台的人才培养模式的重要性。他们积极探索教育教学改革,强化实践教学环节以适应学校发展定位要求。同时,积极寻求校企合作,在师资、人才培养基地和教育经费上获得企业的支持,企业则依托高校的科研技术力量,推动企业科技创新,实现双方"共赢"。目前,很多应用型大学与企业之间建立的"订单式"培养就是校企合作的一种富有特色的教育方式。高校根据企业的需求招生,企业参与到学生的培养过程中,给予学生充分的企业实践机会,最后依据学生的能力与表现进行考核录用。

在发展途径上,应用型大学坚持依托地方经济社会发展办学。我国应用型大学办学服务于地方经济社会发展,依托地方产业设置学科专业。因此,人才培养方案的制定,以市场为导向,主动适应区域经济发展需求,不断强化课程体系的针对性和应用性。如上海工程技术大学,依托上海"国际航运中心"的建设,顺势开设邮轮经济专业,汽车、城市轨道交通类专业也是适应上海城市产业发展需要而设置的。北京联合大学,则坚持为北京区域经济服务的办学理念,抓住北京发展的契机,设置一批适应北京地区产业的学科专业,提升学校的发展能力和竞争力。

在发展制约方面,我国的应用型大学整体实力较弱,办学经验、办学资源、学校声誉等方面与研究型大学相比存在较大的差距;师资质量普遍较低,结构性矛盾较突出,缺少高水平学科团队和领军人才;教育经费投入较少,教学资源相对紧缺等。[1]

---

[1] 冯虹,刘文忠.对应用型大学的探讨[J].北京联合大学学报(自然科学版),2005(2):28-29.

1. 建设目标没有达成共识

应用型大学是一个新事物。在我国的高教体系中,有研究型大学、教学型大学的衡量标准,还没有清晰的应用型大学的衡量指标体系,即使把建设应用型大学作为发展目标的学校,也没有形成相对明确的建设目标。应用型大学还没有形成自己鲜明的办学特色,不能被社会普遍认同。我们不可能用研究型大学、教学型大学的衡量标准来评价应用型大学。应用型大学还没有准确回答"办什么样的大学、怎样办学、培养什么人才"等办学的根本问题。定位缺失、特色不鲜明,使应用型大学的教育理念模糊。先进的教育理念对于学校特色的形成具有重要的指导作用,教育理念反映了一个学校长期积累的人文底蕴和办学思想,是一种理性思考和实践追求,它包括健康的校园文化氛围、正确的价值取向、激励人的意志,它还能作为一种准则,规范师生的行为,指导师生的实践,培养受教育者积极向上的精神。

2. 学科建设与专业设置脱节

办好应用型大学首先要建设好特色学科。应用型大学应根据自己的独特优势发展某些重点学科,使之成为优势学科,并率先在自己的优势学科上培养一批有特色、高素质的"复合应用型人才",产生一批其他学校不能替代、满足国家需要和社会需求的科技成果,从而形成自己的特色。因此,特色优势学科的建设是应用型大学形成自身特色的切入点。培养"复合应用型人才"的目标一般由知识、技能、品质三个子目标构成。普通本科的教育基本上是学科型的,应用型本科更强调实用教学,如何加强应用型学科和专业的有机结合,实现专业与地方经济建设紧密结合,成为建设应用型大学的首要问题。我国普通本科有比较健全的学科分类,也基本形成了高职高专的专业目录,如何把普通本科的学科目录与高职高专的专业目录相结合,探索应用型大学本科的专业目录,是建设应用型大学首先要解决的问题。目前,把应用型大学作为学校发展目标的普通本科院校或者直接采用普通本科的学科目录,在培养环节上侧重应用;或者直接采用高职高专的专业目录,学科建设和专业设置脱节,没有做到普通本科学科和高职高专专业内涵上的结合,为高职高专院校提升层次设置出口,造成应用型人才培养学科和专业的内在脱节。

3. 师资队伍达不到要求

应用型大学需要一大批熟悉技术业务和专业知识的"双师型"的教师队伍，既要具备教育与知识的基本素质，同时也应是实际工作的专家。目前应用型大学的教师队伍基本上来源于教学型、研究型大学，知识结构基本上是学科性的，短时间内不能适应应用型大学的需要，不能完全胜任应用型大学的教学和科研工作，为此需要大力培养应用型大学的师资队伍，特别是要探索应用型大学的研究生教育工作，为应用型大学培养和输送合格的"双师型"的师资。培养应用型大学师资的另一个思路是通过引进企业工程师队伍完善技能培养环节。但是企业工程师的聘请须与企业广泛合作，并在校企之间形成人才交流的良性循环，这在短时间内是不可能立即实现的。上述两个环节解决不了，应用型大学的师资建设目标就很难达到。

4. 经费不足

国家对教育部直属大学有相关的政策性投资，民间资本也相对充裕，而地方性应用型大学国家财政支持有限，其发展主要依靠地方财政的支持。建设应用型大学需要大量的实训基地、仿真实验室、校办企业等基础设施投资，作为应用型大学，地方财政支撑能力有限，自身也不可能筹集到足够多的资金支持这些硬件建设，资金不足将严重影响其发展的规模和水平，内在办学理念和外在支撑条件的不协调将会严重制约应用型大学的建设。

就发展的不同点而言，国内应用型大学竞争力的差异主要体现在以下两个方面：

其一，基本办学条件上存在很大差异。同样是应用型大学，由于处于不同的地区，所获得的资源差异很大。这主要是我国经济发展区域不平衡所致。在我国的东部发达省份，应用型大学在办学条件、师资力量、学校管理、人才培养、就业状况、服务面向等方面，明显优于中西部地区的应用型大学。

其二，应用型大学人才培养模式和办学模式存在差异。应用型大学发展道路的选择，直接影响到学校竞争力提升的快慢。选择一条适应地区经济的特色发展道路,对提升应用型大学竞争力具有极为重要的意义,然而,许多应用型大学在确立办学目标定位过程中,没有坚定地走特色发展道路,许多地方教育行政管理部门在评价应用型大学发展绩效时,忽视高校为地方经济发展贡献的考核,这在一定程度上使部分应用型大学偏离了特色发展方向,导致竞争力提升缓慢。

五、发展路径

有研究者认为,未来应用型大学需要增强硬实力,培育一流的学科专业,提升应用型大学的竞争力;同时,持续增强创新应用研究,推动市场导向的产业融合。[①] 这是未来应用型大学发展的优先路径。

1. 培育一流的学科专业,提升应用型大学的竞争力

应用型大学更应该突出一流目标的学科群/专业群建设,突出国际视野的创新思维训练体系建设,突出高水平产、学、研基地建设。

一流目标的学科专业群建设。近年来,综合性研究型大学纷纷主动取消非强势专业从而加速了一流学科群竞争,例如2016年浙江大学一次性撤销硕博士专业34个,从而巩固和加强优势学科的长远发展。而应用型大学在学科群、专业群上面对自由市场需求供给的压力更加巨大,不但面临同类学科应用型大学的竞争,还面临着优势行业企业的深度合作取舍。应用型大学必然需要集中力量,重点建设优势学科群,实行以行业企业核心技术为中心的课程体系重置,实施以高校与企业互相流动的师资体系重组,实现以创新产品再现的实践体系重设,实践以创新思维训练为主的知识技能教育体系重整,进而迈向建设一流学科专业群的目标。

国际视野的创新思维训练体系建设。其一方面体现于随时应用与定期评估,另一方面体现于未来人才的价值再现,即当前的知识储备、实践训练、思维

---

① 朱国华,张勤. 应用型大学建设:整体背景、目标定位与优势路径[J]. 职业技术教育,2017(34):53.

创新等均由培养的工程师人才在行业中体现出来。其中,国际视野的创新思维训练发挥着更加重要的作用,主要体现在以下几个方面:一是应用型大学可以通过课程体系重置、增加创新性课程和创新性实践环节实现对传统思维的超越。二是应用型大学可以通过实践体系重设实现跨界思维的深度思考,实践体系应发挥传统行业专业直接对接的优势,也应该提供行业全流程的浅程度实践,甚至增加以游学项目为主的跨界实践训练机会。三是应用型大学可以通过国际视野训练实现时代趋势融合思维的导向,为未来知识创新奠定更加宽口径的知识和视野储备。

高水平产学研基地建设。有了一流的学科群和一流的应用型、创新型师资团队,必然需要由内而外拓展和发挥硬实力,即建立高水平产学研基地,真正提升应用型大学的市场竞争力。建立产、学、研融合的技术创新体系是应用型大学提升自主创新能力的必然选择,是高新技术专利的孵化器,常见的高水平产学研基地模式有科技工业园、协同研究中心、政府产学研用中心等。

2. 持续增强创新应用研究,推动市场导向的产业融合

应用型大学需要持续增强创新应用研究,推动市场导向的产业融合,推进校企深度融合的技术革新,在与行业协会密切融合的基础上把握行业前瞻,实现新时代的跨界融合。

校企深度融合的技术革新。三次工业革命均是技术革新的普及,推动了产业的升级,进而改变了生产方式,更新了工作岗位,倒逼应用型大学调整专业设置。其中,以卡内基·梅隆大学、沃里克大学等为代表的校企融合,一方面革新了应用型大学的学科专业,另一方面则革新了产业技术。在中国应用型大学创新力培育尤其是校企深度融合的技术革新中,未来需要借鉴英美等国家的经验:一是充分借鉴职教集团在校企深度融合方面的经验,实现资源深度整合,应用型大学能够全方位介入企业技术革新全过程,企业能够为应用型大学提供技术革新的实训环节。二是充分利用大数据中心面向市场的即时优势,实现校企合作之后的技术革新,进一步消除信息壁垒,解决信息不对称问题,促进专业知识技能的市场化,及时更新与企业融合的新型课程体系。

行业协会密切融合的行业前瞻。校企深度合作能够迅速推进技术一体化、凝聚利益共同体,但毕竟限于企业层面。应用型大学的视野应以行业态势为创

新力、支撑点,加强与行业协会的合作,牢牢把握行业前瞻,找准创新点,看清突破点,保持专业与行业的同步更新,技术视野与行业前瞻同步更新。一是通过前沿论坛进校园、承办行业协会峰会等多种形式,保持行业前沿理念的持续输入,加强职业教育模仿前沿技术的仿真实验实训,提升师生跟踪前沿技术的职业惯性,保持追踪行业前瞻的注意力。二是行业标准和资质认证的导入。应用型大学需要与行业协会保持深度融合,积极介入行业标准的认定、修订,并在课程体系设置上保持一定程度的专业训练;在资质认证上独立设置行政机构或学术机构,加强资质认证的专业权威性,提升职业教育学生的基础水平。

大力推进产、学、研合作教育和实践教学体系,是构建应用型大学、培养应用型人才的必由之路和根本途径。国外发达国家的高等院校和我国的研究型、教学研究型院校所取得的成功经验,都为应用型院校提供了可资借鉴的经验。相比较而言,应用型大学更应该突出产、学、研相结合的办学之路。可以肯定地说,没有产学研作为支撑,建设应用型大学、培养应用型人才就无法落到实处。因此,必须建立产、学、研紧密结合的运行机制,并在人才培养计划中落实产学研合作教育的要求、任务和方式。第一,建立与完善校内实训中心和校外实训基地,并充分发挥其作用,使其成为学生理论联系实际、边学边练、获取实践经验、形成应用能力的基地。第二,紧密依托行业、企业,加强校企联合、合作办学,使其成为学生实践训练的基地,使学生边练边学,也要使其成为科研、技术开发、成果转化的基地。以教学带动科研,以科研促进教学水平的提高。第三,创新产学研的课程形式,开展诸如面向产业的学习、面向职业资格证书的学习、面向情境的学习、从学校到工作的学习以及项目学习、任务学习等产学研合作教育的课程。第四,改进教师的教学方法,加强理论联系实际的教学。例如,开展课堂模拟教学,进行职前实战训练;开展实践教学,教师在实践活动中教,学生在实践活动中学,教师边讲边做,学生边学边干,等等。总之,只有坚持走产学研相结合之路,建立行之有效的产学研良性运行机制,才能更好地发展应用性教育,培养应用型人才,建设应用型大学。

当前是互联网时代的第三个阶段,互联网思维已经促成了跨界融合,互联网经济时代的竞争由原来的一维度的行业竞争演变为二维度的上下游产业协同竞争,应用型大学也必然需要跳出专业学科与行业的窠臼。应用型大学的竞争也将逐渐由一维度的同学科专业竞争转向学科专业与产业深度融合的二维度竞争,需要跟随时代形势迅速融入跨界思想,将应用型人才培养链条从以往单纯的学校教育延伸至上下游职业教育。一方面,通过不断加强校企合作、与行业协会的合作,增强学生知识与技能转换的机会,促进学生在现实产业中将实践技能融合。另一方面,紧跟时代形势,创新跨界融合,增强学生跨界思想在知识学习过程中的训练,培养创新思维。

第二节　学科及学科建设的内涵

一、学科的定义、内涵及特点

世界是个分层次、多结构、多序列的统一整体。但由于人们认识能力的局限,只能从许许多多的个别方面去探究,因此分学科研究和认识世界成为必然。通过对各学科的不断深入研究,人们对世界的认识得以深化。随着分学科研究的深入和生产的发展,学科出现分化并进一步推进,这就是学科的发展历程。[①]因此,学科是教育领域和科学领域中的一个高频词,同时又是一个多义词,人们在不同层面、不同语境中运用着"学科"这一概念。

1. 学科的定义

"学科"一词,在西方源自印欧字根,拉丁文"disciplina",其本身含义有知识、教导、纪律之义,英文"discipline"、法文"discipline"、德文"disiziplin"都是由此衍生借用而来的。经过长期的历史沿革,英文的"学科"(discipline)具有多重而相关的含义,包括学科、学术领域、课程、纪律、严格的训练、规范准则、戒律、约束甚至熏陶等。综合来看主要包含三层意思:第一层含义是用作动词的"训练",特指对学生在智力和品德方面的教导和训练;第二层含义是用作名词的

---

① 田定湘,胡建强.对大学学科建设几个问题的思考[J].湖南社会科学,2003(2):114-116.

"纪律",是指在第一层含义"教导"的过程中对训练行为的约束和惩戒;第三层含义是用作名词的"学科",意指知识的分类。

中文原没有专门的"学科"概念,现在的概念来源于对西文的翻译。综合我国出版的诸多词典,如《辞海》《现代汉语词典》《西方教育词典》《古今汉语词典》《新华词典》《教育大辞典》等,对学科的定义主要有两层含义:一是科学的分支或学术的分类,二是教学的科目。第一层含义"学术的分类"是指一定科学领域或一门科学的分支。如自然科学部门中的物理学、生物学,社会科学部门中的史学、教育学等。第二层含义"教学科目",是学校教学内容的基本单位。实际上,中文的"学科"一词对应英文中两种表达"学科"概念的词,即"discipline"和"subject",两者在语义上有着细微的差别。"discipline"的解释是"a course or area of subject",指一个研究的领域,即《辞海》中的第一层含义。"subject"的解释是"abranch of knowledge or teaching",指科目知识或教学的分支。这两个英文单词似乎概括了学科的全部含义。

虽然有了以上定义,但"学科"这个词在不同领域有不同含义。从传递知识、教育教学的角度看,学科的含义指的是"教学的科目",即"教"的科目或"学"的科目;从生产知识、研究学问的角度看,学科的含义则是指"学问的分支",即科学的分支或知识的分门别类;从高校教学与组织研究的角度看,学科又可以作为学界或学术的组织单位[①],即教学与研究的视角不同,对学科含义的理解也不同,不同国家、不同学者都有各自的解释。下面简列国内外从不同知识领域提出的几种有代表性的观点,以期对认识和理解学科的含义有所裨益。[②]

(1)学科:基于经验和事实的分析。这是德国学者黑克豪森(Heckhausen)使用经验分析法得出的结论。这一定义仅适用于经验性学科,即那些研究可观察的现象的学科,而不适用于如数学等纯推理性学科。黑克豪森认为,学科是指对同类问题所进行的专门科学研究,从而实现知识的新旧更替。他的重要贡献在于,制定了判断学科间本质区别的7条标准:学科的"材料域"(相当于研究对象的范围)、学科的"题材"、学科的"理论一体化水平"、学科的"方法"、学科的"分析工具"、"学科在实验领域中的应用"、学科的"历史偶然性"等。

(2)学科:基于形式和结构的分析。这是法国教授布瓦索使用结构分析法

---

① 胡建雄.学科组织创新[M].杭州:浙江大学出版社,2001:243-244.
② 王梅.高等学校学科建设若干问题的探讨[D].天津:天津大学,2003.

对学科下的定义。布瓦索从学科的一般特征与结构入手,深入分析学科的形式,从而透视学科的本质。布瓦索认为,将知识划分为不同的领域源于两种倾向:一是人们为了认识客体而不自觉地进行划分并进行概念化的天性;二是由于学者喜欢对各自的研究领域在概念上进行界定,以便更系统地研究问题和更充分地利用认知因素的定向积累,即心理学倾向。他认为一门学科是三种成分的集合:① 客体——与认识有关的概念、可观察或可形式化的公式等;② 现象——客体相互作用的具体化;③ 定律——用来解释现象并预测现象的作用方式。从这个意义上讲,一门学科就是一种知识结构。

(3) 学科:基于综合与一般的分析。这是我国学者刘仲林在学科总体上,从综合性和一般性的角度,对学科所作的探索与分析。他认为,"学科"是一个清楚而模糊的概念,而像物理学、化学、经济学、历史学等学科是典型而成熟的学科,它们是学科群的"内核"。这些"内核"在生态环境及学科内部自身张力的作用下,就会出现分化、组合和繁衍,从而产生出形形色色的新学科,这些学科大小不同,层次不一,构成了宽阔的学科"模糊带",导致对学科定义和分类的困难。

(4) 学科:基于创生和发展的分析。我国学者陈燮君从创生和发展的角度对学科进行分析,提出了学科创生的五大指标体系,它们是:① 特有的学科定义和研究对象;② 学科应是时代的必然产物;③ 学科创始人和代表作;④ 精心营建的理论体系;⑤ 独特的研究方法。

(5) 学科:基于动态和社会活动的分析。比利时交叉学科理论专家阿玻斯特尔教授(Apostel)从贝尔纳的科学社会学的观点出发,把学科看作一种动态的社会活动,是一个历史的、能动的体系,它以特定的方式改造自己。"学科是由一群学者以及学者们所依赖的一定学术物质基础围绕知识进行的创造、传递、融合与应用的活动。"他指出要严格定义一门学科,必须指出以下五点(PAIEL):P(people):一群人;A(action):这群人所进行的一系列活动;I(intercommunion):这群人内部或同另外一些人的相互作用或交流;E(education):通过某种带教育性质的交流而使这些人更新、演进的方法;L(learning):一套历史性学习方法。如果上述五点在某种条件下得到满足,那么这五点综合起来便称为一门学科或科学。

(6) 学科:一个学术组织。这是美国学者伯顿·克拉克所提出来的。他在《高等教育系统》中写道:"学科明显是一种联结化学家与化学家、心理学家与心理学家、历史学家与历史学家的专门化组织方式。"①无论在哪里,"高等教育的工作都按学科(discipline)和院校(institution)组成两个基本的纵横交叉的模式",并且"主宰学者工作生活的力量是学科而不是所在院校"。围绕这些学科确立起来的组织即大学学术组织。

从以上文献综述不难看出,不同学者对"学科"概念的理解不尽相同,但大体上可以分为三类:一类是指"学科"是认识的结果,即知识或知识体系;一类是指"学科"是围绕特定对象领域、遵循共同范式所进行的研究活动及其组织(学术组织);一类是指"学科"是一种活动及其活动内容(如教学)或结果(如科研)。或者我们也可以把以上三类对"学科"的不同理解简单归结为广义和狭义两个方面。狭义的学科指知识的分类或教学科目,而广义的学科既指一个知识体系,也指一个遵循共同范式开展活动的学术组织。

2. 学科的内涵

以上对学科含义的不同理解,说明学科作为一个概念,有着丰富的内涵。从广义的学科概念出发,兼具知识与活动两方面含义的学科既有"形而上"又有"形而下"的特征,它是两者的综合体。一方面,作为知识的学科是"形而上"的。无论"学科"是作为学术的分类还是教学的科目都是从知识分类的角度加以描述的。这种描述基于对经验和事实、形式和结构的抽象,是静态地分析、归纳与分类,因而是"形而上"的。另一方面,作为活动的学科是"形而下"的。它是一个由学者、知识信息、学术成果、物质资料等所组成的实体化了的组织体系。这种对学科的描述是基于动态的和社会活动过程的实体分析,因而是"形而下"的。作为活动的学科与我们通常所说的高校学科建设中的学科是在同一语义上使用的,后面关于"学科"与"学科建设"的比较将有助于我们理解作为"活动"的学科和学科建设的含义。当我们把"形而上的学科"和"形而下的学科"联系起来理解学科时才能得到比较全面、客观的认识,从而有助于我们进一步把握其内涵。

(1) 理解学科内涵的逻辑起点是"知识"。学科以知识为基础,知识是学科

---

① 伯顿·克拉克. 高等教育系统学术组织的跨国研究[M]. 杭州:杭州大学出版社,1994:33-35.

的细胞。学科最基本的内涵就是一组相同或类似的知识的集合体。① 这是因为:第一,学科是知识发展成熟的产物,是专门化的知识体系,并不是所有知识体系都能发展成为学科,"称一门知识为一门学科,即有严格和具认受性的蕴义"②。英国学者赫斯特(Hirst)指出,能称得上学科的知识体系应该具有如下特征:① 具有在性质上属于该学科特有的某些中心概念;② 具有蕴含逻辑结构的概念关系网;③ 具有一些隶属于该学科的独特的表达方式;④ 具有用来探讨经验和考验其独特的表达方式的特殊技术和技巧。"独有的概念体系表达方式和研究方法是知识发展成为学科的条件。周川认为,"一门学科的知识体系,一般地说主要由经验要素、理论要素、结构要素三种要素组成"。也即一组知识体系能否获得学科的地位,不在于该知识体系的规模,而在于该知识体系是否具有丰富的、系统的事实资料,逻辑化、结构化的问题,严密的解释力,强大的理论体系以及发现事实、解决问题、形成理论的有效方法。可见,学科是由专业人员以独有的领域为对象,按照专门的术语和方法建立起来的概念一致、体系严密、结论可靠的专门化知识体系。

(2) 学科是一个历史的范畴,是一定历史时空中以一定的准则构建起来的规范化知识形式。随着历史境遇的变化,学科的涵义在演变中也发生着一定的变异。14世纪英国乔叟时代与学科一词对应的英文"discipline"指各门知识,尤其是医学、法律和神学这些新兴大学里的"高等部门"。根据《实用英语词源辞典》的解释,"discipline"一词来源于"disciple",意为"弟子、门徒",指接受一个学派(如哲学、艺术或政治)的教导并帮助传播和实行的忠实信徒。而《牛津英语字典》对"discipline"的解释是"为门徒和学者所属,基于普遍接受的方法和真理"。但由于每个时代"普遍接受的方法"不同,生产"知识"的方法和辩护"真理"的标准不同,即知识"范式"(paradigm)不同或者说"知识型"(episteme)不同,所以称为学科的知识也无法逃脱受不同知识"政体"规约的命运。

在基督教义被视为终极真理的中世纪,学科是指用经院哲学的方法论证上帝永恒和无所不能的或至少与教义教规不相冲突的、为门徒所传播和践行的一系列准则,否则就是异端邪说,不配享有学科的身份。文艺复兴时期,一切真理

---

① 万力维.学科:原指、延指、隐指[J].现代大学教育,2005(2):16-19.
② 华勒斯坦.学科·知识·权力[M].刘健芝,编译.上海:生活·读书·新知三联出版社,1999:13-14.

都被认为已在古希腊和罗马的经典著作中得到了完美阐述,古典语言、历史文学、哲学等人文学科成为贵族雅士等"自由人"的特权学问,也是鞭策学者皓首穷经与古人在思想心智领域展开对话的思维工具,拥有无与伦比的高贵地位。

近代自然科学在漫长的知识纷争史中发展壮大后,以科学为基础的现代性语境开始形成,关于学科的理念发生了新的转化,意指"一定科学领域或一门科学的分支",只有通过观察、实验的方法获得,能被反复检验证实,具有确定性、客观性和无涉个人价值的知识体系,才能完全获得学科的名称,其他不具备或不充分具备这类标准的陈述就只能视为"准学科"或"非学科"。随着自然科学的权威地位在知识领域的确立与提升,科学精神与科学方法论开始向政治、经济、哲学、人生等研究领域广泛渗透,各种知识都开始贯穿一种科学的认知体系,人文学科也开始分化。部分人文学者由传统的以思辨的或形而上学的方法关注个体的情感、价值、品质等问题,转向用自然科学的方法研究社会群体或人类社会发展规律,导致了近代社会科学的产生。即使仍然关注个体情感和价值判断行为不以发现普遍性因果关系与规律为目标的人文学者,也力求将自然科学研究方法的客观性原理用于具有复杂性的人类行为研究。如提倡研究者不带个人预设,强调客观地观察、记录被研究对象的表现等,使人文学科也带有科学化的特点。

因此,现代意义上"相对独立的知识体系"已经逐渐与"科学知识体系"概念趋同,学科泛指关于自然、社会和精神领域的所有分门别类的科学知识体系。当然,那些在知识纷争中不适应新的真理体制,丧失其存在合法性的陈述,便逐渐进入"失语"状态,直至从学科家族甚至知识大家族中退位。可见学科在其发展演变中,虽然一直包含着所教与所学、传播与探索等知识体系,但"某种概念的历史并不总是,也不全是这个概念的逐步完善的历史以及它的合理性不断增加、抽象化渐进的历史,而是这个概念的多种多样的构成和有效范围的历史"。① 所以说,学科乃一定历史时空中按照不同的知识"政体"以一定的措辞构建起来的规范化知识形式。

(3)学科还包含延伸意义,指把传播和发展同类知识的群体联结起来所建制成的一定的学术组织。中世纪拉丁语中的"faculty"(学部)原意就指某一学科领域。从13世纪中期开始,学部一词的外延扩大,指的是按某一学科设置的

---

① 米歇尔·福柯.知识考古学[M].谢强,马月,译.上海:生活·读书·新知三联出版社,2003.

教学研究单位。可见,自中世纪开始学科就既指某一知识领域,又指外延扩大了的学术组织。当我们说某人属于某学科时,此时的学科概念便延伸为由专门化知识群体结成的学界的或学术的组织,也称科学共同体(scientific community)。托马斯·库恩指出:"科学共同体是由一些学有专长的实际工作者所组成的。他们由他们所受教育和训练中的共同因素结合在一起,他们自认为也被认为专门探索一些共同的目标,也包括培养自己的接班人。"[①]而依据知识领域的层次,它们可以分成许多层级,全体自然科学家可成为一个共同体,低一级的如物理学家共同体、人文学家共同体等。同样的方法还可以再分出固体物理学家共同体、高能物理学家共同体等。在这种具有独特尊严和合法性的独立学科集合体的内部,学者们有"同质的追问""同样的求索动力""同质的评价准绳""同样的英雄系谱""同质的原型",共同的问题和文献、共同的气息和生命把他们连在一起。这种组织关系可以同属于某一地域固定的机构,常常被冠以诸如"某某学部""某某讲座""某某研究所"等名;更多的是跨越时空甚至国家的界限,结成"无形学院"(Invisible College),冠以"某某学会"等名,赢得学者们持久的忠诚。

(4) 学科还有隐含意义,隐指对研究对象与门徒予以规训和控制的权力技术的组合。学科的隐含意义与"discipline"一词的双重含义有关。"discipline"既指"学科",又指名词词性的"惩罚""纪律""戒律""教规"等,和动词词性的"惩戒""训练""教育""控制"等。本来,教育领域是在互不关联的情况下分别使用着"discipline"作为"学科"与"纪律""惩罚""控制"等的两重含义。当学科知识仅被视为人类的认识成果时,两重含义之间不可能发生关联。而当以曼海姆等人为代表的知识社会学越来越揭示出知识可能建立在意识形态或利益的基础上,本质上是一种社会践行时,"学科"与"惩罚""控制"之间的关联开始浮出水面。人们发现知识并非都是自由探索的智慧结晶,反而常常是通过对知识生产者的规范或操控生产出来的。米歇尔·福柯以系谱学为手段发现了"学科"与"惩罚""控制"之间的深刻关联。他指出,那些以学科面目出现的临床医学、精神病学、儿童心理学、教育心理学等,实质上是对人和社会进行监控与规训的、特殊的、规范化的权力技术的集合。规训和控制是制造学科知识的手段,学科知识伴随规训和控制手段的改进得到积累和发展;同时,学科知识的不断发展与完善又转而强化了对人和社会等研究对象予以控制的权力。即一方面,借助

---

① 托马斯·库恩. 必要的张力[M]. 福州:福建人民出版社,1981:292.

惩罚、监视、强制等机制和技术形成的权力关系，"实现一种认识'解冻'、造就了一种知识体系"；"另一方面，通过新型知识的形成与积累使权力效应扩大。如在监狱、学校等机构中，围绕着对人的层级监视、规范化裁决和检查三种主要权力技术，产生了两个完整的知识领域，形成了犯罪学、教育学。犯罪学又通过庄重地把犯罪纳入科学知识的对象领域……给合法惩罚机制提供了一种正当控制权力"，使"惩罚权力获得了自身的基础、证明和规则"。实际上，无论是学科知识的生产，还是学科门徒的训练，都涉及控制和规训过程。知识（包括自然科学知识）的生产需要操控研究对象，以减少变数、排除多样性来发现"客观真理"；门徒的训练需要采取考试、书写、评分等细致入微的控制形式，以期使学习者"受规训而最终具备纪律（discipline），亦即拥有自主自持（self-mastery）的素质"。无论是教育学，还是会计学、管理学，都是一种由特定权力技术集合而成的知识形式。

综上所述，学科最基本的内涵就是一组相同或类似的知识的集合体，在历史时空中以一定的准则构建起来的规范化知识形式达到专门化程度的知识体系。学科的概念可以延伸为由规范化、专门化知识群体结成的学界的或学术的组织；还隐含规训和控制研究对象和门徒的权力技术的组合。从"学科"概念所具有的丰富内涵中可以看到构成学科的主要因素：一是知识体系（学科的研究方向），二是学科的历史性（学科的外部环境），三是学科组织（学术队伍），四是规训和控制研究对象和门徒权力的组合（学科的管理）。因而，在学科建设过程中应研究如何调配或激发这些因素以促进学科的发展。

3. 学科的特点

从广义的学科概念可知，学科既是一种知识体系，也是一种研究活动。因而学科表现出以下特点。

（1）学科作为知识体系的特点。作为知识体系的学科，具有以下特点：

一是多样性。自然界的现象纷繁复杂，各门学科都有不同的研究对象，各自以某种特定的物质形态和运动形式作为认识对象，对象的复杂程度不同，结构的复杂程度不同，研究的目的、方法、手段各异，这就带来了学科的多样性。学科的多样性导致学科分类标准的不同。原则上，对学科进行分类应该在同一标准上进行，但是，一直以来，由于学科自身的特殊性（即学科有特定的内容）和应用的各种需要,无论在我国还是在发达国家,其学科分类体系均非在同一标准上进行。一般来说,同一学科分类体系均是按3种分类标准混合使用得到的:① 按研究对象的特殊性进行分类;② 按研究目的的特殊性进行分类;③ 按研究方法的特殊性进行分类。

二是层次性。学科的层次性是指一门学科在发展过程中,由于对原有学科的某一部分进行深入探究,对它的运动形式进行细化、具体化,从学科母体中脱胎而出若干学科,从而形成树状的层次。

三是结构性。结构是一切事物所固有的结构属性的本质概括,是事物内部构造和事物间或系统内诸要素相互联系、相互作用所形成的综合形式、组织方式。学科不是无结构的"几何点",而是由概念、定律、理论等所构成的。一个有内容的知识体系,体系中存在着极其纷繁的不同层次的知识单元,它们之间通过相互作用形成了具有一定关系的结构。从前面所述的学科概念的内涵中我们可以推论,从宏观的角度看学科的结构是由学科方向(知识体系,以科研项目和科研成果为表现形式)、学术组织(包括师资队伍和参与研究的各类学生)及管理(包括政策和条件支持等外部环境因素)3个方面组成。所谓合理的结构是指构成学科结构的各个单元之间应当形成"互补与支撑"的关系。

四是功能性。所谓功能,是指有特定结构的事物在内部和外部的联系和关系中表现出来的特性和能力。我们知道,金刚石和石墨,同是由碳元素组成,由于结构不同,性能完全相异。这是因为结构通过要素间的相互作用,在目标的限定下表现出特定的系统功能。所以,结构决定功能,有什么样的结构就会产生什么样的功能。在学科这个系统中,要素就是基本理论(包括概念、假说、定理、定律)、特殊方法和应用范例,要素之间形成一定结构,按照既定目标组织要素,从而实现系统的功能。可见,学科作为知识体系,它的功能最终取决于结构,要想实现学科的功能,就必须建立与之相应的合理结构。

五是预言性。学科作为一种知识体系,通过概念、定理、定律等,可以预言新的学科。如牛顿力学体系对海王星的预言、爱因斯坦质能关系式对原子能的预言、麦克斯韦方程对电磁波的预言等,这都是因为学科本身具有预言性。不同的学科都具有一定量的吸收和释放潜在智能的能力,或者吸收别的理论体系的合理内核,或者向外推论产生新的理论。

六是累积性。学科是一个在旧有知识体系基础上永远向前不断转动的车轮,"假如不能随意运用大宗旧知识和旧经验,科学家所采用的一些方法将无甚裨益"。学科是一个时刻在增长的知识集合体,它不仅是许多已知事实、定理、定律等知识单元长期累积的结果,而且是许多新事实、新定律和新理论连续不断发现的过程。因此,要保持在前进的学科车轮上不"掉下来",既要在学科知识体系上"执牛耳",主动更新知识,跟踪前沿,还要在队伍建设上"江山代有人才出",也就是在积累知识的同时凝聚人气,才能保持学科的优势和特色。

七是学术性。学科具有学术性,它是由若干理论构建而成的知识体系,要发现新知识,不断加深和拓宽人类的认识领域,这也是学科发展内在逻辑所提出的要求。

(2)学科作为研究活动的特点。

一是人本性。学科是一项以人为本的研究活动,任何一个学科的产生与发展都离不开科研人员的主动性、积极性。从事研究活动的首要一步就是要识别问题,"事实上,认出问题比解决问题要难得多。前者需要想象力,后者只要巧智"。想象力源于人们对问题产生浓厚的兴趣而进行的思考,牛顿、达尔文、法拉第等伟大的科学家都是由某个现象或问题所引起的兴趣而投身于找寻和解决问题的活动中的。如果没有研究人员的主动性,就不能调动起研究人员的积极性,研究活动也将无从谈起。

二是探索性。研究活动就是探索未知的东西,也就是探索还没有被人们发现的东西,包括创造出人们还未曾创造过的东西。这是学科作为研究活动的一个重要特点,是由研究本身的要求决定的,并从本质上概括和反映了科学研究的根本任务。

三是创新性。探索的目的是为了创新,没有独创性的成果,是不能算作科研成果的。这种科研劳动,是一种艰苦的复杂的高水平的社会劳动,是一种脑力劳动和体力劳动相结合的劳动,且主要是一种脑力劳动,是一种知识性、思考性和探索性很强的脑力劳动。

四是群集性。学科是一项活动,研究人员只有联合起来才能更好地进行创新活动。个人的力量是有限的,只有不同的研究人员形成一个团队,才能达到"1+1>2"的整体效应。

五是持续性。学科这种创新性活动是一项长期的工作,活动所需要的各种感性材料、基本数据、资料和各种信息的收集、鉴定、分析,绝非一朝一夕所能完成的。而作为理论概括依据的数据、信息必须完整而系统,才能使结论更可靠、准确而有说服力。这就对从事这项工作的研究人员的知识结构、年龄结构以及保障活动顺利进行的支撑条件提出了要求,它们必须保障活动的持续进行。

六是指向性。所谓指向性就是指学科具有指引人们通向新的知识领域的作用。任何一项活动都是有目的的,学科也不例外。学科就是要发现新现象、创造新知识,引导人们沿着学科内在逻辑发展方向及社会需求等进行知识的探索。

七是关联性。关联性是指学科的关联、活动主体的关联、活动客体的关联和活动实施的关联等。学科与学科之间有关联,它们是更大的知识体系或活动中的单元,正是学科间的关联性,形成了学科结构。因此,一个学科的发展离不开其他学科的支持。研究人员所面对的问题不仅仅由某一个单一学科组成,社会经济的发展也增添了问题的复杂性。今天的问题往往来源于不同学科领域的具体学科,每个学科都集中了若干专家、学者、科学家,每个较重要的活动都需要工程师、经济学家、计算机科学家、生物学家以及社会科学家的技能按不同方式进行结合,所以活动的主体之间、客体之间都存在着紧密的关联性。同时,活动实施的各个环节也是相互关联的,它们是相辅相成、不可分割的。

把学科的这些特点应用到学科建设当中,促使我们在学科建设过程中要注意学科的"人本性",要充分调动研究人员的积极性;注意学科的"群集性",在尊重个体的同时强调团队合作并重视学术交流;注意学科的"持续性",保持学科各组成单元的合理结构,注意优势积累,推动学科的可持续发展;注意学科的"关联性",通过重点建设带动相关学科的发展。

二、学科建设及相关概念的厘清

1. 学科建设的概念

我国高教界在定义"学科建设"时,因研究的视角不同,观点也不同,主要代表性的观点如下:① 从系统角度,严冬珍提出学科建设是一个由人、财、物等基本要素组成的系统工程。① ② 从效益角度,金薇吟提出学科建设是通过"投入"

---

① 严冬珍.高校学科建设层级互动管理系统模式的应用[J].江苏高教,2001(6):79-80.

获得"产出"的过程。① ③ 从发展角度,谭荣波提出学科建设是学科方向、师资队伍、基地建设、学科组织建制等保持相对稳定性和连续性的学科优势积累的过程。② ④ 从变革角度,姚云提出学科建设是根据科学的发展和社会的需要对学科的规范和重组。③ ⑤ 从内容角度,刘开源提出学科建设是以学科学术性质为核心,集学科方向建设、学科梯队建设、基地建设和项目建设于一体的综合性建设,它不仅涉及学科自身学术水平的建设,还涉及组织、制度和资源配置等相关社会建制方面的建设。④ ⑥ 从交叉角度,吴振球提出学科建设是指深化、充实调整和改造已经存在中的一个学科,创造尚不存在的学科,纵向上增加本学科的深度,从而实现学科知识量的增加、质的提高以及学科数量的增多。⑤ ⑦ 从结构角度,刘诚芳等提出学科建设指基础学科和应用学科、传统学科和新兴学科、综合学科或跨学科的设置种类及构成的学科布局结构。⑥ ⑧ 从目的角度,田定湘等提出学科建设就是按照一定的学科方向,对学术队伍和条件进行规划与建设,从而形成人才培养与科学研究的综合实力。⑦

以上只是众多关于"学科建设"概念的几个代表性观点。由此可见,对学科建设的理解既可以从微观的角度来认识,又可以从中观乃至宏观的角度来认识,其外延相当宽泛。不过无论从哪个层面、哪个角度来看问题,概念中的关键要素都是学科建设集活动性和知识性于一体的过程。因此,有学者认为"学科建设是人们为构建相对完整的理论体系,按一定的范式所从事的发现新现象、创造新知识或完善理论的创新活动"⑧。综合以上观点,我们认为对"学科建设"概念的理解应当包括两个方面的内容:一是学科自身专业组织的建设和发展(内在驱动);二是对学科的学术发展(而不仅仅是专业组织建设)进行有意识的管理,通过一定手段促进学科的学术水平迅速提高的过程(外部驱动)。

---

① 金薇吟.对高校学科建设的再思考[J].苏州丝绸工学院学报,1999,19(6):180-181.
② 谭荣波."源"与"流":学科、专业及其关系的辨析[J].教育发展研究,2002(11):114-117.
③ 姚云.论大学学科建设[J].吉林师范学院学报(哲学社会科学版),2001(2):69-71.
④ 刘开源.高校学科建设中的若干关系探析[J].黑龙江高教研究,2005(3):99-101.
⑤ 吴振球.以学科交叉推动高校的学科建设[J].高教发展与评论,2005(2):17-21.
⑥ 刘诚芳,严春燕.试析学科建设的几个问题[J].西南民族学院学报(哲学社会科学版),2002(1):31-32.
⑦ 田定湘,胡063强.对大学学科建设几个问题的思考[J].湖南社会科学,2003(2):114-116.
⑧ 王梅,陈士俊,王怡然.我国高校学科建设研究述评[J].中国地质大学学报(社会科学版),2006,6(1):76-81.

2. 相关概念的厘清

从"学科"和"学科建设"的概念和内涵出发,学科与学科建设、学科建设与专业建设、学科建设与科学研究、学科建设与研究生教育等概念既相互联系又有区别,为厘清学科建设概念的真正内涵,在此有必要对上述这些概念进行比较和梳理。

(1) 学科与学科建设。

"学科"是"学科建设"的核心,字面的内容已经表达了"学科"与"学科建设"之间的密切联系。通过前文对学科的概念、内涵以及特点的全面分析后,不难发现,学科建设与广义上的"学科"概念是在同一语义上提出的,即学科建设也是一种"活动",只不过学科建设在作为"活动"和"组织"的学科的基础上增强了其实践性及过程性。如果说学科是一种研究活动,那么学科建设就是达到这种活动目的的一种手段。所以说学科是学科建设的目的与归宿,学科建设则是学科的活动基础和活动实施的过程。

(2) 学科建设与专业建设。

学科、专业的区别,决定了高校在学科建设与专业建设方面应有各自的工作任务。专业是指高校根据社会分工的需要而设置的一种课程组织形式。从专业的构成来看,专业主要由专业培养目标、专业培养方案(即课程体系)和专业教学条件构成。专业培养方案即课程体系的设置合理与否、质量高低、实施效果好坏直接影响专业的人才培养质量。[1] 从内容上看,学科建设的主要内容包括学术队伍建设(即学科带头人和学术队伍的数量、水平,学术梯队的结构等)、科学研究、人才培养质量以及图书资料、实验设备等物质条件的改善和管理工作的提高等。专业建设主要包括制定专业培养目标和规格、确定专业设置的口径、制订专业人才培养计划等,具体表现在专业的教学内容课程体系、教学方法上。

学科建设是专业建设的基石。学科建设为专业建设指明了方向,提供了高水平的师资队伍、教学与研究的基地,包括学科发展最新成果的课程教学内容等。从人类认识活动来看,只有进行科学研究,把社会实践经验总结成理论体

---

[1] 陈琳,龚秀敏. 基于协同理论的应用型大学学科、专业一体化建设研究[J]. 郑州师范教育,2013(3):23.

系,才有可能进行各专业的教学。从这个意义上说,学科是"源",专业是"流"。从人才培养质量来看,毕业生的发展潜力在较大程度上取决于学科建设的效果,而毕业生在工作岗位上的知识转化程度(即知识转化率)在很大程度上由专业建设的效果决定。

专业建设是学科建设的基地,即专业为学科承担人才培养职能提供基地。在现代社会里,高校的主要职能是人才培养、科学研究和社会服务,学科的建设就是各种职能的具体落实。高校中的学科最初就是为人才培养而设立的,而人才培养是专业建设的出发点和归宿。没有专业建设为依托的学科建设,其发展前景是很不乐观的,甚至无法谈及学科建设。学科、专业的联系,决定了学科建设与专业建设须紧密联系。有研究者对两者的关系做了很好的协同研究,如图2.2所示。

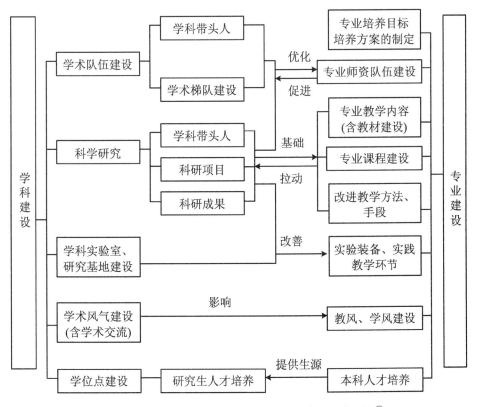

图 2.2 学科建设子系统与专业建设子系统协同关系图[①]

---

① 陈琳,龚秀敏.基于协同理论的应用型大学学科、专业一体化建设研究[J].郑州师范教育,2013(3):24.

(3) 学科建设与科学研究。

科学研究是学者们依据学科不同的研究方向(学科概念中的"知识体系"范畴),组成研究机构和队伍(学科概念中的"学术组织"范畴),建立研究基地,争取各种科研项目而进行的知识创新活动(学科概念中的"活动"范畴)。进行学科建设,必须开展科学研究,只有科学研究才能产生科研成果,才能开拓学科研究领域,创立和构建学科的科学理论体系。没有科研项目和科研经费,学科建设只能是纸上谈兵。只有通过科研活动才能锻炼师资队伍,提高学术水平,增强学科建设的内在动力。所以,科学研究是学科建设的前提与拉动力。科研成果的数量与质量是衡量学科发展的重要指标。科研项目和科研成果是学科建设的外在表现形式。

但是,科学研究仅仅是学科建设的一个方面,而不是全部工作,不能用科学研究简单地代替学科建设,而忽视学科建设的重要作用。学科建设为科学研究提供了条件,科研课题要符合学科的发展方向才具有生命力;没有一个好的学科平台,就难以争取到重要的科研项目与所需的科研经费。从这个意义上说,学科建设是科学研究的基础和推动力。因此,学科建设离不开科学研究,科学研究也离不开学科建设,两者密切相关、相辅相成。

(4) 学科建设与研究生教育。

人才培养作为学科内涵中的重要组成部分,是学科建设中的一项重要内容。担负着培养高层次专门化人才重任的研究生教育,由于其教育活动要求教学与科研并重,使研究生日益成为高等学校中科学研究的主力军。通过研究生教育活动,在开展科学研究的过程中也完成了人才的培养,并且通过导师与研究生之间创造性的互动合作,促进了知识的积累和更新,推动了学科建设水平的提高。反之,学科建设水平的提高又为研究生教育在更高的平台上创造了更大的发展空间。因此,学科建设与研究生教育相辅相成,虽然从概念上两者并不相同,但在实施过程中,学科建设是研究生教育的依托,研究生教育促进学科建设落到实处。

三、学科建设的定位

关于学科建设的定位问题,从目前的研究现状来看,主要包含三种观点:一是将学科建设定位于高校管理工作层面,即将学科建设视为一种管理工作,包含学科规划、学科内涵建设、学科建设过程监控以及学科建设绩效评价等管理活动;另一种观点是将学科建设定位于高校建设层面,即学科建设是以学科来划分的一种高校办学实践活动,具体内容包括研究方向、师资队伍、科学研究和人才培养等具体办学活动。这两种观点以不同的视角,对学科建设定位作了解答。其中,第一种观点从高校管理人员的视角出发,将学科建设视为一种管理工作;第二种观点从教师和科研人员的视角出发,将学科建设视为一种具体的办学实践活动。这两种观点在相应的语境下有其合理性。将学科建设从管理层面、建设层面以及当前高等教育现状与发展趋势方面作进一步的思考,有研究者提出第三种观点,认为学科建设涵盖了高校的有关具体办学内容,应该是高于高校具体操作层面的活动,因而属于高校办学理念层面的概念,并进而从不同主体对学科建设的定位、属性和组成要素作了梳理总结,详见图2.3。

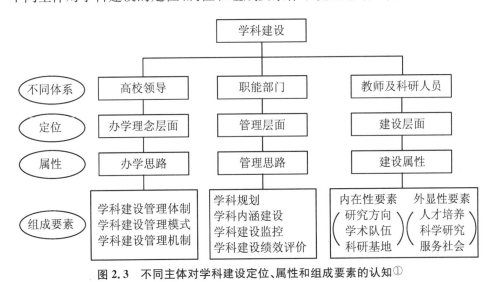

图 2.3　不同主体对学科建设定位、属性和组成要素的认知①

四、学科建设的核心要素

学科建设是一项系统工程,需要投入大量的人力、物力、财力。同时,学科

---

① 梁传杰.对学科建设几个基本问题的思考[J].研究生教育研究,2012(8):57-60.

优势的积累又是一个厚积薄发、循序渐进的过程,一个学科从开始起步到在国内具有一定的优势地位一般需要几代人短则一二十年、长则四五十年的努力。学科建设核心要素可以归纳为结构性要素和功能性要素两个部分,其中结构性要素主要包括汇聚学科队伍、凝练学科方向、搭建学科平台;功能性要素主要包括科学研究、人才培养和社会服务。

在对"学科"概念的剖析中,我们看到学科所具有的丰富内涵:一是知识体系,二是历史性,三是学科组织,四是规训和控制研究对象和门徒权力的组合。从中可以看到组成学科的主要元素:① 知识体系对应学科的研究方向,包括学科的理论研究基础、知识结构等内容;② 学科的历史性对应学科的外部环境,指社会、经济和科技对学科的研究内容不断提出新的要求;③ 学科的组织特性对应学科的组织结构、学术队伍方面的内容;④ 学科的规训、控制和惩戒特性对应学科的管理方面的内容。简而言之,构成学科的元素包括学科方向、学术队伍、学术环境和学术管理等诸多方面。因此,学科建设的基本内容则包括研究方向、学术队伍、科学研究、人才培养、条件建设及管理等几个方面。

1. 社会发展和经济建设是影响学科建设与发展的外部因素

学科建设的核心是确立具有特色的研究方向。在凝练学科研究方向时要综合考虑外部和内部两方面的需要,外部是指研究方向要与经济建设和社会发展相结合,内部是指研究方向要考虑学科内涵和自身现有的学科研究基础。学科专业调整涉及高等教育发展的全局,政府在高等学校学科专业调整过程中起着至关重要的作用:不但要根据经济和社会发展需要确定重点发展领域,还要保护和发展那些不宜由市场调节的学科专业,如关系到国家安全与社会发展的学科专业或需要特殊保护的学科专业。同时,从发达国家高等教育发展历程看,大学的发展都是与国家的一定的政策取向相联系的。在市场经济条件下,学科建设在本质上已经接近于经济学概念,是学科为了在竞争中取得更大的优势而采取的一种经营活动。学科建设和发展的关键动力不在于成果有多么先进,而在于这种建设和发展能否给学科带来利益。这就是学科带头人们所说的"生存压力"。如果"生存"的问题不解决,学科之外的成果再先进也无济于事(也正因为此,特殊学科需要国家的特殊政策加以保护)。因此,建立在市场经济基础上的学科建设机制,就必须学会以市场作为基本的调节机制,主动应对市场需要,学科对自主创新的态度由过去的"要我干"变成"我要干",这是学科建设良性循环机制形成的前提。与高校的其他投资(如基建、绿化等)相比较,对学科建设的投资会带来更大的预期回报时,学科进行创新的积极性才越大,而利益回报只能在市场上体现。因此,学科的建设和发展、创新都必须时刻关注经济和社会发展需要,以便对学科发展战略及时做出调整。传统的学科建设管理机制是"自上而下"的,即由政府或大学的主管部门依据自己对经济和社会发展需要的认识,直接组织和推进学科建设。但是,这种做法与市场经济的发展要求不相适应。因为相对于学科来讲,管理部门离现实的经济和社会生活更远,而且对某个学科的发展预测更不如学科本身,从而不能及时地根据经济和社会生活的变化对学科发展思路进行调整。这也就说明政府和管理部门作为"委托方",不应直接参与对学科建设的具体管理,而应建立新型的"自下而上"的学科建设管理机制,即由学科自主应对社会、市场的需要。而政府和相关管理部门应积极推动立法建设,一方面做好科学规划;另一方面引导和监督高校及学科依法自主办学,主动适应社会发展和经济建设的需要。

2. 学校的发展定位是学科建设的第一要素

学校要发展,就必须要把学科建设放在事关学校建设和发展前途的战略高度来认识。学科建设的发展水平与学校发展和建设的水平呈正相关关系,也就是说学科建设的水平提高了,学校的整体水平也就上去了。反之,学科建设水平低,会阻碍学校层次的提升;学校的层次上不去,学科建设的水平也不会提高,由此形成恶性循环。

3. 学校领导和学科带头人是学科建设与发展的关键要素

确立学科建设的特色方向离不开校领导和学科带头人的远见卓识,特别是校级重点学科的确立过程更是如此。国家级重点学科和省市级重点学科由于参与面广,都是全国同一学科领域中的佼佼者们经过一定程序的竞争而产生的。然而,校级重点学科因为其选拔过程往往是与互不相同的领域里的学科进行比较,因而作为三级重点学科基础的校级重点学科的确立最难,也最考验校长的魄力和眼光。如果说提前看到学科发展的社会需求和科学发展的态势需要学科带头人和校长的"眼光"的话,那么从学校现有学科中确立谁是"重点学科"则需要校长的"魄力"。因为在一个学校里,确定谁是"重点学科"、谁是"优势学科"和"特色学科"意味着给一个学科贴上了一个标签,关系着一个学科在学校中的作用和地位,关系着一个学科使用学校资源的程度,自然也最容易引起争论甚至是非。

一个优秀的学科带头人可以带动一个学科甚至一个学科群的崛起。学科带头人是教学科研的帅才。称职的学科带头人必须是科学家,同时还得是社会活动家、教育家。这样的人才应具有战略眼光,能够指明学科发展的方向,确定每一步发展的目标,并能够充分调动一切可能的资源条件,实现每一阶段的目标,推动学科的持续进步。这样的人才,应该具有广阔的胸怀,知人善用,善于奖励人才,能够使学科梯队中的每一个成员最大限度地发挥才能。因此,对学科带头人的识别不仅要求其学术才能和学术水平高,还要求其学术道德、个人品质高,而学术组织和领导才能尤其重要。学科带头人的培养,必须重点加强对其学术组织和领导能力的培养。新建的学科适用于引进人才,在国内外公开招聘学科带头人,以发现、选择国内科研巨头或骨干和留学国外的优秀人才为主要途径。已较成熟的学科则要以不断培养人才为主。培养人才是一个很长的过程,一旦选准对象,就要给以适宜的条件促使其成长。

4. 人才培养和科学研究是学科建设的根本要素

人才培养目标是学校定位和办学理念的具体体现,也是学科建设要实现的根本目的之一。[①] 学科的层次与人才培养的层次是相互作用的,高层次人才的培养依赖于高层次的学科。尤其是地方高校在学科建设中要始终注重地方经济建设和社会发展对本学科人才的需求,从学校和学科实际情况出发,以科学的发展观来进行学科定位,确定学科人才培养目标,构建合理的专业课程培养体系。学科建设是人才培养和科学研究的基础性工作,人才培养的质量和科研成果的水平是检验学科建设的根本标志。与此同时,科学研究是重点学科建设的立足点和出发点。

---

① 刘开源.高校学科建设中的若干关系探析[J].黑龙江高教研究,2005(3):99-101.

5. 科学高效的管理机制是学科建设与发展的组织保障

很多高校把学科建设放在核心位置,但是并没有取得令人满意的进展。究其原因,一方面是教育观念存在问题,另一方面是权力分配体系存在问题。权力分配体系是指一个学校的管理体制和运行机制,也就是说通过什么样的制度来实现学科建设的目标。如同企业的运作和管理模式,"如果企业内部没有一个很好的权力分配体系,如果每个人对自己的行为不承担责任,企业的社会价值就不会得到很好的体现"①。从学科建设的角度来看,学校的权力分配体系是学科建设能够搞活并真正推动科技创新的根本保证。在学校的运作和管理当中,承认并尊重专家学者的利益和需要,本身就是坚持科学发展观的体现。就学科建设的运行机制而言,其制度安排必须要平衡不同学科之间、各个专家学者之间的相关利益,必须要以创造价值为目标,也就要求每个学科、每个专家学者对自己的行为负责。通过这种制度安排,调动专家学者的责任心和使命感,不能因一己私利影响学校的发展。目前,很多高校采取了学校、学院、学科三级管理体制,应该说在一定程度上促进了学科建设的发展,调动了有关方面的积极性。但是,在学科交叉范围较广、行政管理"条块分割"的局面下,也造成了学校重复建设(如设备重复购置)、权力分配体系不明晰(利益互争、责任互推)、资源浪费等不良后果,甚至使部分专家学者的利益受到侵害,影响了教学和科研的积极性。从各高校反映的情况来看,这种现象已经在一定程度上成为阻碍学科建设水平提高的惰性力量。针对这一问题,青岛大学提出了"跨学院按方向申报和建设学位点"的思路,充分尊重专家学者的需要,把某个学科搭建在整个学校的平台上整合资源,调动专家学者之间合作的积极性,通过合作创造更多的价值。当然,这种做法在实际运作中、尤其是在细节方面可能还会存在一定的问题,能否成为比较科学合理的学科建设的发展和管理结构还需要时间来检验。但这种方式作为一种解决学科建设、尤其是综合性大学学科建设问题的思路,不失为一种有益的探索。②

---

① 张维迎.大学的逻辑[M].北京:北京大学出版社,2004:13.
② 姜振家.对高等学校学科建设的矛盾分析[J].学位与研究生教育,2006(2):48-51.

第三节　应用型大学的学科建设

学科建设是学校发展的基础,在学校发展中具有战略地位,学科和专业设置在很大程度上决定了学校的办学特色。学科专业布局要充分考虑对专业建设和人才培养的支撑作用,满足优势特色原则。应用型大学提高办学水平,应坚持学科建设的应用性方向,创新学科建设思路。何谓应用型大学学科建设?通常对于学科建设的理解,主要指"学科主体根据社会发展的需要和学科发展的规律,结合自身实际,采取各种措施和手段促进学科发展和学科水平提高的一种社会实践活动"[①]。应用型大学要突出学科建设的龙头地位,要通过学科建设,促进学校的特色和优势学科的形成;通过学科建设,深化教学改革,更新教学内容,提高教学质量和人才培养水平;通过学科建设,使教学与科研两支队伍协调发展,促进学科带头人的成长和学术团队的汇聚、优化;通过学科建设,改善学校的研发平台和实验基地建设,实现有选择的突破发展。

一、存在的问题

1. 学科的问题

张森认为没有必要设置齐全综合化的学科门类,科类单一更易聚集学科资源,统筹兼顾,培养优秀人才。优势学科不能放弃,要依托行业,对教学科研工作适时做出调整,加强社会服务功能。通才培养模式并不适合每一类学校,对应用型大学而言,可以增加相关学科,对学生进行通才教育,但主要还是以专才教育为主。应用型大学在改革人才培养模式时应以行业需求为主,借鉴综合性

[①] 罗云.论大学学科建设[J].高等教育研究,2005(7).

大学的基础学科和交叉学科经验。

尤丁力指出应用型大学在经历体制转轨后,脱离了原业务部门的管理,其人才培养和社会服务功能也进行了相应的改变,但随之出现一些问题:建设资金来源不复存在,影响教学经费开支;特色学科难以为继,行业的归属感下降,影响招生与就业。办学规模不按实际需求扩大,学科专业朝综合性方向发展,出现泛化趋势;人才培养雷同,无差异性;专业设置趋同化明显;去行业化的人才培养模式导致高校学科特色缺失、品牌不复存在,在市场竞争中出现人才培养错位问题,与世界一流大学背道而驰。现代意义上的应用型大学的人才培养目标、观念无法跟上时代步伐:综合性、创造性与实践性。高校现有的单一评价体系,不利于应用型大学的发展,为求得生存,只能盲目按照评价标准设定目标,但很多目标未考虑自身实际,定位模糊,大规模扩大学科覆盖面,拓宽学校规模,向着综合性大学的发展方向靠拢,学科专业体系发生了很大改变,优势学科出现滑坡现象,增设许多热门专业,形成"学科化""去行业化"的格局,教学质量也呈现每况愈下的趋势。非特色学科专业的比重则越来越小。新兴学科想要转变为优势学科,势必要有超过综合性大学原有优势学科的实力。但从现实来看,新兴学科本身实力不足,处于竞争劣势,要实现超越无异于天方夜谭。学科范围的拓宽,从一元转变为多元,使高校出现了对原行业的疏离,走向"非行业化"。针对这种情况,应用型高校要保持住优势学科,由其衍生出交叉新兴学科,组成学科群,培育学科增长点。重新定位办学目标,加强校企合作,充分发挥高校推动行业科技进步的作用。①

在"双一流"建设背景下,高水平行业特色型大学的学科建设也凸显出优势学科分布单一、学科壁垒现象严重、学科拓展存在盲目性等一系列问题,在一定程度上延缓了高水平行业特色型大学进军一流学科建设的步伐。②

(1)优势学科分布单一。应用型大学由于在一段时期内均以服务某一行业需求为主要目标,在一定程度上形成了学科数量少且较为单一的局面。随着高等教育管理体制的改革,应用型大学虽然也开始进一步拓展符合经济发展和社会进步所需的学科专业,但是由于学科的发展是长期积累、不断深化的过程,

---

① 尤丁力.行业特色型高校人才培养特色研究[J].成都:西南交通大学,2009.
② 李枫,李萍,何丽娜.高水平行业特色型大学一流学科建设策略分析[J].江苏高教,2018(11):34.

短期内快速成为优势学科的情况少之又少，所以优势学科数量仍然偏少，分布单一，仍旧大多集中在与其所在行业密切相关的几个学科之中，其他学科发展相对滞后，学科建设有"高峰"，却无"高原"，极大地限制了行业特色型大学整体实力和水平的提升。

（2）学科壁垒现象普遍。社会问题的复杂性、多元性日益增强，应用型大学应该进一步立足社会需求，整合和调动各方资源，立足不同视角深入分析问题，共同研究攻关，只有打破学科壁垒，跳出学科限制，重视问题的本真面目，才能够进一步推进和探索新的学术研究。目前，应用型大学的学科壁垒现象仍然普遍，优势学科往往单打独斗，辐射带动作用发挥不明显，多学科深入交叉融合发展的局面尚未形成。同时，同一学科内部、不同学科团队间的合作也存在各自为政的局面，引起不必要的"内耗"，导致学科研究方向缺乏相对稳定性，与本学科领域的国际国内发展趋势脱节。

（3）学科拓展存在盲目性。为改变学科数量少且结构单一的局面，不少应用型大学开始拓展学科覆盖面，逐步从一个单科性大学发展为多科性大学。由于在学科拓展过程中贪大求全，缺乏科学长远规划，出现了盲目跟风现象。高等学校办学实力与水平的高低和学科种类的多少并无直接联系，盲目拓展学科不仅不利于提升学校办学水平，还会因此浪费学校办学资源，造成学校原有的办学特色弱化等问题。因此，学科拓展存在盲目性也是一流学科建设道路中的一大阻碍。

2. 学科建设的问题[①]

（1）定位不准，缺乏科学的总体规划。目前。部分应用型高校在重点学科建设中盲目求新、求热的现象严重。一味追求增设新的、热门的学科专业，忙于赶超研究型大学，热衷于提高自身"层次"，由于缺乏科学的、符合自身定位的总体规划，忽视了应用型院校学科的自身发展规律，脱离了本校的优势，建立的学科缺乏相关优势学科支撑，且"势单力薄"。这种做法显然对应用型高校学科建设及发展十分不利。

---

① 孙建京.应用型大学重点学科内涵探讨[J].北京联合大学学报（自然科学版），2005(3)：9.

（2）内涵不明，学科研究方向不清。学科研究方向存在"老、同、活、散"的问题。"老"是指研究方向陈旧，与本学科领域国际国内研究现状和趋势脱节，缺乏新意和前沿性。"同"是指不同单位学科研究方向的内容雷同，缺乏各自的特色与优势。"活"是指有的研究方向带有较大的随意性，变化快，缺乏相对稳定性，难以形成这一研究方向的优势。"散"是指有些确立的研究方向没有很好地形成学科点全体人员一致的主攻目标，致使研究力量分散。应该清醒地看到，应用型院校学科建设不应盲目地与研究型大学攀比。实际上，在同类学科领域，应用型院校很难赶超研究型大学。

（3）同教学结合不紧密，与专业关系不清。应用型大学的建校历史短，学科建设与专业建设的工作相当繁重。但在部分应用型大学中，学科建设与专业建设这两个问题容易混淆，或把"学科专业"作为一体，学科与专业不分；或是同教学结合不紧密，与专业关系不清。

（4）忽视学科群体优势。各个学科的发展有其相对独立的一面，但又不是彼此孤立的。当今科技发展的趋势，不仅需要同一门类的学科之间打破障碍，进行交流与结合，而且需要不同门类的学科进行跨学科的交叉、渗透与融合，以求在其结合点上派生出新的学科分支，从而促进学科的发展。学科建设不能停留在彼此相对隔离的一个个学科"单打一"的水平上，而应按照学科自身的发展规律和学科的具体情况，在建设好各个学科的基础上，大力加强学科之间的交流与联合，形成学科的群体优势，只有这样才能发挥高等学校的综合实力。

（5）学科带头人出现断层。学科建设的关键和核心是队伍的建设。目前，在部分应用型大学，学科带头人队伍存在比较严重的"青黄不接"局面，主要表现在两个方面。学科带头人数量不足。个别学科的梯队组成存在着临时拼凑现象，无稳定的梯队。学科带头人年龄老化。学科梯队中缺少 40—50 岁年龄段的骨干教师，造成了年龄结构"断层"现象，不少学科无中青年学科带头人，急需补充中青年骨干教师。

二、建设的内容

学科发展的核心是知识的发现和创新，向社会提供科研成果；专业的核心是培养人才，满足社会对不同类型人才的需求。学科和专业的关系在于学科的综合划分及其分类是专业划分的重要依据。促进学科发展,是大学建设的重要目标,是提高专业建设水平和教学质量的前提,这是高等教育的共同特征,但学科与专业的关系在学术性教育和应用性教育中的表现形式又有所不同。学术性教育中一般学科是龙头,对专业起导向作用,实施学科性教育。因此它所关注的方向主要是学科前沿的问题,其目的在于打好学科基础,拓展思维方式,服务于科学研究和知识创新,培养社会精英人才。学术性教育往往适用于不以本科教育为就业目标的学术性大学及其相应专业。对于地方本科院校,其使命更应集中于为地方发展和行业发展服务,实质上也是为国家和人类发展服务的重要体现,其培养目标集中于专业性精英人才。学科建设水平,更多体现在研究、解决社会现实问题,发展应用型学科和利用学科发展成果培养人才的贡献上。因此应用性教育专业建设中学科与专业的关系是以应用为导向、以学科为基础,学科对专业起支撑作用。这一方面与学术性教育不同,也与高等职业教育主张"解构"学科、实施以工作过程导向的专业课程体系、培养岗位精英人才有较大差别。

　　应用型学科是能够直接指导生产服务一线工作,提高人类生活水平、生存质量所需要的知识、经验、方法、策略形成的系统的理论体系。技术学科是应用型学科的主体,当前正表现出强大的活力和发展潜力,技术是区别于科学的一个体系,在现代,一项重大的技术革新除了需要相应的科学原理外,还需要大量的技术理论、经验知识和经验技能,由于技术具有自己特殊的结构,这也决定了其学科的逻辑。应用性教育是依托应用型学科的专业教育,技术教育是其重要方面。既然技术具有自己特殊的结构,那么技术教育就应有自己特有的课程体系。技术型人才处于生产或服务的现场,面对着更具体的生产或服务对象,要根据现实的生产或服务条件,处理更实际的生产或服务问题。从专业类型和毕业生从事的工作分析,可以说相当多的本科专业都有侧重于培养技术应用型人才的方向或本身就以技术应用型人才培养为主,属于技术学科教育。[①]

---

① 高林,吴智泉.发展应用性高等教育若干基本问题的研究[J].中国高教研究,2008(5):46-47.

三、建设的依据

依据什么来建设学科,事实上存在三种分歧:一是认为科学的理论是指导学科建设的本质意蕴,"学科的内在本质是什么"决定了要建设什么;二是认为政策是引导学科建设的规范要素,应以解决学科建设的关键问题为旨归,政策理所当然是学科建设的主要依据;三是认为学科建设要以已有实践为基础,只有在现实需求基础上才不至于偏离学科组织及其成员的期望。三种观点无对错之别。理论、政策、实践在学科建设中都不可或缺,三者间存在不可分割的联系。理论必须联系实践并走向实践,人类行为若无理性支撑就会走向盲目、无序。政策是理论走向实践的中介,富有理论性的政策以实践为基础并受实践制约,将引导实践并为实践服务。因此,学科建设既要合理,又要合法合情,理论是第一位的。学科理论应成为建构学科政策的基本依据与内容框架,学科政策须基于学科实践,以解决和协调学科建设的现实矛盾。

高校学科建设是复杂的系统工程,既涉及科研、教学、管理形态,也涉及人才培养、课程体系的实现。具体来说,学科建设要素包括确立学科目标、规划学科专业方向、组建学科梯队、建构课程体系、支撑学科平台、创造学科成果、营造学科环境等。但无论怎样分类,无论如何拓展学科的内涵,现代大学意义上的学科建设呈现三种形态,即学科组织形态、学科知识形态及学科活动形态。[①]换句话说,学科组织载体、学科知识体系、学科学术活动是学科建设的应有之义,是解决当前高校学科建设面临挑战的实然因素,也是协调学科建设各矛盾关系并为高校学科建设提供良好学术生态环境的应然因素。[②]

从学科组织载体看,学科组织是大学学科建设的前提条件,它所要解决的是有关学科建设的组织机构及其功能发挥、任务实现、权力性质、管理归属等相应学科规训制度与职能规范。政策内容主要包括学科体制、学科师资队伍和学科建设经费等。

从学科知识形态看,要规范的要素包括学科自身及专业、课程知识体系等。

---

① 康翠萍.学术自由视野下的大学发展[J].教育研究,2007(9):55-58.
② 康翠萍.高校学科建设的三种形态及其政策建构[J].高等教育研究,2015(11):37-41.

专业政策要解决的是学科建设中确定哪些专业方向和专业发展目标及与学科与专业知识间的关系。

四、建设的策略

应用型大学学科建设的指导思想既应本着"学科建设是龙头,队伍是核心,科研是关键,经济是基础,政策是保障"这一高校学科建设的通用原则,同时又要突出应用型大学科研和人才培养的特点,与教学紧密结合,立足本地区社会和经济发展,突出自身的特色与优势。

1. 基于学校发展实际

应用型大学要有学科,要建设学科,至于学科建设是龙头还是基础,得看发展阶段和发展程度。我们不能盲目照搬研究型大学学科建设的做法,要走一条基于学校特色的应用型学科专业建设之路。为什么研究型大学强调学科建设为龙头?是因为研究型大学一开始就比较注重学科建设,其专业都是在宽厚、扎实的学科基础之上发展起来的。而应用型大学从各个母体分离出来的过程中,带来的更多的是专业属性,而不是完整的学科体系。又由于在发展过程中,人才培养任务比较重,人才培养层次交错,相当长的一段时间是本科、高职、成教"三教"统筹,虽然现在办学层次又得到了提升,有了研究生教育,但都是由同一支队伍完成的,这样就难以形成完整的学科体系,这也是由我们发展的历史所决定的。现在我们已经渡过了初期发展阶段,明确了办学目标、办学宗旨和办学定位,走上了建设应用型大学的发展之路,初步构建了适合区域经济建设需求的学科专业体系。在新的发展时期,需要我们重新审视所走过的道路,认真谋划未来的发展。在未来的发展阶段中,我们的学科专业整合须达到结构合理,具体内容为:本科教育得到进一步加强,高职教育得到进一步优化,研究生教育得到适度发展。从学位教育出发,我们的本科教育和研究生教育还要夯实学科基础,为专业发展提供平台,高职教育要大力加强专业建设,为高职人才的培养提供有利的条件保障。①

2. 引进国外应用型学科建设的经验和成果

从20世纪70年代开始,经济发达国家和地区都十分重视发展应用性教育,建设应用型大学。迄今很多应用型大学发展建设了较为完整的应用性教育体系,研究生教育占有较大比例,大力开展应用性研究,在应用型学科建设方面取得了成功的经验和丰硕的成果,发表了大量的研究论文并出版了一系列专著,反映了对应用型学科发展,尤其是技术创新等方面的最新认识,逐步形成了应用型学科的理论体系。学科建设有力地支持了专业建设,建设了新的反映应用型学科内容的课程体系,出版了大量相关教材。我国的应用性教育尚处于起步阶段,应借鉴其他国家和地区的学科建设经验和成果,开展广泛的学术交流,聘请他们的教师担任客座教授,共同开展相关研究,引进他们的学术专著以及课程模式等,这样可以加快我国的应用型学科建设水平,对加速发展中国特色的应用性高等教育是十分有利的。

3. 构建应用型学科体系

学科建设的核心是科研;专业建设的核心是教学。当前,我国的应用型大学以新建地方本科院校为主,基本上是以教学为主体的本科大学,科研力量还十分薄弱,面临学科建设如何起步的问题。由于应用型学科的内容和结构首先反映在它的知识体系上,学科知识体系在专业教学中要以课程的形式体现,国际上比较成熟的应用性教育都有其创新的课程体系的支撑,其基础课程和专业课程的内容反映出应用型学科知识体系的内容。因此我们认为,可以先从课程改革入手,把学科建设与教学改革结合起来,在积极引进国际应用型学科建设的经验和成果的基础上,同时引进国际上先进的应用性教育课程体系,一方面进行教学改革、课程创新;另一方面与我国国情相结合、与学校的产学研相结合,通过批判性学习和吸收,逐步建立起各应用型学科门类的理论和知识体系。

---

① 柳贡慧.办人民满意的应用型大学[J].北京联合大学学报(自然科学版),2008(3):2.

4. 探索应用型大学的科研工作

应用型大学的科研工作,应以应用型学科建设为主导,坚持产、学、研结合,面向经济社会发展一线,寻求课题、项目,开展研究。通过科学研究,推动我国的应用型学科建设,使其尽快达到国际先进水平并直接为经济社会发展服务。在应用型学科建设过程中还应处理好学科之间的互相影响、协同发展的关系,尤其是基础学科和应用学科之间、工程学科和技术学科之间以及不同学科门类之间都是如此。在这个意义上讲,构建应用型学科可以分为三种途径:

(1) 纵向合作建设。应用型大学应和学术型大学、工程型大学在学科建设方面展开合作,走综合创新之路,构建自成体系的新学科。

(2) 交叉合作建设。应用型大学要关注交叉学科建设,这就要求大学与大学、大学与社会之间保持顺畅的交流沟通,开展多门类学科共同研究。

(3) 横向合作建设。即应用型大学之间要注意加强横向科研合作和学术交流。

5. 发挥人才优势

应用型大学重点学科通常都有其他大学所不具备的丰富的资源优势,具有优先发展、优先占有资源、优先使用实践基地等优势,因此要利用这些优势,充分发挥学校提供的各种便利条件,增强学科的整体竞争力。通常来说,应用型重点学科建设中都汇集了许多高层次的人才,包括研究型人才、教学型人才、应用型人才等,因此在重点学科建设中要充分发挥这些人才的作用,体现人才价值,利用人才优势,由学校组织建设一流的学科队伍。此外,应用型本科院校还应充分利用资源优势,加大对重点学科科研的投入,然后利用科研成果来丰富实用型人才的能力体系,加快科研成果转化,将科研成果真正转化为应用型工具来武装这些应用型人才。

第三章　应用型大学学科知识及教学体系建设

第一节　优化学科体系

一、厘清学科体系

学科是专门知识的分类体系,是由知识分类体系构建的科学领域或一门科学的专业分支,是高校开展教学、科研等进行分类的功能单位,是界定高校科研业务、教师教学、人才培养隶属范围的标准。体系是指若干有关事物相互联系、相互制约而构成的整体。学科把知识体系进行了第二次划分,这是高校开展教学活动的前提条件。高深的专业知识组成了相对独立的学科,世界上的一流大学,无论其发展路径是否一致,都拥有成就卓越的一流学科。学科体系是指多个学科之间组合形成的相互支持、作用、交融的体系,学科体系并不单一存在于某种性质的大学之中,因为综合大学、专门院校和大学都拥有多个学科。① 构建学科体系需要高校外部环境的约束和市场需求的引导以及高校内部的人才、政策、经费、基础设施的支持。学科体系是由多个学科形成的整体,它奠定了学校今后的发展潜力,其结构是高校进行高质量的人才培养、科研与社会服务的关键因素。②

学科体系并不是指某个具体学科(如物理、化学)本身的体系,而是指一个单位的学科建设体系。从学科建设的角度看,一个学校的学科体系,主要由基础学科、主干学科、支撑学科以及交叉学科四个部分构成。它们是相互联系、相互制约又相互促进、相辅相成的学科整体。③

(1)基础学科。基础学科包括基础理论学科、应用基础理论学科。这是学科建设的基础部分,是非常重要的。对一个学校而言,究竟哪些学科属于基础学科,是与学校的性质、类型密切相关的。譬如,对一个理工科院校来讲,一是要加强应用基础理论学科的建设,而不是纯理论的基础学科;二是不为基础而基础,而是为了更好地发展学校的主干学科,这也是与一般综合大学的不同之处。综合大学的基础学科,更多的是纯理论的基础学科,而应用数学、力学等学科是理工科院校的基础学科。

(2)主干学科。主干学科是指与行业发展高度关联,对行业发展贡献率较高的学科体系。这是由学校的性质和类型决定的,不同类型的学校有各自不同的主干学科,一般是学校的特色和优势学科,或者叫"拳头学科"。如国家级、省部级重点学科,设有国家级、省部级重点实验室或工程研究中心、研究基地的学科。主干学科一般也是培养本科生或研究生较多的学科。有研究者认为主干学科专业体系庞大,对行业发展贡献度也存在差异,可进一步细分为:核心、优势和支撑三个层次。核心学科是指对行业发展最重要的、处于中心地位的、不可或缺的、行业关联度最高、行业贡献率最大、行业就业率达80%以上的学科专业。其主要发展方向是专业性、差异化和深度化。优势学科是指对行业发展直接相关的、具有行业明显优势的、行业关联度高、行业贡献率较大、具有明显行业表征、行业就业率达50%以上的学科。其主要发展方向是全方位、立体化

---

① 庞青山,薛天祥.大学学科结构的演进及其特点[J].教师教育研究,2005,17(5):67-71.
② 晏湘涛.世界一流大学学科体系建设的基本经验[J].研究生教育研究,2011(2):47-50.
③ 谢桂华.关于学科建设的若干问题[J].高等教育研究,2002(5):48-52.

和特色化;支撑学科是指对行业发展发挥支撑促进作用的、行业关联度较高、行业贡献率较大、行业表征不太明显,但是行业发展所必需的、行业就业率达20%以上的学科,其主要发展方向是多样化、综合化和协同化。

(3) 支撑学科。顾名思义,它是起支撑作用的学科,这也是与学校的性质、类别有关的。过去一些单科学校的学科建设上不去,在很大程度上是由于学科过于单一,其主干学科得不到相关学科的支撑造成的。

(4) 交叉学科。就是由前面所讲的三类学科,通过交叉、融合和相互渗透而形成的新兴学科,它往往是从某个学科新的生长点上发展起来的。在当今科学技术飞速发展的态势下,一定要注意对此类学科的发现与扶植,这是一个学校学科建设的生命力和竞争力的重要方面。

学科体系是将知识分类体系化形成学科后,多学科相互影响、交叉融汇形成的。学科体系必须结合学校内部各方面的支持和外部环境的引导,对大学的人才培养、科学研究、社会服务、文化传承与创新四大功能起决定作用。应用型大学必须从总体上进行宏观把握,合理分配有限的资源,使大学的四大功能产出最大化。应用型大学的学科不仅包含基础学科、特色学科,还有相关学科和其他学科,要理清各个学科间的关系。

二、选择与确立学科方向

学科方向的选择与确立是学科建设的首要问题。学科方向的选择与确立一般要遵循三个原则:一是继承,二是发展,三是交叉。"继承"就是尊重客观事实,肯定原有优势,突出自身特色。"发展"就是瞄准学科前沿,依据科学技术发展趋势、国民经济或区域经济发展需要,培育新的子方向和新兴学科。"交叉"就是将现有知识有机重组,学科有机渗透,提升优势学科,创建交叉学科。学术研究方向是在学科方向基本确立之后,依据本学科学术前沿、发展动态、国民经济或区域经济发展需要、自身条件等而确立的既稳定又发展、既差异又联系的若干个研究方向的组合。它也是学科建设中必须予以认真思索、充分讨论的重要问题。[①]

1. 突出重点学科

重点学科是指由国家和地方政府确认的在同类学科中具有明显优势的学科。在目前或相当一段时期内,在资源短缺、财政资金紧张的条件下,学校只有通过重点学科建设才能合理地配置资源,以重点学科的发展带动整体学科建设的发展。在这个过程中,为保证"好钢用在刀刃"上,设定和确立重点学科对于某一学科的建设和发展具有至关重要的作用。

应用型大学重点学科建设的目的是:促进我国高等学校的学科建设,进一步提高我国应用型大学教学科研的能力,形成一批立足国内、特别是本地区培养高层次专门人才、解决经济建设和社会发展重大问题的基地。根据目前国家和本地区经济建设、社会发展、科技进步和国防建设的需要,对应用型高等学校的学科建设方向进行引导和示范,使应用型大学的学科建设进一步适应现代化建设的需要。优化高等教育资源配置,集中国家和地方有限财力,通过重点建设,逐步在国内形成布局合理、各具特色和优势的应用性重点学科体系,巩固和扩大高等学校在应用型人才培养、科学研究方面的综合优势。加强应用型大学的学科建设,逐步形成结构合理的学科体系和一批接近或达到国内先进水平的学科。应用型大学的重点学科总体水平应处于国内同类院校相关学科前列。

重点学科必须有明确的研究方向。学科研究方向是学科的龙头,研究方向的确立是学科建设的重要的环节,它将约束或带动学科建设的其他各项工作的开展。研究方向选择的关键是要有助于形成自己的学科特色和优势。依据自身的特点与实力确定合适的研究方向,是培养高质量人才和做出高水平成果的保证,也是学校学术水平和办学特色的一个集中体现。研究方向的选择可以通过公开论证、调查分析、学术交流等途径了解本学科领域国际国内的研究现状与趋势,从而评估本学科点的水平与所处的地位,找准本学科点在国内同类院校中的准确位置。校级以上的重点学科应形成3个以上相对稳定、特色突出、优势明显的主要研究方向。应用型大学重点学科的研究方向对推动应用性学

[①] 伍百洲,秦大同. 论学科建设的内涵、策略与措施[J]. 重庆大学学报(社会科学版),2004(2):134-137.

科发展,培养应用型人才,促进国家和地区经济、社会、文化发展和建设具有重要意义,对应用型大学的学科发展有示范作用。

(1) 精准定位发展方向。应用型大学承担着为区域经济发展服务的重要使命,与地方的关系是"鱼水关系"。地方应用型大学的特色和优势来源于地方,发展的基础和方向依托于地方,存在的价值体现在对地方发展的实际贡献。地方应用型大学建设一流大学和一流学科,必须根植所在区域、面向地方经济社会发展需要。学校发展应置于地方经济社会的整体发展中进行考量,紧扣"地方性、应用型、有特色"的发展方向和建设目标。关键是坚持两个"紧密结合":紧密联系地方优势资源,紧密联系地方经济发展需要。

(2) 精准服务地方需求。地方应用型大学也应在为地方做好精准服务的基础上力争"双一流"。一是要突出应用研究。围绕地方经济社会发展的各种现实问题,结合地方经济发展构建相适应的学科方向,建立产、学、研、用联动的一体化平台;二是要拓宽服务内容,为政府提供有效咨询,解决企业发展难题,提供科技创新的"动力源";三是落实地方实际需求,"将研究成果落地,送科技服务到家"。将人才、技术、文化多方统筹,落实到地,使高校成为技术创新基地和研发成果转化平台,既为地方企业解决技术难题,又促进高校科技成果转化,实现资源共享、优势互补。

重点学科在高校中具有示范、带头及带动作用,它理应放在学科建设的突出位置。一要充分发挥其作用,为国家和地方发展服务,从而取得国家和地方更大的支持。二要加大学校投入,并促其承担重大科研项目,产生重大科研成果,培养更多突出人才,经过多年努力,向国内一流和世界一流迈进。

案例:长江师范学院[①]

> 把握学科专业建设的互动性,建立符合区域经济社会发展需要的学科专业体系。学科专业建设的互动性体现在两个层面:一是学科专业与地方经济社会发展的联系互动,二是学科与专业之间的相互支撑渗透。长江师范学院积极适应"三区"社会经济文化和生态环境发展的需要,开展与地方政府、企业的合作,整合办学资源,建立学校与

---

① 张大友,冉隆锋.地方高校教学应用型学科专业建设的特色培育路径研究:以长江师范学院为例[J].贵州师范学院学报,2013(9):76-77.

社会之间相互促进、共同发展的良性互动关系。学校积极开办与地方产业结构相联系的应用性非师范专业，建立了符合区域经济社会需要的学科专业体系。学校设置新专业均建立在对"三区"经济社会发展状况、人才需求趋势及自身办学条件进行深入调研和充分论证的基础上，如：为与涪陵区支柱产业对接，兴办了农学、化学工程与技术、食品科学与工程等学科专业；为与重庆市部分支柱产业对接，将机械工程、电子科学与技术、计算机科学与技术等学科列为重点学科；根据重庆市"集中力量发展电子信息技术、汽车、摩托车、化学医药、食品、建筑建材、旅游等支柱产业"的规划和学校地处全国著名的榨菜生产加工基地及乌江和长江交汇处，拥有著名的乌江画廊、长江三峡等自然景观和人文景观，生态、民俗等旅游文化资源丰富的优势，学校设置了市场营销、食品科学与技术、艺术设计、旅游管理和环境科学等专业。目前，新办专业生源充足，平均报到率在90％以上。为与三峡库区后续工程对接，学校还兴办了生物工程、环境科学与技术等学科专业，建有重庆市级工程中心——三峡库区特色作物工程研究中心、重庆市重点实验室——特种功能材料实验室。学校在文化创意、文化产业、工商管理、化学化工、电子信息、生态环境等领域，建成了2—3个对接地方主导产业的专业群。

　　学校在推进学科专业之间的相互交叉渗透和支撑方面也进行了有效实践。学校的专业设置都具有一定的学科基础，如依托物理学、计算机科学与技术等学科，突出教育技术学专业在电子技术、计算机应用方面的特色；依托历史学、管理学等学科，突出旅游管理专业偏重于历史文化旅游的特色。根据"三区"经济社会发展对民族工作等专业人才的需要，将民族学打造为重庆市"十二五"一级学科重点学科，将物理化学打造为重庆市"十二五"二级学科立项建设重点学科，将生物学、工商管理、美术、化学工程与技术、计算机科学与技术、新闻传播学、公共管理、机械工程作为学校立项建设重点学科，初步建立起了与区域发展需求、与地方产业结构相契合的学科专业体系。

　　突出学科专业建设的选择性，做大做精"乌江研究"品牌。教学应用型学科专业建设范围广泛，层次众多，学校根据自身特点有所侧重、有所选择，通过反复推敲比较后认识到，由于种种条件的限制，在通过科学研究服务地方经济社会发展方面,长江师范学院与其他高校特别是重点院校相比,在宏观研究、一般理论与高端应用研究方面缺乏竞争力,无法做大做强,因此在学科专业建设上面必须有所为,有所不为,要有选择性。学校位于三峡库区腹地、乌江流域下游,有其他高校所不具备的区域研究优势,特别是乌江流域社会经济文化研究是其他高校暂未过多涉及的研究领域,加上学校与"三区"地方政府长期合作建立起来的紧密联系,以及研究人员对"三区"天然的情感,都是学科专业能够做出特色的基础。

乌江流域文化历史悠久,内容博大精深,地域色彩强烈,文化个性鲜明,多民族相互交融、共生共存、共同发展,而学校所处的涪陵是"乌江门户",凭借深厚的文化底蕴、浓厚的城市文化氛围和快速发展的经济,涪陵对乌江流域保持着强大的经济文化辐射影响。学校一贯重视对乌江流域特色资源的发掘、整理、保护和利用,目前已成为乌江流域经济社会和文化研究的重镇。学校成立全国唯一的专门以乌江流域为研究对象的研究机构——乌江流域社会经济文化研究中心,给予独立建制,围绕乌江流域及西南地区的社会、经济和文化开展科学研究,努力在民族历史文化、社会变迁、区域经济、生态环保、民族教育等领域开展研究,参与乌江流域地方决策咨询等。中心创办的学术交流期刊《乌江论丛》,以"社会责任、学术品位、地域特色"为办刊宗旨,系统研究乌江流域社会、经济、文化,为广大乌江流域研究者搭建了学术平台,发表了众多有影响的学术论文,在学界和乌江流域各区县产生了较好的学术效应。乌江流域经济社会文化研究中心紧密围绕重庆民族地区的发展历史、民族认同、国家认同、民族共生、非物质文化资源保护与利用及特色发展等方面开展重庆民族研究,强化服务地方发展功能。

2. 强化优势学科

优势学科是指在过去的发展中具有较好的基础并在同类学科中具有一定优势的学科(重点学科是优势学科,但优势学科不一定是重点学科)。虽然,有些优势学科并不是重点学科,但它由于具有较好的基础,并具有一定的知名度,而且符合国家和地方发展需要,符合提高学校整体学科实力的需要,因此,对其进行强化具有一定的战略意义。确定学校优势学科的前提是准确定位,即准确把握国内外学科当前发展状况以及今后发展的趋势。

优势学科是学校长期办学实践的积淀,与学校的办学条件、发展历史密切相关,是学校地位、水平的集中体现;优势学科建设是学校发展的生机与活力所在;优势就是竞争力,优势就是实力;优势学科建设是学校快速发展的基础,优势学科的建设与发展对交叉新兴学科的建设与发展起到积极促进和带动作用。每一所高等学校,都有一些教学、科研基础较好的专业学科,它代表着学校的水平,标志着学校的办学特色和优势。学校要发挥自己的优势,办出特色,把学校知名度提高上去,就需要不断地对专业学科进行调整、更新、改造,以不断保持专业学科优势和特色,进而以优势和特色学科带动相关专业的发展。香港理工大学的应用型大学特点明显,其特色专业包括医疗服务管理、酒店与旅游管理、设计学、物理治疗、视光学等,专业设置以应用为特色,呈现出差异化竞争态势。

优势专业已经成为发展成熟的专业,随着科技不断创新、社会不断发展、经济不断提升,保持优势专业的优势以及拓展新兴专业成为特色专业建设过程中的一大挑战。加强优势专业建设要依托三大优势,一是传统优势:应在长期办学形成的传统中形成自己的特色,即在原有专业基础上不断地脱胎换骨,形成自己的应用性特色,切忌盲目攀高,贪大求全;二是职业优势:深入分析本校在为什么职业群培养人才,紧紧瞄准该职业领域今后发展对人才的需求,调整自己的专业或专业方向,以提高应用性;三是区域优势:深入分析本地经济与社会发展对人才的需求,调整自己的专业或专业方向,以加强应用性。① 学校需要集中财力、人力等资源进行专业建设,重点落实在规划体系设计、师资队伍培育及环境建设上。同时要处理好优势专业与新兴专业的关系、专业内在发展与学科交叉的关系、体系创新与优势专业建设的关系、专业建设数量与质量的关系。应用型专业建设应以学生就业为导向,既要适应已有学科发展的需要,更要考虑市场以及社会的需求,将应用性、可操作性强的内容融入到专业教学内容中;同时又要配合可预见的未来人才的要求,将一些具备发展前景、前瞻性的专业

---

① 徐英俊.应用型大学的特点及发展路径[J].大学研究与评价,2007(3):66.

内容加入其中,以适应培育未来社会、经济发展所需的人才的需要。①

案例:北京联合大学应用文理学院②

学科建设是专业发展的基础,专业建设以学科发展为依托。应用型大学的学科建设水平决定专业建设水平,专业建设水平决定人才培养质量。因此,应用型学科专业建设是应用型大学建设的一项基本任务,反映了学校的综合实力与核心竞争力。北京联合大学应用文理学院在发展应用文科、应用理科的实践中,不断更新教育理念,努力促使办学类型由研究型向应用型转变,逐步形成了以服务地方为方向,以科学研究为动力,以教学体系为基础,以重点学科为龙头的应用型学科专业建设的特色和优势,并发展成为一所拥有经济学、法学、文学、历史学、理学、工学、管理学 7 大学科门类,以本科教育为主的应用型学院。

应用文理学院按照"整体规划、突出重点、优化结构、协调发展"的学科专业建设原则,努力促使办学类型由研究型向应用型转变,以服务地方为学科专业的应用方向。应用型大学要做到依托学科,面向应用,增强专业的适应能力,即在教学、科研、服务诸方面以学科为基础、以应用为导向,就必须坚持以地方或区域服务的方向,不断优化学科专业结构。

学院应用理科在选择为地方服务的方向时,既注意发挥基础理科基本知识体系扎实的优势,又大胆突破旧有的框架,构建具有较强的应变能力和适应性的应用学科和体系。通过多年的开拓、改造和多学科的渗透,原有的数学、物理学、化学、生物学、地理学、图书馆学 6 个基础理科专业,分别发展为信息与计算科学专业、电子信息科学与技术专业、环境科学及室内环境控制技术专业、生物技术及食品质量与安全专业、资源环境与城乡规划管理专业、信息管理与信息系统专业等。学院文科各专业为了进一步探索应用专业方向,特别注意先在多

---

① 李小牧.创新专业学科建设思路,打造独具首都特色的应用型大学[J].中国大学教学,2018(9):61.
② 孔繁敏.应用型学科专业的改革与实践探索[J].北京教育(高教),2008(Z1):17-19.

种形式短训班或专题班进行实验,然后再转到全日制本、专科班。经过多年探索,文科各专业大幅度地调整了专业方向,已基本探索出了一条应用文科的路子,如汉语言文学专业在加强汉语言基础的同时向新闻学专业方向发展,历史学专业向文博旅游、文物博物馆方向发展,法学专业向以经济法为主要专业方向发展,档案学专业向信息开发和秘书方向发展。在对传统基础学科专业的改造和调整中,学院还注意培育新的学科专业增长点,设置了一些主要面向北京现代服务业的新兴应用专业,如新增了英语、金融学、会计学、新闻学、广告学等专业,形成了学科与专业良性互动互补的结构布局。

应用型科学研究是学科专业建设的基础和动力。学院市级重点建设学科——食品科学与经济法学的形成和发展,都得益于应用型科学研究。食品科学专业建设经历了长期艰难探索过程。1983年,当时的生物学系在葛明德、金宗濂等同志的深入调查的基础上,提出试办当时国内尚属空白的食品科学和营养学专业。该专业几经探索,将食品科学发展方向放在研究"食品与人类健康"上。保健食品功能评价指标的建立及第三代保健食品的研制,使生物系在保健食品研究、开发和检测领域内成为国内领先的单位之一。经济法学专业是现代经济、科技、法律相结合的产物,也是大学法学本科教育中的14门主干课之一。该专业的特色与优势是注重经济法理论与应用,以及多学科交叉研究,为北京经济建设与民主法制建设服务。刘隆亨教授是经济法学专业的主要开拓者之一,其所著的《经济法概论》已出版至第六版,其主持的"财税法学"课程2005年被评为北京市精品课程。

3. 发展新兴学科和交叉学科

新兴学科是指随着社会发展和科学技术发展于近期蓬勃兴起的学科,如信息科学与技术、新材料科学与技术、新能源科学与技术等。交叉学科是指因知识有机重组、学科有机渗透而产生的综合性学科,如生命科学与技术、生物医学工程、生物农业工程、环保科学与技术等。新兴学科和交叉学科是当今世界研究的热点,具有实用性强和扩散性快的特点,因此,受到国内外研究机构和高等学校的普遍重视。但是,发展新兴学科和交叉学科要视具体情况而定,不能贪多,不能好高骛远,同样要走特色化发展道路。

学科是知识发展的产物,知识的发展方向也是学科的发展方向。根据知识的发展态势,大学学科建设也呈现出两个基本走向:一是学科的不断分化与细化,形成很多分支学科;二是学科不断交叉与融合,从而产生具有综合化特点的新学科。研究型大学承担了大部分的学科分化任务。学科的交叉与融合主要是在应用型大学中完成的。应用型本科院校的建校时间短、学科基础弱,在传统学科上很难与老牌大学相抗衡,但是,这类高校又具有包袱少、应用性强的优势,因而可以根据自己的实际情况另辟蹊径,采取错位发展的战略思路。应用型本科院校要在知识的应用中实现学科的交叉与综合,形成新的学科方向与学科优势。①

我国正处于新一轮的经济转型升级过程中,发展物联网、新能源、新材料、节能环保等战略新兴产业必然要求实现"跨界"的知识技术聚合与创新,因为这些战略新兴产业无不涵盖了多个学科,需要多种学科的人才和技术来支撑这些产业的发展。同时,应用型本科院校真正开展本科教育的时间比较短,长线或老化学科比较多,实力较弱,学科发展起步晚,存在"学科小且面窄、人员少且不精、组织松散凝聚性差"等特点,使得应用型本科院校处于本科高校生态群落的最边缘,受到多个圈层的挤压,资源获取能力与资源附着能力较差,在竞争中必然不具优势;同时,这种非均衡性竞争会导致高校资源分配的"马太效应"或"极化现象"。因此,应用型本科院校的学科建设必须回归"应用性"与"区域性",抓住产业集群化与科技需求综合化的现实需求,通过学科交叉构筑学科平台、争取学科资源,在学科建设上形成比较优势。

应用型本科院校的生存空间在于对社会的适用性,因而必须通过学科交叉来实现人才知识与能力的复合性,以应对现实问题的复杂性与综合性。特别需要对传统专业进行多学科改造,实现学科交叉及产生新的学科或专业,最近几年一些颇受学生与用人单位欢迎的"新工科"就是在传统工科的基础上,融入现代信息学科、艺术学科等多种学科的结果,如动画、数字媒体技术、信息工程等专业就通过多学科交叉融合较好地满足了社会需求。

交叉新兴学科建设与发展必定成为学校学科发展的新的增长点,成为学校

---

① 姜淼芳,肖爱. 我国应用型本科院校学科建设模式的反思与体制创新[J]. 江苏高教, 2017(9):33-35.

学科建设与发展的重要内容之一。科技发展在专业学科细分的同时,又呈现出综合发展的态势,许多适应时代发展的新兴学科都产生于学科交叉和边缘学科中,培养具有交叉性专业学科知识的人才符合时代发展的需要。交叉新兴专业学科发展的有效途径一般为:在特色专业学科内孕育交叉新兴专业学科,进行有效培植;移植特色专业学科的学术骨干进行新兴交叉专业学科建设;建立跨专业学科的交叉研究中心,尽早形成新专业学科的生长点;研究中心在院系中交叉,其中教师可以来自不同院系;博士点、硕士点可在院系中交叉运转,通过举办跨专业学科的研讨班,推动不同专业学科教师间的合作。

案例:上海工程技术大学[①]

应用型大学要准确定位办学目标模式,需要满足两个基本原则:办学目标要扎根区域经济社会发展之中;办学模式要具有鲜明的针对性、适应性、应用性特色。这两条原则一般是通过学科建设方向体现出来的。因为高校是以学科为基础的学术组织,学科是高校开展知识创新、科学研究和人才培养的基础平台,更是发挥社会服务功能的力量之源,其发展水平是学校综合实力的重要体现,是学校核心竞争力的主要标志。在实践中我们感到,办学目标模式决定学科建设方向,学科建设方向体现办学目标模式。高等学校办学目标定位不同学科建设方向也不同。对于学科建设基础相对薄弱,优质教育资源相对缺乏的教学型高等学校来说,学科建设则应该瞄准地方产业发展的业态,贴近社会和市场的需求,追求适应性,体现应用性,培育学科特色。不同类型的高等学校由于发展目标模式不同、学科基础不同、获得资源多寡不同、应该选择不同的学科建设路径,错位发展。上海工程技术大学在构建应用型大学办学模式的探索和实践中,走出了富有特色的学科建设发展路径。

路径:学科桩对接产业桩。学校把地区产业的业态变化和企业的人才战略作为跟踪、研究和服务对象,使学校的学科结构和专业结构更加适应地方经济社会发展的需要。近年来,学校依据上海优先发展先进制造业和现代服务业的战略决策要求,主动适应地区经济结构的

---

① 汪泓.瞄准地方需求创新应用型大学办学模式[J].中国高等教育,2005(21):39.

战略性调整、牢牢把握产业结构调整态势,先后建设和优化了12个重点建设学科,同时,对20多个老专业进行了调整、改造,新增了现代装备与控制工程、城市轨道交通工程、多媒体设计、邮轮经济等20多个贴近上海产业、富有特色的专业。学科发展和专业建设获得了强大的生命力。

三、建设学科群

在20世纪中期,科学技术发展出现里程碑性的突破,爱因斯坦(Einstein)、欧本海默(Oppenheimer)、费米(Fermi)等著名科学家在科学理论研究层面实现重大突破,为人类带来核能技术(原子弹、氢弹)和宇航技术(卫星、宇宙飞船)。从20世纪后半叶开始,随着社会的发展、人类的进步,电子计算机的发明和人造卫星的上天,人类社会跨入信息革命和知识经济时代,掀起了第三次发展浪潮。

在这种社会大背景下,学科发展也出现新的趋势和特征。首先,单一学科知识已经无法完美地解决一些重大自然和社会问题。随着人类对自然和社会认识的深化,物质世界和人类世界的复杂性得以真实地显现。人类在各个方面都取得了巨大的成就:经济迅速增长、科技快速发展、社会快速进步……但伴随而来的自然资源浪费、能源枯竭、环境污染、极端气候的经常出现以及社会生活中的食品安全问题、道德诚信缺失……这一切都让人类在以为可以主宰自己命运、为所欲为的时候,更加缺乏安全感和幸福感。为解决人类社会中种种复杂的问题,人文科学、社会科学、自然科学、技术科学必然相互渗透、相互结合。从而导致"各传统(专业)学科间的界限也越来越模糊,各(专业)学科的概念、原理、方法的相互移植、借鉴越来越频繁。与此同时,分工却越来越细,研究课题越来越专门科学化。在每一个狭小的专业方面或领域内要取得任何进展,几乎毫无例外地要以宽广厚实的知识群作为后盾"。[①]

其次,为了适应人类社会经济的快速发展和科技的不断进步,传统经典学科之间的界限被不断打破,学科的边界被重新划分,一些交叉学科和多学科的

---

① 徐东.论学科向学科群演化的必然规律[J].现代大学教育,2004(6):10-14.

研究领域开始大量出现,并逐渐确立了学科的合法性。"在1850至1945年间,用以给社会科学知识活动归类的名称一直都在不断地减少,最后只剩下寥寥几个公认的学科名称。然而,1945年以后却出现了一个反向的曲线运动,新名称层出不穷,并且都获得了适当的制度性基础……"①

从人类社会发展的大背景来看,学科群的出现顺应了社会的整体发展趋势,从学科内在的发展趋势和逻辑来看,学科群是学科在发展新阶段的必然产物。最早的学科群诞生于20世纪70年代的日本筑波大学。1973年,日本国会通过《筑波大学法案》,以东京教育大学为基础扩建成立筑波大学。筑波大学是日本一所综合性高等学府,但它没有采用日本传统大学的学部、学科制,而是在继承东京教育大学的优良传统的基础上,对本身的教育组织和研究组织进行了彻底的革新,大胆突破日本大学传统模式,抛弃学部制和讲座制,打破学科之间的坚实壁垒,加强学科间的相互联系,实行了跨学科教学和研究。筑波大学首次明确提出"学科群"的概念,建立新的教学组织形式(包括群、学类、专攻领域、学系等研究组织形式),旨在为学生提供广阔的视野及开展跨学科的科学研究。筑波大学以此种独特的学科制度闻名于世,在短短的30多年里就发展成为日本乃至世界一流的高等学府,其独特的教学与研究组织形式引起了世界高等教育界的广泛关注,"学科群"制度的显著优势也得到了高等教育界的广泛认同。

美国斯坦福大学电子学科群与硅谷的同步崛起则实现了学科群与社会的良好协作,并被美国国家科学基地负责人誉为"未来科研的一种组合模式"。探索了一条高校优势学科群与社会经济协同发展的成功道路,也创造了一种形成高校优势学科群的重要模式。斯坦福大学从国家战略的高度来考虑大学发展问题,将该校的电子工程专业的发展与所在地区的工业园区及整个硅谷的发展同步,正是这种高校与国家需要的充分结合,既促进了硅谷的崛起,也促使斯坦福大学步入世界一流大学之列。电子学科群的教学和科研成果可以应用到硅谷企业的发展上,同时,这种发展又为该校电子学科群提供了更好的科研和教学条件,包括办学经费、实习基地建设与实验室建设等。这使斯坦福大学电子学科群与硅谷企业形成了协调发展、相互促进的良性互动循环。

美国斯坦福大学电子学科群的形成与发展与硅谷的崛起密不可分,可以

---

① 华勒斯坦.学科·知识·权力[M].刘健芝,译.北京:生活·读书·新知三联书店,1999:51.

说,没有斯坦福大学的电子学科群,就没有硅谷的产生;而硅谷的产生与发展,也促进了该校电子优势学科群的发展。斯坦福大学在电子学科群快速发展并最终成为具有世界一流水平学科群的同时,也成就了美国硅谷的神话,使之在客观上成为美国高新技术的摇篮,成为美国高科技人才和信息产业人才的集中地、美国青年心驰神往的圣地。

由于学科群对科学研究、人才培养和社会服务的独特价值,国内外许多知名大学纷纷探索学科群建设,为高等学校的学科建设带来了勃勃生机。在我国,20世纪90年代,随着"211工程"的实施,许多高校开始实践学科群建设工作,不少一流大学兴起了学科群建设的高潮,并对我国高教理论界产生了强烈影响。学科群建设成为我国高校发展的新动向,成为带有探索性、方向性的发展趋势,对学科建设理论发展具创新性的意义。

从目前的文献来看,国内较早对学科群进行研究的是俞长高先生。他在1994年第2期《学位与研究生教育》上发表的《一流理工大学学科群的特征与建设》一文中,结合当时国家正在着手实施的"211工程"建设,提出了学科群建设,同时结合理工大学的特点,对建设一流理工大学学科群的特征与建设思路进行了分析与思考。尔后,对学科群建设研究的文章如雨后春笋,从不同的角度进行了多方面的研究。对于前期的研究,从研究内容来看,包含了学科群内涵和特点、建设意义、组织形式及实践与经验总结等,对学科群的研究较为系统,同时也实现了理论研究与工作实践的有机结合;从研究主体来看,包括了理论研究者和管理工作者,形成了理论层面与实践层面相互支撑的可喜局面。

在学科群建设的实践层面,国内很多高校积极开展"学科群"建设工作,探索人才培养、科学研究和社会服务的新思路。例如,清华大学信息科学与技术学院从本学科特点出发,统一调配学院内相关学科的力量,发挥学科综合优势,体现集成效应,组建"信息科学与技术"学科群。组建后的学科群涵盖了信息领域3个一级学科、7个二级学科,适应了当前信息领域发展速度快和多学科交叉的特点。学科群建设的3个实验基地分别跨越了信息领域的一级学科和二级学科,从而形成了3个平台,为相关学科的发展提供了良好的条件,更重要的是为学科交叉和跨学科的教学与科研创造了条件。通过学科群建设,充分发挥了信息科学与技术学院的学科综合优势,积极开展对高新技术的基础研究,增强了教学、科研和社会服务的综合实力,培养了大量跨学科、具有信息网络方面综合知识和能力的高水平人才,承担了多项国家大型综合性研究项目,推出了国际先进的创新成果,并积极将高新技术成果服务于社会发展。

在我国,一些新型大学在专业设置方面也开始了学科群的探索。时任南方科技大学校长的朱清时在参加第八届上海市示范性中学学生会主席论坛时指出,目前国内高校的课程设置普遍存在知识陈旧、与实际脱节的问题。物理、化学、数学……这些专业设置都是按照100年前经典学科设置的,培养出来的学生虽然学到了基础知识,但进入社会却没有什么可用的技能。朱清时表示,南方科技大学将按照当前世界科技前沿设置专业,将注重发展应用型、复合型的前沿交叉学科。

为适应社会现实需求和学科发展趋势,传统学科建设必然要进行转型,学科群必然成为其中一个重要的突破口。我们认为,学科是大学的基本要素,大学是以学科为基础建构起来的学术组织,学科是大学履行人才培养、科学研究、社会服务、文化传承与创新职能的重要载体。这都对高校学科建设提出了多维的要求,即高校要进行学科群建设,以新兴学科引领或促进高校体制机制改革,用新的学科增长点及其业绩提升学科群的整体实力。同时,通过跨学科平台开展多学科研究,不仅有利于高校优化学科结构、提高科研实力、培养复合型创新人才,更为关键的是,可以形成有效的核心竞争力,为社会的发展与进步提供强有力的支持。

对于应用型大学而言,能否培养适应行业发展需要的高素质专门人才在很大程度上取决于高校学科专业的结构合理与否,是否和社会经济发展相适应。应用型大学转型的关键在于如何权衡传统优势学科与拓展新学科的关系。应用型大学想要实现整个学科水平的提高,就要发挥其特色和优势,实行"捆绑式"的优势学科群共同发展。应用型大学构建与相邻相关学科的学科群,将优势与非优势相结合,理科与工科、文理与经管学科、基础与应用学科相结合,不断探索新的学科增长点。在保持特色前提下,推进"有所为、有所不为,有所先为、有所后为"的模式,使应用型大学学科发挥辐射与带动作用。因此,亟待在培育行业新兴学科专业的基础上,进一步加强高层次、高技能、高素质的人才队伍建设,提升行业人才素质、改善人才结构。

案例：北京联合大学[①]

在学科结构布局和定位上，首先必须明确应用型大学的目标是培养应用型人才、服务地方经济等，所以，在学科结构布局上要凸显自己的学科特色；其次，还要考虑到应用型本科学校自身现状，不能盲目照搬传统本科高校的方法，而是要根据自身存在的不足，有重点、有层次地进行建设。例如北京联合大学生物化学工程学院，作为市属地方性大学的下属学院，其第一要务是为首都经济建设和社会发展服务，主要培养应用型人才，在教学专业体系方面要形成具有鲜明应用特色的专业，同时还要考虑到生物化学工程学院的发展特色——主要为生物化工行业服务，培养面向该行业的实践应用型复合人才也是为了满足首都城市功能建设和现代化建设的需求，因此，综合考虑学院历史背景和当前社会的实际需求，在学科结构布局上，生物化学工程学院确定了生物化工、化学工程、应用化学、药剂学等二级学科，以形成学院的学科特色，而其建设工作的重心则放在生物化工这个二级学科方向上，以实现在该学科领域能够站在学科前沿的目标，并力争同时带动其他学科或学科群也能达到一流，二级学科药剂学被确定为重点扶植和发展的学科，各学科之间相互独立、相互交叉和融合，以便在北京联合大学，乃至北京市形成学科特色。

四、优化学科布局

学科生态链主要反映在学科布局的生态结构上，从外部来看，学科结构要与地方经济社会发展相吻合；从内部来看，基础学科与应用学科、主干学科与支撑学科、优势学科与边缘学科之间存在着生态结构；从系统层面来看，学科组织以知识联结和资源获取为动力逐渐形成的学科群落形式存在，而非独立生存。显然，准确的生态定位，不仅有利于学科组织之间的滋养与共生，还有利于新兴学科生长点的培育。

---

① 刘美，叶晓. 浅谈应用型大学的学科建设[J]. 中国电力教育，2009(10)：41.

随着科学技术和社会经济的快速发展，专业学科迅猛发展，近50年来涌现出信息科学、生命科学等高新技术学科和数字传媒科学等文理交叉学科，但是在人才市场热门专业和低办学成本的双重驱动下，也有许多高校不顾自身成本，盲目争上热门专业，造成部分学科专业规模严重失控的情况。专业学科发展有其自身的规律，我们不可违背规律，应最大限度地将学科性与职业性相融合。专业学科越来越需要社会化，时代赋予学校更加艰巨的重任，不仅要承担教书育人的重任，承担科学研究的重任，承担为社会服务的重任，更要求学校推动产业的发展，为地区的经济建设和社会发展贡献才智。高校的发展要顺应学科发展的趋势，完善大学功能，提高人才培养质量，提升科研实力，服务社会，这些都需要交叉新兴学科的建设与发展，这是高校发展的必然。

跟踪前沿服务需求，准确定位学科发展领域。应用型大学发展必须与国家重大战略和需求同呼吸共命运，始终站在行业领域科技创新和人才培养的前沿，因此要始终把服务国家重大战略需求、行业发展需求和聚焦国际国内学科发展前沿作为学科建设的重要依据。结合学校优势学科特色和行业发展，进一步凝练出具有重大突破可能的基础性、前瞻性的学科战略发展方向，集中力量建设一批国际一流的学科，构建顶尖学科、高原学科、新兴学科、基础学科协同发展的良好学科生态，不断产出一流的科研成果和前沿技术，持续提升学校核心竞争力。

1. 形成学科建设的分层次支持体系

建立以协同创新平台为载体、以产学研合作为模式的不同类型、不同层次的人才培养体系，推动应用型大学的转型发展。一是对于重点学科，实施"学科倾斜"战略，加大支持力度，重点巩固、发展其原有的强势学术竞争力，不断增强市场竞争力。二是对于优势学科，实施"学科提升"战略，积极支持、鼓励其发扬优势和特色，提高优势学科专业对行业的影响力及社会的认可度。优势特色学科专业是高校在长期的发展过程中被社会公认的、独特的优秀学科专业。建设优势和特色学科专业，是培养行业高层次创新人才的根本途径，是应用型大学长远发展的重要保障。高校在学科专业建设过程中，应加强学科专业之间的融合，突出学科专业的优势和特色，明确优势和特色学科专业的方向，形成具有前沿性的人才培养体系。三是强化学科之间的渗透和融合，可以通过绩效评价支持其发展,促进学科专业的良性循环。四是行业的快速发展必然衍生出一批新的学科专业,这些学科专业产生于生产实践,服务于行业发展。与传统的优势特色学科专业相比,新建学科实力普遍很弱,很难在短期内提升学科整体实力,汇聚优秀人才。对于这些对行业贡献较大但是基础较为薄弱的新兴学科专业,应该有针对性地给予扶持,促进新兴学科专业的成长,推动高校创新发展。

行业发展对于合作共建应用型大学各学科专业的人才需求是不同的,应予以区分。针对行业企业人才需求量大的核心学科专业,且该学科专业人才贡献率高,学科专业本身行业特征鲜明,专业性强,应重点建设,着力发展,以保证对于行业的基本人才供给;针对与行业发展直接相关的,具有明显优势的,行业企业人才需求量较大的,人才贡献率较高的优势学科专业,应积极建设,推动其持续稳定发展;针对在行业发展中发挥支撑促进作用的,与行业关联度较高的,虽然行业表征不太明显,但是行业发展必不可少的支撑学科专业,应有所侧重支持发展,从而形成多层次应用型大学行业人才培养途径。

2. 扶持行业共建院校学科

当前面临的困境启示我们,应用型大学要形成双服务的办学理念,既立足于行业又面向地方社会发展,探索行业主管部门、地方政府、企业与不同应用型大学如何共建学科专业的问题。行业主干学科专业作为我国学科专业体系的一部分既具有学科专业的共性,也具有特殊性。合作共建的应用型大学其主干学科专业与行业结合十分密切,关联度非常高,其人才培养方向、条件、标准具有特殊性,少数专业具有行业唯一性,只能够通过合作共建高校来开展人才培养工作。因此,应加大对行业共建院校主干学科专业的支持力度。可以通过引入行业贡献率指标对支持的项目、平台和条件建设等进行科学评价,在科学评价的基础上有针对性地对合作共建高校的主干学科专业进行支持,并且可以依据行业贡献率决定支持力度。应用型大学只有与社会经济发展紧密结合才能得到地方政府及行业企业的共同支持,实现内外战略双赢。

案例:安康学院[①]

依据区域主导产业、战略新兴产业和社会公共服务领域的人才需求设置学科专业,初步形成覆盖安康经济与社会事业发展主要领域、以应用型为主体的学科专业布局。以茶叶、魔芋、蚕桑、生猪养殖、富硒食品为特色的秦巴现代农业学科方向,以基础教育师资培养为特色的教师教育学科方向,以陕南民间文化为特色的人文社会学科方向,以陕南生态经济、生态旅游、汉江水资源为特色的秦巴资源保护利用学科方向,发展势头强劲;教师教育、现代农业、生物医药、富硒食品、生态旅游、电子信息、社会管理与健康服务等专业集群正在形成。先后遴选社会需求旺盛、建设基础较好的12个专业进行重点建设,学校在政策及经费方面予以优先保障。目前,农学、园林、汉语言文学、财务管理4个专业已被列入陕西省首批"一流专业"建设计划。2015年,学校启动硕士点建设,2017年被列为陕西省2017—2023年硕士学位授权建设单位。为加大学科建设和申硕力度,学校近期召开了第三届学科建设大会,总体目标是:以建设硕士学位授予单位为目标,加大博士引进力度,加大资金投入力度,全面加强软硬件条件建设,争取到2019年达到硕士学位授予单位申请的基本条件,农业硕士、教育硕士所属学科达到硕士点申请条件,争取在2020年获批硕士学位授予单位。

统筹未来,赢得当下,就需要工作重心不再关注求大、求全,要集中力量办大事。重点支持一些能够发展成为占据"高地"的学科,将其打造成无可替代的优势学科;组建学科集群,共享学科集群资源,最大化地有效利用设备设施、科研平台、人员等,并积极促成学科集群内的合作;关注各学科的互补和延伸,因为一个学科的发展不是孤立的,所以要积极覆盖优势学科的延伸领域和互补领域,有效促进高校整体水平的尽快提升,并带来长期的可持续发展。

---

① 陈刚,胡景乾.高等教育内涵式发展背景下的一流学院和一流专业建设:以安康学院为例[J].安康学院学报,2017(6):4.

案例:北京石油化工学院[①]

北京石油化工学院作为一所具有行业特色背景的北京市属高校,始终将学科建设和科技创新作为高质量内涵发展的重要内容和主要途径,始终积极推进高水平应用型大学建设并努力发挥辐射示范效应。

学科布局结构优化调整既要以学校发展定位为出发点,适应学校发展阶段的需要,又要紧密对接经济社会发展需求,并体现出适度的前瞻性。学校遵循"择优择需、重点突破、有所为有所不为"的原则,立足国家、北京和行业经济建设、社会发展和科技进步的需求,以服务能源科技创新和城市安全运行为主线,聚焦生态化工与生物医药、职业健康与安全工程、节能环保、智能制造与智能装备、新一代信息技术、新材料技术、现代服务与管理七大产业与技术领域,辐射化学工程与技术、机械工程、工商管理、材料科学与工程、控制科学与工程、动力工程及工程热物理、环境科学与工程、安全科学与工程八个主干一级学科,优化完善应用型学科布局结构,形成了"优势学科→重点学科→培育学科"三个层次的主干学科建设发展框架体系。

学位授权体系建设是学校转型发展的关键性平台,是学校高质量内涵发展需要突破的瓶颈。学校以教育部、国务院学位委员会2017年学位授权审核政策改革为契机,总结凝练应用型大学建设的阶段性办学成果,整体上构建应用型导向的学位授权审核申请方案,突出工科优势,明确工学与管理学协同发展策略,强调应用型学科建设方向和人才培养定位,于2018年成功获批硕士学位授予单位,同时取得工学门类的材料科学与工程、控制科学与工程和管理学门类的工商管理等三个一级学科硕士授权,以及涵盖机械工程、化学工程、安全工程等众多工科领域的工程硕士专业学位大类授权,提升了学科建设层次,使学校内涵发展和应用型人才培养获得了更充分的发展空间和更强大的发展动力。

[①] 北京石油化工学院.以学科建设和科技创新促进高水平应用型大学建设[J].北京教育(高教),2018:83-84.

第二节　改革课程教学

一、课程与教学是学科建设的重要组成部分

学科、职业与专业之间在教学上的联系是以课程为桥梁的,主要体现在课程设置上。课程的设置直接影响到培养学生的知识基础与知识结构。应根据人才培养的类型和规格来确定课程结构,以学科发展的内在逻辑来组合课程,同时要与社会需求变化相适应。教学内容是通过课程体现的,教材是教学内容的载体。可见,课程、教学内容、教材这三者通过教学联系在一起,它们与学科建设密切相关,是学科建设的重要组成部分。一方面要将课程特别是教材纳入学科建设,一流的课程和一流的教材也是重要的科研成果;另一方面要用学科建设所取得的科研成果充实教学内容,更新教学内容,编写教材,设置学科前沿性的选修课或讲座,以便不断提高教学水平,促进人才培养质量的不断提高。

教学改革及教学研究是学科建设的重要方面。教学改革和包括教学研究在内的教育研究是学科建设的重要方面。开展教育科学的研究在师范院校是顺理成章的,而且是师范院校学科建设和科学研究的主要方面,是其学科特色与优势。其他高校也应重视教学改革和教育科学研究,将其纳入学科建设范围。要防止重学术研究忽视教学研究的倾向。有条件的高等学校都应成立高等教育研究所,其任务主要在三个方面:一是将教育科学研究与学校实际紧密结合,不仅为学校领导决策提供理论依据,提出新的教育理念,而且应有针对性地提出推动学校改革和发展的方案,成为学校党政领导的智囊团和高参;二是要主动配合教学部门,积极进行教学研究,开展教学改革试点,推动教学改革的不断深化,促进教学水平的提高;三是要积极参与地方、国家乃至国际上的教育科学研究工作。没有一流的教育科学研究,就不可能有一流的教育理念,也就难以建设一流的大学。

二、强化课程建设来拉动学科建设

专业是随着社会的发展而变化的,社会需求是专业建设的"风向标",而专业建设又包括课程的重新组合和课程内容的变化,所以课程建设是专业建设的核心和基础。同时,每一个专业的知识都涉及多个基础学科和应用学科,专业是多个学科知识的固化,应用型大学的学科建设是围绕专业建设所需知识和理论等展开的,所以,加强课程建设必将拉动学科建设。

应以社会经济发展和产业技术进步驱动课程改革,建立适应新兴网络发展的课程体系。应按照行业、产业和企业所需的技术、技能、知识要求,按理论与实践相结合的原则,进行学科专业知识重组,整合优化专业课程和专业基础课程,更新教学内容,重构课程体系;加快推进在线开放课程建设,提高课程建设的网络化水平;加快推进实践教学课程体系和实践教学平台建设,形成以实践能力培养为主线的应用型课程体系。处理好基础课程与专业课程的关系。应用性本科教育的学科基础平台与学术性教育的学科基础平台具有同样的重要性,因此要有一组名称大体一致的公共基础课程。但由于应用性本科教育反映的学科基础有差别,课程的内部逻辑结构也将有所变化。因此在应用性本科教育中建构一组新的公共基础课程是必要的;且在这组公共基础课程中有些应与专业课程相衔接,表现出明显的为专业课程服务的性质;专业课程与基础课程的比例应有所调整,专业课程应占有更高的比例。[①]

1. 通过校企合作与产业协作,完善课程模块

在课程模块中设置校企合作与产业协作,实现实习实训基地与行业企业紧密对接。应用型本科院校在课程模块设计上应摆脱统一、固定的课程模式,通过校企合作与产业协作,实现实习实训基地与行业企业紧密对接。

一是构建以实践能力为核心的课程体系。倡导行业企业参与到课程体系

---

① 高林,吴智泉.发展应用性高等教育若干基本问题的研究[J].中国高教研究,2008(5):45-46.

方案设计中,进一步区分基本能力与核心能力,围绕培养学生实际应用能力设置课程,更加注重"引导教育"的层次性、阶段性和科学性;保障实践课与理论课的衔接,保障基础知识对实践技能的基本支撑。进一步把基础知识模块和实践能力模块融为一体,注重实践性操作,运用实践知识的方法掌握应用技术,实践目标导向学生应具备基本的岗位能力。

　　二是搭建以职业素养为中心的课程模块。在课程体系中应突出学生后续适应能力的培养,搭建起以职业素养为中心的课程模块或课程群,以保障毕业生在工作岗位上的宽厚基础。应用型本科的突出特点在于比专科具备宽厚口径的职业素养教育,进而保证其毕业生有基本的研究能力、更强的分析能力、较快的适应能力及更准的判断能力。职业素养课程模块应放宽视野,以区域行业企业发展趋势、地方产业发展动态为基准,辅以通识教育课程。职业素养模块更强调问题式实践,发现问题是职业学习、职业选择的起点和依据,职业培训与专业发展必须与行业企业工作实际对接,突出分析解决生产实际和社会问题的能力和思维方式。

　　三是创建以创新能力为重点的课程见习。在课程体系中保障了学生职业素养的获得后,应该突出学生后续发展能力的培养,这是创新驱动经济发展模式的新要求,也是部分学生深造或保持创新力的重要选择。创新课程见习更强调创新性实践,以深入创新平台实践或见习为手段,以集成创新、协同创新或消化吸收再创新为方式,通过创新环节模拟、创新产品再现,训练并提高学生创新思维,提升综合运用知识创新的能力。

2. 以职业能力为基础,实现课程模式创新

　　以培养应用型人才为目标的课程建设要围绕加强学生的实践能力、提高学生的理论修养、强化学生的知识应用、提高学生的综合素质这一目标展开,课程建设强调具体性和可操作性。在这一点上,应用型大学和高职教育模式是相同的,但是应用型大学的课程和教学模式更加系统,层次更高,是在对高职专科教育梳理的同时,继续强化专业教育,并根据普通本科培养的要求,通过学科使专业设置更加系统化,提升应用型人才的培养层次。

　　开创培养应用型人才为特色的大学教育,必须准确定位本科课程在人才培养过程中的地位和作用。教学内容要根据市场需要,反映本学科应用领域的最

新科技成果和岗位前沿要求。要广泛吸收先进的教学经验,结合行业需要,从教育观念与教学目标、课程体系与教学模式、教学内容与执行方案、教学方法与教育技术、教学考核与评价体系等各方面开展课程建设。

应用型本科院校应借鉴高职院校教学模式,以职业能力为基础进行课程设置;以职业能力为基础,实现专业课程模式的创新,把职业标准融入课程标准,全面落实"双证书"(或多证书)制度。在保证突出职业能力前提下,恪守专业能力和通用能力培养并重的原则,借助模拟教室完善教学资源配置,实现课程的综合化与模块化。把国家"职业标准"融入到学校的"课程标准"中,突出课程目标的职业化方向,以增强学生的岗位适应性,并且通过实行"双证书"(或多证书)制度,使学生在校期间就取得进入劳动力市场的"通行证"——职业资格证书,从而提高学生的就业竞争能力。

在过程模式上,应用型本科教育应由传统的三段式转变成"平台+模块"(公共课平台、学科专业平台、专业方向模块)的两段式,为培养应用型人才搭建科学合理的课程结构;在课程体系和内容上,应突出应用性的特点,切忌照搬研究型、教学研究型大学的课程体系和内容,将课程设置系列化和课程内容模块化。在教材的选取上,也应与其他类型高等院校的教材有所区别;在学术性课程和应用性课程的比重上,应加大应用性课程的比重,应用型大学应特别重视实践教学在培养应用型人才上的重要功能,采取多层次系列训练方案,形成完整的、有效的实践教学体系,突出培养学生的实践能力和应用能力。

案例:北京联合大学[①]

根据人才培养的需要,在课程设置上力求反映相关学科、专业、社会经济、科学技术、文化发展联系的紧密程度,系统地、及时地把最新的科学文化知识与技能传递给学生。

建立就业市场调查机制和产业人才需求分析机制,围绕城市型、应用型大学人才培养目标定位进一步重构课程体系;以行业技术标准和职业岗位标准为依据,根据产业结构变化及时更新课程教学内容。积极探索人才培养新模式和教学方法改革,开发突出学生实践能力和

---

① 齐再前. 走内涵发展之路,提升城市型、应用型大学人才供给质量[J]. 北京联合大学学报,2017(3):19.

创新能力培养的课程，注重科学精神和人文素养的融合，达成人才综合素质的全面提升。以立项建设的方式重点支持专业核心课程进行MOOCS、SPOCS、翻转课堂、案例教学、问题引导式等教学模式改革。

依托学校5个国家级教学平台和10个北京市级教学平台的优质资源，开发建设一批高水平的优质课程，供不同专业的学生修读。利用"互联网＋课程"线上线下方式，通过信息技术推进课程体系和教学内容改革。多种途径引进、应用优质在线开放课程，创新课程共享与应用模式；加强BB网络学堂建设和使用，推动虚拟现实技术、数字仿真实验、在线教学监测等广泛应用。

3. 以课程群建设为核心创新学科课程体系，提升学科之间的协同效应

课程是学科的重要载体，也是学科建设成果的展现，同样，课程建设可以促进学科建设。课程群是知识交叉创新的结果，学科的交叉与发展离不开课程群的建设。新学科的产生与发展总是与学科之间的知识互动、模式组合以及方法碰撞紧密相关，这就需要通过课程群建设来促进学科之间协同效应的发挥。在课程群中，不同学科课程可以博采各学科之精华，最终实现创新而形成新学科；学科课程之间还可以通过交叉而形成新的知识逻辑体系，进而形成新学科；还有一些学科课程通过对某一共同研究对象的关注，形成多学科的理论与方法，从而改变既有的学科格局。正是由于学科课程之间的有机联系，才会使知识在混沌向有序进化的过程中酝酿新的学科。高校需要"构建一套决策数据信息标准体系，其中不仅需要包含着各类与课程设置相关数据信息"——学校根据这些数据体现的社会需求，有目的、有计划地改变原来"原子化"的课程结构；而且要强化课程群建设，突出学科课程体系的协调效应，发挥课程群在学科交叉中的作用。①

---

① 姜森芳,肖爱.我国应用型本科院校学科建设模式的反思与体制创新[J].江苏高教,2017(9):33-35.

案例：金陵科技学院[①]

重构课程体系的关键是课程设置应更加突出需求导向,课程内容应更加符合应用型人才成长规律,以满足多样化人才培养的要求。重构的前提是要打破传统的学科专业壁垒,整合课程内容,提高学生所学知识的综合应用能力。重构的重点在于专业核心能力与核心课程、合作教育与实践教学。应以实践能力培养为主线,将不同就业岗位的能力要求,分解成若干个可考核指标,确定与此相匹配的课程体系。重构的标志是"三段"融通,"两线"合轨,突出实践教学基础性作用,形成公共基础课、专业基础课、专业与素质拓展课的"三段"融通和理论教学与实践教学体系的有机统一。注重突出实践教学对应用型人才培养的基础性作用,努力按照"五结合"(学用结合、学做结合、学改结合、学设结合、学创结合)的要求,充分体现教育教学过程的实践性、能力培养的本位性。

三、完善教学促进学科建设

1. 教学模式亟待更新

目前,应用型大学多以本科层次教育为主,研究生教育所占比例较少,在课程设置上推行 CDIO 教学,将课程大部分内容压到一至三年级学习,严重增加了教师的教学任务,加上各高校大部分学科一直没能配备足够数量的在编教师,缺编比例在 30% 左右,有的学校缺编比例甚至高达 50%,导致教师们长时间被束缚在教学上,无暇顾及深入探究知识,疲于应付教学任务。学生无心向学、教师无心教学,成为当前大学教育中一个十分突出的怪现象,如果长此以往,我们的高等教育会出现很大的问题。

---

① 冯年华,张素红.转型发展地方高校应用型本科人才培养方案制定的研究与实践:以金陵科技学院为例[J].金陵科技学院学报(社会科学版),2017(1):72.

当前教学方法和手段始终没有突破20世纪还在使用的常规方法和手段,这也是学生缺乏教学参与度的重要原因。虽然近年来慕课教学方兴未艾,但是在实施过程中无法监控,大多流于形式,事实证明其并没能从根本上解决教学问题。学校工作的滞后性,造成教师难以了解本学科的前沿知识和发展态势,教师自身的着眼点已受局限,学生就更难以接收到社会需要的知识。教师只有在深入进行本学科、本领域的科学研究,才会有更广阔的思维和丰富的教学方法与手段教育学生,因此有必要协调好教学与科研之间的关系。

目前,大部分高校还是沿用几十年以来一成不变的教学制度,教师和学生也是墨守成规,并没有真正参与到教学制度的制订中,在大部分教师看来教学制度是行政管理者的"紧箍咒",因此缺乏实用性的教学制度没有跟上如今的教学形势,不能满足当前的教学需要。而且,由于没有教师齐心协力的参与,教学制度大部分时间成为摆设,仅仅在教学评估时应付差事。本科专业设置越来越多,但是课程设置却未能明显地彰显专业特色,种类繁多的专业还是继续沿用"原来的口味",这是远远不够的,也是不合理的,因此课程设置上有待明确化、合理化。①

2. 更新教学理念

第一,通识教学与专业教学结合理念。应用型大学的人才培养不能只注重专业教学,必须为学生开设通识课程,实施通识教学。在高等教育大众化和普及化时代,很多国家的应用型大学越来越重视对学生通识素质的培养。第二,合作教学理念。应用型大学不能关门办学、闭门造车,如果只依靠学校办学资源,要把学生培养成高素质的应用型人才困难重重。开放办学,走校企合作、产学研一体化办学道路,是应用型大学教学的必由之路。第三,质量保障理念。高等教育大众化和普及化的发展,催生了质量保障的需要。应用型大学的教学对象是多样的,学生状况千差万别,要重视质量问题,倡导质量保障理念,通过建立和完善质量保障体系,保障教育底线质量,还要有持续改进的理念。第四,以学生为中心的理念。现代大学教学特别重视以学生为中心的价值,这是高等教育走向大众化和普及化的必然要求。以学生为中心,就是要实施个性化教

---

① 张红兵.应用型大学教学与科研"相长"的对策研究[J].大学教育,2018(3):2.

育,让每一个学生都能得到应有的发展,让每一个学生都能成才。

3. 更新教与学的方式方法

促进高等教育和谐发展,需要坚持"以学生为本"的办学方针,正确处理教育者和被教育者之间的关系,高等教育的根本任务是育人,这就决定了高校办学必须坚持"以学生为本"的方针。教师要不断提高讲授质量和水平、为学生提供优质的教学服务。现今部分高校采纳了美国大学的教学方式,即本科教学小班化、讨论式课堂、网络答疑讨论等,但更多的高校的教学方式方法还是沿用传统模式,其最大的缺陷在于缺乏实践和独立思考,我们的社会步入了创新和务实的时代,需要我们的大学培养综合素质高的应用型人才。在教学过程中可应用PBL教学法,提倡以问题为导向的学习;应用个人回答系统(PRS),解决大班授课的互动问题,促进学生的课堂参与。

应用型本科院校普遍加强校企合作,其最大的竞争力和生存优势表现为专业自身优势与培养方式富有特色,应结合不同专业实践能力的培养差异,突破固定课堂和学习时限,让学生根据自我学习进度调整学习计划,根据实践偏好和实践需求调整实践界限,真正实现全员差异化学习。同时,根据行业企业的评价标准,让学生自主开展连续性学习,自主开展有效性实践训练。[①]

案例:北京联合大学[②]

北京联合大学实施BOPPPS有效教学设计,以提升学生学习效果。应用型课程的开发、建设与有效实施是解决应用型人才培养中理论与实践"两张皮"问题的根本途径。学校专门立项支持基于"知-能转换"的、达成知行合一的应用型课程以及配套教材的开发与建设。要求必须聘请行业企业专家参与其中,将企业的真实案例转换为学生学习讨论的教学内容,把企业的真实项目导入设计成学生的实践训练项目,为学生提供理论与实践有机融合的学习资源。

---

① 朱国华,吴兆雪.应用型本科建设的时代逻辑、国际经验与路径选择[J].职业技术教育,2016(22):12-13.
② 杨宜,林妍梅.校本生本质量为本:城市型、应用型大学人才培养的策略研究[J].北京联合大学学报,2017(4):2.

在线课程是近年来优质课程资源共享的主要途径,北京联合大学作为地方高校,采取的是引进985、211高校优质在线课程与自建本校特色在线课程并举的策略。一方面选择了学堂在线、爱课程、好大学在线、超星尔雅4个在线课程平台,重点遴选优质的通识课程,尤其是创新创业、哲学、医学、军事等领域课程,以补充学校通识课程资源的不足,满足学生学习的需求;另一方面学校利用所拥有的国家级文化遗产传承应用虚拟仿真创新中心开发了6门历史文化特色鲜明的实践性虚拟仿真课程,并逐步培育了一批特色专业的在线课程。

学校落实人才培养目标最具体的载体是课程,课程教学的有效不在于教师教了多少,而在于学生学了多少,所以,学生在每一门课程中的学习有收获才是有效的教学。BOPPPS是将课程依起承转合切分为6个阶段的一种有效教学设计模式,依序为暖身/导言(Bridge-in)、学习目标/结果(Objective/Outcome)、先测(Pre-assessment)、参与式学习(Participatory Learning)、后测(Post-assessment)及总结(Summary)。其中B、P、P、P、S都要密切围绕O,即学习目标进行设计和实施。所有专业根据学习成果导向设计能够支撑培养目标的课程计划,每门课程均按照BOPPPS的逻辑设计每个教学单元的学习目标与内容,进而实现从最微观的着力点促进学生学习目标的达成。

4. 把握好教学中的各种关系

(1) 分析与综合的关系。学术性教育强调学科教育,学科教育的特点是重视分析。学科作为科学的分类可以不断细分,形成不同等级的学科,分析性课程和教学是学术性教育的重要内容,也是科学研究和工程设计所需要的基本能力。但完成一项实际工作任务,不仅需要一定的分析能力,可能更需要相应的知识、技能、组织、协调等各方面的综合性应用能力,因此应用性教育在强调分析性教学的同时,往往更强调综合性教学,综合性课程成为应用性教育的重要组成部分。

(2) 传授与学习的关系。知识传授是本科教学的重要内容,因此传统的讲授法依然占据重要地位,但是在知识的传授中要强调采用"启发式"的教学法,引导学生思考问题,由思考而主动学习。同时应用性本科教育主要强调对实际工作的适应性和创造性,强调实际工作平台上的经验、技能、技术和知识的协调统一性,培养重点在于应用能力和建构能力的提升。

(3) 实践教学中实验与训练的关系。实践教学是一个上位概念,包括实验、试验、实习、训练、课程设计、毕业设计等多个具体的教学环节,每个环节培养的目的不同,如实验目的侧重于验证、加强理论知识的掌握和培养学生的研究能力、设计能力,训练则是一种规范的掌握技术的实践教学环节。应用性本科教育的实践教学呈多样化状态,尤其要重视训练环节,包括技术训练、工程师的训练等,以提高学生的应用能力。

(4) 学科知识与应用能力的关系。一般来说学科知识靠传授,应用能力靠训练,应用性本科教育既要重视知识的传授,也要重视能力的训练。要正确处理好学科知识与应用能力的关系,以培养目标要求的应用能力为核心,以学科知识为基础,通过改革课程内容和教学方法组织教学,在传授中内化能力,在内化过程中巩固知识,达到培养应用型人才的目的。

(5) 专业教育与通识教育的关系。应用性本科教育具有专业教育性质,应更多考虑生产服务一线的实际要求,突出应用能力的培养。但要对传统的专业教育进行改革,在教育教学过程中,不仅要注重培养学生的专业能力,更要注重培养学生的职业道德和实践能力,培养学生的基本素质和人格品质,使学生成为高素质的应用型人才。[①]

5. 加强实践教学

实践教学是应用型大学教学过程中的一个重要环节。强化实践训练主要是加强专业课的工程实践训练,使学生的实践技能得到良好的培养。为此,应加强实习基地的建设。首先,要加强校内实习基地的建设,为学生创造一个良好的工程实践训练的环境和氛围。其次,要加强产学研合作,建立一批稳定的校外实习基地。在当前的形势下,积极推进产学研合作教育是贯彻党和国家的教育方针的需要,也是高校和企业面对日趋激烈的市场竞争实现自身生存和发展的需要。学校通过与企业建立良好的合作关系,派学生到企业实习,让学生

---

① 高林,吴智泉.发展应用性高等教育若干基本问题的研究[J].中国高教研究,2008(5):45.

亲身感受生产实践,学习生产知识。但随着企业改革的不断深入,原来的那种企业为学校服务的关系,已经不再适应形势的发展,应该探索一种新型的互惠互利的协作关系,使企业成为学校可靠的校外实习基地。另外,根据专业性质的不同,也可以加强与科研院所的合作。学生参与科研课题,和导师一道研究、制定和实施方案,一起进行科学实验、数据整理。实践证明,学生参与科研活动,锻炼和培养了创新精神和实际动手能力,毕业后工作能力强,普遍受到用人单位的好评。通过产学研合作教育,学校能够比较深入、真实地了解社会的需求,增强与之相适应的主动性;能够使学校的专业设置、培养计划、教学内容和实践环节更贴近社会发展的需要,促进学校的教育教学改革;能够有利于培养适应企业和社会发展的人才;产学合作教育还会促进科研的发展,增强学校办学活力,提高办学水平。

案例:北京联合大学应用文理学院[①]

在明确学科专业应用方向后,北京联合大学文理学院设计并构建了具有科学性、先进性、适用性的应用型教学体系(包括实验、实习等实践环节),使应用方向真正落实到实际的教学活动和教学环节中去,这是办好应用学科的重要基础。学院构建应用学科教学体系的总体原则是:保证学科基础,加强应用课程。在专业课程的设置上,特别注意处理好支撑专业的主干学科与专业应用方向的关系,以学科支撑专业建设。

实践教学与产、学、研结合是应用学科教学体系的重要组成部分,是培养应用型人才的重要途径。学院根据专业培养目标的要求,认真设计相关课程的实践教学方案,不断改进实践教学方法,减少验证性实验,增加创新性、综合性实践。学院还建立了院内综合实验、实训基地,以及院外实习场所和就业基地,最大限度地为学生提供校内外实践实习的机会。

经过多年积累,学院的实践教学与产学研结合已形成下列模式:第一,教学实习与社会实践相结合,在社会服务中深化专业知识。第二,承接社会项目,以项目带实习。第三,毕业实习与就业相结合,为

---

① 孔繁敏.应用型学科专业的改革与实践探索[J].北京教育(高教),2008(Z1):17-19.

就业打基础。第四,学历教育与职业资格教育相结合,实施"双证书"培养。第五,依托主管单位和行业,实施联合培养计划,推进产学研结合。

案例:上海工程技术大学①

应用型本科大学的办学目标,要通过相应的教学模式来体现。而强化实践教学环节,则是学校创新教学模式的核心内容。

首先,在专业培养计划中,强调培养学生的综合素质、社会适应性和实践能力,突出实践性教学环节。学校本科实践性教学环节占整个培养计划教学时数的30%;专科实践性教学环节占整个培养计划教学时数的50%。这就在时间上确保了实践性教学环节的实施。其次,建设一流的实验、实训中心。近年来,学校不断加大实践性教学环节基础设施的投入,为实践性教学环节提供一流的现代装备。先后建立了上海市汽车工程实训中心等各具特色的教学实验、实训基地。尤其是汽车工程实训中心瞄准国际汽车技术教育的先进水平,结合上海汽车工业的发展,以汽车新技术、新结构以及新的控制方式为实训主体内容。目前,该中心已被确定为面向上海市高等学校的公共开放型实训教学基地。学校以上海市汽车实训中心建设为主题的教学成果项目,被评为上海市教学成果一等奖、国家教学成果二等奖。目前,学校在松江新校区建成了规模达7.5万平方米的工业实训中心。将投入8000万元用于购买现代工业训练中心的装备,同时,积极引入地方政府、国内外企业资金合作建设开放式实训、实验基地。第三,建立一批校外的实践教学基地。学校凭借校企产学研战略联盟所提供的平台,建设一批校外的实验、实训基地,使实践性教学更加贴近生产第一线。例如,上海航空公司为上海工程技术大学航空学院学生提供实践性教学的实习基地,学生在企业现场得到了较好的锻炼,增强了训练的针对性,使大学生毕业后就能很快适应企业岗位要求。

一批来自企业富有实践经验的"双师"型教师走上了教学岗位。上海工程技术大学航空学院"航空器械维修"专业的"计算机在飞机中

---

① 汪泓. 瞄准地方需求创新应用型大学办学模式[J]. 中国高等教育,2005(21):40.

的应用""故障排除课程设计"等课程,多年来一直由上海航空公司机务部工程技术人员主讲。"航空商务"专业的"航空货运"和"航空客运"课程由上海航空公司商务部的管理人员主讲。城市轨道交通学院是上海工程技术大学与上海地铁运营公司合作建立的二级学院。该公司的地铁交通大型实验中心,同时也是该学院的实验、实训基地,学院的一些主干课程也都由上海地铁运营公司的工程技术人员和管理人员主讲。由于学校重视教学实践环节,学生获得了很强的社会适应能力、动手能力、竞争能力和继续学习能力。

在工业化和城市化进程中逐步建立、发展起来的应用型大学,为社会的发展培养了大量应用型人才,促进了经济社会的发展和整个社会文明程度的提高。我国即将步入高等教育普及化时代,应用型大学将会承担更多的教育服务任务。只有处理好基础与应用、过去与未来、教学与科研、地方和全国的关系,应用型大学才能有比较准确的办学定位,从而根据办学定位进行人才培养目标、教学理念、教学方法、教学管理等方面的教学改革,构建一套先进的现代教学体系。这样的应用型大学才能够顺应社会的发展,满足高等教育大众化、普及化的要求以及学生就业和发展的需求,才能服务地方、全国乃至全球的经济社会发展。

科技创新,关键是人才的培养。应用型大学是培养创新型科技人才的重要基地,基于历史的考察,只有建立起通识教育、专业教育和综合创新实践教育为一体的人才培养模式,才能提高学生的综合素质与实践能力,达到行业发展对高校人才培养的新要求,体现出应用型高校的特色所在。因此,对学生理论知识的教育应采取通识教育与专业教育相结合,以专业教育为主的模式,实现学科交叉、知识结构丰富、基础宽厚的人才培养目标。不断与行业企业在人才培养方面搭建互动平台,积极聘请行业技术骨干来校对学生的实践教学与企业生产前沿信息作技术指导或科学讲座;适当调整和设置当前特色专业,弥补国家重点行业对人才需求的空缺。[①]

---

① 曹国永.创建世界一流行业特色大学的若干思考[J].中国高等教育,2013(3):24-26.

案例:合肥学院[①]

2003年,合肥学院率先提出"地方性、应用型、国际化"的办学定位,并且在全校得到实施。在过去的15年中,学校一直不断在对高水平应用型大学的体系化建设进行探索。

专业结构向"需求导向"转变。为使学科专业服务区域发展,与区域产业结构对接,学校根据社会需求设置专业;突破学科定势,设置新专业;根据模块化教学体系,增加专业社会适应性。例如,围绕合肥市支柱产业,学校及时调整,设置机械电子工程、物流管理、会展艺术与技术、交通工程等新专业,强化对区域产业发展的支持。目前,学校专业密切对接合肥八大支柱产业;根据企业对复合型人才的需求,设置学科交叉专业,如创办目录外专业——经济工程专业(已通过德国专业认证),培养既懂技术又懂经济的管理人才;采用模块化教学体系,如计算机科学与技术专业与科大讯飞股份有限公司共建嵌入式硬件拓展模块,满足企业对该领域人才的需求。

课程体系向"能力导向"转变。实现从"知识本位课程体系"向"能力本位课程体系"的转变,即不过分强调学科知识的系统性和内在逻辑性,而以专业为导向,以职业或行业所需的知识、技术或技能为中心,注重将理论知识与实践知识有机融合起来。这是非常重大的一个改变,要求基础课要适用,课时适当下调;专业基础课要实用,优化和整合课程内容,降低重复率;专业课要理论联系实际。同时,学校提出了"课程结构模块化"的新教学理念,并已经完成了25个专业的课程结构模块化教学改革。"模块化教学"坚持能力导向的教学理念,转变传统人才培养的"知识输入导向"为"知识输出导向",关注的是学生学完一个模块以后就能获得哪些方面的能力,而不是教师要讲什么。学校不断完善构建模块化课程体系的逻辑步骤,即深入行业企业调研→确定专业核心能力→分解为若干个子能力→确定子能力的知识点→构建模块→组建模块化课程体系,提高人才培养质量。

[①] 蔡敬民.地方高水平应用型大学建设的思考与实践:以合肥学院为例[J].北京教育(高教),2018(10):26-28.

当前，合肥学院正在不断深化拓展模块化课程体系改革，增加了"关键能力"模块，把专业外的、学生适应职场发展的重要能力纳入进来，如交流能力、沟通能力、表达能力、协调能力等；还把创新创业实践、"双师型"课程、企业课程融入到整个教学模块当中，提升学生适应职场和创新创业能力。同时，在课程开发和构建中引入行业最新技术及规范，将理论和实践进行整合，形成模块化课程教材。

教学过程向"以学为中心"转变。落实"以学为中心"理念，从制度、方法、考核和保障上，系统构建教学新机制，促进"教"与"学"的统一。第一，理念。将传统的"以教为中心"转变为"以学为中心"，由以往只关注对教师"教"的考核，转变为更加重视对学生"学"的考核，围绕激发学生学习内驱力和全面发展、个性化发展，设计教学制度体系。第二，制度。将过去以教师"教的工作量"为核心的学分计算方法，改为以学生"学的学习量"为核心的学分计算方法，有效规划学生课内外学习，有目标地指导学生自主学习。不同类型高校要结合实际建立不同学习量的基本办法与标准，这是一个非常重要的问题。第三，方法。积极开展教学方法改革，引进了很多以学为中心的教学方法，如项目教学法、翻转课堂等。在这些教学方法改革的过程中，履行教育教学任务的教师尤为关键。第四，考核。注重过程考核，同时重视对学生自主学习效果的评价，不断完善自主学习考核方式、内容，实现从单一知识评价向以能力评价为主的多元化评价、综合性评价转变，促进学生自主学习。第五，保障。建立以学为中心的服务体系，鼓励学生开展团队学习、合作学习、自主学习，加强信息化、图书馆、教室、实验室管理，实施开放制度，为学生的学习提供保障。

第三节 建设科研平台

一、价值与意义

科学研究是应用型大学独立于人才培养和社会服务之外的基本职能,同时也是人才培养和社会服务职能得以充分发挥的基础。教育部的科技统计工作中将科学研究分为基础研究、应用研究和试验发展3类。基础研究是指认识自然现象、揭示自然规律,获取新知识、新原理和新方法的研究活动;应用研究是指为获得新知识而进行的创造性研究,主要针对某一特定的实际目的或目标的,它是基础研究在实践中的运用,是对基础研究的发展和深化;试验发展是指在科学技术领域,为增加知识总量以及运用这些知识去创造新的应用进行的系统性的、创造性的活动,其英文缩写为R&D。应用型大学的科学研究应以应用型研究为主要研究方向。随着我国经济社会的快速发展,国家对应用型技术人才的需求越来越大,应用研究在科学研究中的分量越来越重,应用型大学必须重视应用研究和学科发展,明确科研工作在学校发展中的定位。[①]

应用型大学的科研是学科建设的基础。应用型大学的学科建设要凸显培养应用型专业人才,服务地方经济社会发展的需要,跟踪学科前沿的发展趋势。应用型大学的科学研究是以岗位或者行业所需技术技能的创新与应用示范为主要研究任务,主要针对经济社会发展中的实际目标,提供新技术、新方法和新产品的研究。应用型大学的科研是学科建设的基础,学科建设又促进科学研究,两者是互动的,但科研是学科建设的基础和内核。

应用型大学的科研是提升教学水平的保证。应用型大学的教学要求教师

---

① 李林,刘琳,刘华伟.应用型大学科研管理工作研究[J].北京联合大学学报,2016(1):17-18.

在把基础理论知识传授给学生的同时,更强调教师要关注科学技术的发展前沿,跟踪经济社会的发展,在教学活动中紧跟时代步伐、与时俱进,不断充实教学内容、丰富教学方法、提高教学水平。应用型大学的科研是提升教学水平的牵引力和助推器,通过科学研究,能够促进课题改革和教材建设,创新教学内容,把科研项目的研究成果应用于课堂教学和实践教学能够提高应用型大学的教育教学质量。

应用型大学的科研是沟通校企合作的桥梁。应用型大学的办学目的是为地方经济社会发展服务,根据地方的区域经济类型和产业培养专业型复合人才,因此,应用型大学与行业企业联系密切。应用型大学的科研工作必须抓住市场需求,服务地方政府和企业发展,应该积极承担横向科研项目,提供解决方案和决策支持。应用型大学的科研要深入行业企业,了解市场,促进校企合作和产学研协同发展,因此应用型大学的科研是沟通校企合作的桥梁。

应用型大学的科研必须服务于人才培养。应用型大学以培养高级职业型和专业型人才、提升职业技能为目标,科研不能仅仅以获取科研经费和有助于教师申报职称为目的,应用型大学的科研必须服务于人才培养。应用型大学培养的人才素质不能局限于传统概念下的"知识+技能"结构,必须具有实践工作能力。教育部鼓励高校学生参与到科研课题中,培养学生的创新能力和动手能力。应用型大学的科研能够极大地拓展学生的科学视野,提高人才培养质量。

二、存在问题

应用型大学大都处于科研起步阶段,能够获取的校内外科研资源尚比较有限,自身在与外部竞争对手竞争时本就没有突出的优势,虽然大部分应用型大学倾注大量的人力、物力和财力,但是收获尚不能与综合性大学相比。应用型大学的科研水平在近几年取得了一定的发展,但相对于研究型大学而言其科研的整体实力仍然比较落后。科研工作中还存在很多不足[①]:应用型大学中工科领域的发展很重要,但理科、人文社科领域的发展也同样至关重要,而学校在资源配置方面大都倾向于见效快、成绩明显的工科领域,在人文社科领域却反应

---

① 李林,刘琳,刘华伟. 应用型大学科研管理工作研究[J]. 北京联合大学学报,2016(1):18.

迟缓,因此各学科协同发展还不完善。①

1. 科研认同感不强,科研定位不准确

在有些应用型大学中,上至学校领导,下至普通老师,对应用型大学加强科研工作不认同,他们片面强调应用型大学的教学工作,认为应用型大学不具备进行科学研究的基础和条件,应用型大学搞科研就是站错了队、走错了路,完全否定了科研对应用型大学持续发展的必要性和重要性。应用型大学的科学研究一定要定位于应用型研究,基础理论研究不是应用型大学的科研定位。有些应用型大学,一提科研就是基础研究和理论创新,但在这两个方面我们永远无法超越科研型高校。

2. 管理机构不健全,管理人员不到位

高等院校的行政管理一般采用校院二级管理体制,学校科研处是科研管理的校级业务部门,各学院科研管理部门是二级管理单位。但在应用型大学中,部分学院根本没有二级科研管理部门,而是依附于教科办设立一个科研秘书岗位,由教科办老师兼任,这种机制体制上的不健全,以及专职科研管理人员的缺乏,使得科研政策不能快速保质地落实,科研管理不能做到精确细化,势必影响应用型大学科研工作的发展。由于科研平台建设严重不足,各高校二级教学单位的科研平台紧紧掌握在行政管理者手上,难以发挥中青年骨干教师的科研特长。

3. 科研意识不强,主动研究的热情不高

由于历史原因,应用型大学的学术氛围比较淡薄,教师往往只注重教学工作,重理论、轻实践,教师大部分的精力都放在课堂教学上,主动参与科学研究的热情不高。教师们甚至不愿主动申报课题和发表论文,但由于近年来应用型大学将职称评定与科研水平挂钩,使得年轻教师不得不做科研,形成了消极科

---

① 张红兵.应用型大学教学与科研"相长"的对策研究[J].大学教育,2018(3):1.

研、被动科研的心理状态。

4. 科研机构的作用有待加强，科研成果量少质劣

科研机构应该立足学科前沿，以促进学科建设和科学研究为宗旨，其职责是针对重大学术问题和现实问题，组织跨学科、跨学院的学术团队，开展科学研究，推动科技成果转化，培养科研人才，推动学术交流与合作。但应用型大学科研机构的研究人员通常由授课教师兼任，同一套人马，好几块牌子，部分科研机构常年没有课题、没有经费、没有成果产出，没有发挥平台的建设作用。应用型大学的科研没有形成团队效应，重项目申报、轻成果管理，科研成果产出较少，高水平、高质量的科研成果更是凤毛麟角。

三、建设策略

应用型大学的科研是学科可持续发展的重要牵引力和推动力，提高科研管理水平是实现科研引领的重要保证，我们要增强科研服务意识，提升管理水平，思考如何有效地为科研工作和科研人员做好服务。有研究者认为，高校科研工作要坚持"八个一"：一是要高举"一面旗帜"，即高举"科学技术是第一生产力"的旗帜，充分认识科学研究工作的重要性及其地位与作用；二是要贯彻"一个方针"，即贯彻经济建设必须依靠科学技术，科学技术必须面向经济建设的方针；三是要坚持走"一条路"，即走、产、学研相结合的道路；四是要组织好一支科研队伍；五是要建设好一批学科；六是要建立一批研究基地，包括重点学科、重点实验室、工程研究中心等；七是要争取一批高水平、高层次的科研项目；八是要出一批高水平的科研成果。[①] 具体而言：

1. 面向区域，服务地方经济

应用型大学的科研首先面向地区的经济建设和社会服务，立足市场、职业，

---

① 谢桂华.关于学科建设的若干问题[J].高等教育研究，2002(5)：48-52.

关注产业和企业的发展。在深化基础理论研究的同时,把基础研究的成果转化为生产力。通过和企业、行业、政府各部门合作,加大应用性科研的建设力度,促进科研成果的转化,拓宽科研领域,树立地区"差异性科研"概念。应用型大学的科研侧重点不同于研究型大学和教学型大学。应用型大学应该树立长期面向社会、培养应用型人才的独特经验和观念。为此,科研更要面向社会实践。

应用型大学在把握市场需求、调整办学方向和做好教学工作的同时,一定要切实增强科研水平,重视科研经费的投入和科研人才的引进和培养,促进校内外人才、资金、技术和管理资源的优化组合,加强科技成果的孵化和转化工作,多出成果,出好成果,因为科研水平是衡量其核心能力的重要指标,唯有如此,才能为地方经济的发展作出较大的贡献。应用型大学要发展,要具有品牌效应和社会影响力,必须从社会需求出发,最低程度要从地方经济发展的需求出发,了解当地的产业发展状况和科技需求,大力进行科研工作,真正开发出当地经济急需的科研成果,提高科研服务能力和服务质量,主动为当地经济发展和经济结构的调整服务。通过科研成果的推广来推动经济的发展,为地方经济作出贡献,博得地方政府的支持。大而言之,应用型大学要把握国家的宏观政策,掌握科研的前沿,积极进行科研开发,抓好科技源头创新,推动科技成果加速转化为现实生产力,发挥高等院校的重要作用,服务于国民经济的发展,这是其使命,也是发展的前提。

一方面增强为行业企业技术进步服务的能力,另一方面增强培养应用型、复合型、创新型人才的能力是应用型大学转型发展的根本要求。应用型大学科研与教学没有孰轻孰重的问题,科学研究创新是转型发展驱动力,应用型人才培养是目标,人才培养离不开教学过程。高校不仅仅是一个单纯的知识创新基地,也是一个区域和行业的科技服务基地、技术创新基地。所以在转型发展的过程中,必须明确科学研究创新是驱动力,只是相对于传统大学而言更加侧重应用型研究。通过应用型研究提升"双师双能型"教师队伍能力,只有解决"双师双能型"教师队伍建设的转型关键点,才能确保普通本科高校顺利向应用型大学转型发展。

案例:上海应用技术大学[①]

协同创新平台建设可以最大限度地争取到学科资源的协作和整合,体现在院校、科研院所、企业的利益最大化。以往传统体制中的各大学部分学科存在分散、低效、封闭的建设模式,也有小部分存在重复建设及人才、资源浪费的情况。而今应用型大学建设协同创新平台凝练学科的方向发展,起到了协调学科体系,巩固学科建设,汇聚学科队伍,优化学科结构,构筑跨学科、跨领域的创新基地,培养出高水平应用型人才,实现大学教书育人的根本目的的作用。

上海应用技术大学正面临转型的考验,关键是如何将以往较多关注学科专业水平提升转变到聚焦于解决行业企业的生产技术难题。学校紧紧抓住转型发展这一契机,利用协同创新平台有效地汇聚创新资源和要素,通过突破创新主体间的壁垒,充分释放彼此间"人才、资本、信息、技术"等创新要素活力而实现深度合作,强强联手,既打通与企业等密切联系的通道,又建立进行技术开发以服务社会的实体平台。通过构建协同创新平台,全面促进学科交叉建设,推进学校与科研院所、行业企业及地方政府的深度合作,提高技术研发及推广应用的水平,大力推进产业技术创新和科技成果产业化,积极为实现科技创新开展大跨度的创新组织模式整合,不断培养、建立一批国家级、省部级、区县级、校级和院级协同创新平台,面向行业企业开展技术创新、技术革新,面向区域社会开展各类技术咨询服务,突出应用技术大学的新亮点。

目前学校已建成 1 个国家级质检中心(国家香料香精化妆品质量监督检测中心)、2 个上海市工程技术研究中心(上海香料香精工程技术研究中心和上海药物合成工艺过程工程技术研究中心)、2 个上海市检测专业技术服务平台(上海市冶金工艺和设备检测专业技术服务平台和上海市精密轴承研发测试专业技术服务平台)、1 个市级"2011协同创新中心"(上海香料香精及化妆品协同创新中心)。其中上海香

[①] 陈东辉,曲嘉. 全领域构建协同创新平台推进产教融合:以上海应用技术大学为例[J]. 教育理论研究,2017:177-179.

料香精工程技术研究中心,经过2012—2014年3年的建设,在验收中取得优异成绩;上海香料香精及化妆品知识服务平台在2015年的中期验收中顺利通过,并获得上海市"2011香料香精及化妆品协同创新中心"授牌。取得这些成绩不但扩大了学校的知名度,更提升了学校的整体教学水平。学校大部分学科专业具有良好的企业合作基础,其中以香料、化工、材料等为主的现代绿色化工产业特色学科专业群主要依托于香料香精、化妆品、化工、制药、环境、食品、冶金、新材料等行业企业,以机械、电气、信息等为主的现代制造业特色学科专业群主要面向制造、机械、信息、自动化、机器人等企业,以城市建设、城市安全、轨道交通等为主的现代战略性新兴产业特色学科专业群主要服务于建筑安全、公共安全、轨道运行安全、轨道交通等行业企业,以艺术、生态、管理等为主的现代创意产业特色学科专业群主要服务于生态、创意、创新管理、知识产权管理等行业企业。此外,在与企业长期协同合作的过程中,学校已建成30个校内研究机构和超过200个校企合作的实习基地,夯实了新型的教育基础,为学校学科平台的建设提供了必要的支撑。

协同创新平台建设是"点面"结合。"点"是指聚焦国家级和省部级协同创新平台的培育和现有省部级协同创新平台的提升;"面"是指构建校级及学院级协同创新平台,它们是以凝练成型的学科专业优势方向为导向,三位一体,推进人才培养、产学研合作、"双师双能型"师资队伍建设,协同对接行业企业、科研院所、政府社会组织等,形成覆盖所有应用型学科专业的协同创新平台。采取自下而上建设和自上而下筹建两个途径,扎实有效地推进平台建设。到2020年将完成国家级协同创新平台或国家级工程技术中心的建设,实现支撑行业产业发展的重点实验室的突破,新增若干省部级工程研究中心,建成50家多层次多类型的协同创新平台、创新科技型公司等,围绕上海和长三角经济社会发展重大需求,凝练学科方向,推动学科向有组织、有目标,协同创新解决行业企业关键技术和重大问题转型。

学校在保持优势学科基础上,积极发展新兴学科及协同创新平台建设,助力学科向有组织、有目标,协同创新解决行业企业关键技术和重大问题转型,推进产教融合,促进区域经济发展,服务国家战略,学校已经与奉贤区联合构建上海东方美谷产业研究院,支撑"东方美谷"及"中国化妆品之都"建设;在整合了机械工程、土木工程等学科基础上建设新兴学科——轨道交通工程,为国家"一带一路"倡议提供创新支撑。既保障了教学质量,又拓宽了产教融合之路,实现了教育改革和转型发展的目的。

2. 加强制度保证,调整政策导向

应用型大学应该改变其发展模式、调整政策导向、瞄准应用型研究的定位和目标,制定相关的激励措施和保障制度。保证在学科布局和科研质量上,从分散向相对集中转变;在科研项目和科研成果上,从数量向质量转变;在学科和科研管理上,从粗放向集约转变;在资金投入上,从普遍资助向重点扶优扶强转变,增加高水平科研成果的奖励力度,促进教师主动参与科研的热情和积极性。应用型大学应该完善管理体制、健全管理机构,确保每个学院、部门都有专职的科研管理人员,以利于在科研管理工作中加强服务,进行分类指导。

3. 鼓励科技成果转化,提升社会服务水平

应用型大学的科研事业刚刚起步,高层次的项目和高水平的成果还不多,我们要在现有成果的基础上,再接再厉、不放松、不懈怠、以需求为导向,通过激励措施、创新引领等多种方式和渠道,提升学校的科学研究能力,产出一批有特色、高水平的科研成果。应用型大学应面向区域、面向应用、面向行业发展的需求,发挥优势、强化特色,在应用开发研究方面,多层面配合,把科研活动融入区域的经济社会建设中。积极落实上级的相关政策,加强与地方政府、企业和社区等各级各类组织的联系,积极加强科技成果的转化,提高科研成果的转化率,利用大学科技园区或其他园区的建设,实现科技成果转化后的产业化。

积极引进地方企事业单位在学校合作建立研究中心,以高水平的基础性研究和特色优势性的应用型研究为目标,与行业企业建立协同创新合作关系。加强产学研合作,推荐学生赴企业参与项目建设、应用技术实践等。建立实习实训基地,共同进行科技攻关,共享成果收益,形成与区域发展之间的良好互动,形成催化产业技术变革和加速创新驱动的策源地。

北京联合大学为突出应用型大学学科对专业的支撑和科研对教学的支撑作用,通过教改项目的形式专门立项支持拥有自主知识产权的科研成果转化为教学资源的研究与实践,如转化为教学案例、综合性实验、学术报告或讲座、学生创新创业项目等。鼓励教师将最新的科研成果转化引入到日常教学中,及时更新教学内容,介绍新知识和科学研究方法,不断提升教师的教学研究、课程研究、教学方法研究等教育教学研究水平,促进课堂教学、教学内容和教学方法改革,使学生在大学期间获取与社会经济发展相适应的专业能力和终身学习能力,形成"教学带动科研,科研促进教学"的良性循环,从根源上提高人才培养质量。

案例:广东省的科技成果转化[①]

广东省三所公办省属本科高校,分别采用了科技金融服务、科技咨询服务以及知识产权服务三种模式为行业企业提供科技服务,而且都是基于人文社科学科专业进行对接,形成各自的特色,取得了较好的效果,其经验值得转型高校借鉴。

广东金融学院科技金融重点实验室成立于2012年3月,由广东省科技厅与广东金融学院共建,是广东省科技金融重点研究基地、广东省决策咨询研究基地。该实验室以该校具有学科优势的金融学科为支撑,以基础研究为本、应用研究为主,重点解决科技金融理论与实践、科技企业价值评估与风险管理、知识产权定价与融资、科技金融评价与监管以及动态投融资对接等方面的问题。

广东工业大学大数据战略研究院成立于2014年5月,是华南地区首家大数据管理专业研究机构。该研究院由该校党委书记牵头,以"探索数据科学,传播数据文化,服务社会大众"为宗旨,以广东工业大学管理学院建设为主,并整合了经贸学院、计算机学院等多个学院的优秀师资和创新资源,共同开展大数据战略理论与实践的跨学科研究。目前主要的业务模式是承接广东省经济和信息化委员会等政府部门对中小企业高层管理人员的大数据培训,以及为中小企业提供战

[①] 赵剑冬,戴青云.服务区域经济发展助推应用型大学转型升级[J].中国高校科技,2018(1,2):125.

略咨询等,其中培训内容包括国内外大数据政策分析与解读、企业大数据能力构建与培育、大数据商业模式创新及典型案例分析等。

广东技能型人才知识产权实训基地成立于2016年10月,由广东省知识产权局与广东技术师范学院签约共建。双方围绕广东省创新驱动和知识产权事业发展的总体目标,积极推动知识产权研究培训工作机制改革和创新,以社会急需的知识产权实务型人才培养为重点,共建广东省技能型人才知识产权实训基地,为广东省加快建设引领型知识产权强省、创建职业教育试点省提供知识产权人才保障和智力支持。基地由该校法学与知识产权学院牵头建设,并整合了图书馆、电子与信息学院、计算机科学学院在知识产权信息处理方面的优势,成立至今,围绕知识产权应用型人才培养、广东技能型人才知识产权培训班、专利审查员培训班、知识产权贯标建设、知识产权创造运用、知识产权服务平台建设、图书馆专利信息服务及系统建设七个方面开展工作,短期内就取得了较丰硕的成果。

4. 完善奖励制度,强化绩效考核

应用型大学的科研经费少、资源匮乏,为保证有限的资源切实应用于科研工作,促进高水平科研成果的产出,调动科研人员进行科研工作的积极性,我们必须完善奖励制度,奖励高层次项目建设、高水平论文发表和高层次平台建设,促进职务知识产权以及科研成果转化。同时对科研投入进行全绩效考核,细化考核方案。应用型大学应该实行二级考核,根据岗位类型和职责分为对研究人员的考核和针对科研业绩部门的考核两类。① 对科研人员的考核由二级管理部门负责,按照人事部门制定的教学型、教学科研型、科研型3种岗位类型既定的科研工作量进行考核。② 对科研业务部门的考核由学校负责,除考核是否完成额定科研工作量外,增加对高水平成果的考核。按高级别科研项目、高水平研究论文、科研项目经费、省部级以上获奖以及授权发明专利数量5个指标进行评价。

5. 打造优质学科平台

学科平台的搭建主要指两个方面,一方面是指物质平台建设,包括科研基地建设、环境条件建设、设备平台建设、实验室建设和图书资料配套等,是一系列建设中的基础工作,是围绕学科方向搭建的物质条件平台,为学科及专业方向发展提供重要的物质基础保障;另一方面,是指学科机构平台、项目研发平台及实验平台等的建设,如在某一学科领域建立专门的科研机构,可对该学科各个方面起到有效的支持作用,同时为更好地服务地方经济、促进科技成果转化、实现应用价值提供了一个交流平台。例如,有的学校在科研机构建设方面设置了制药工程研究所、生物工程研究所和测控技术研究所,其中制药工程研究所被评为校级研究所。这些研究所的主要职能是规划研究领域和主攻方向;承担科研工作;检查指导科研项目的组织实施工作;整合科技人力资源;承担相关学术活动等组织工作,为学科建设提供强有力的教育和研究支撑。[1]

要进一步构筑优质学科平台,强化战略导向和目标引导,不断提升自身科研能力和服务社会、行业的能力,扩大学科影响力。要积极制订实施重大科学计划,围绕国家、行业和区域发展重大科学需求和关键共性技术问题,积极组织承担国家重点研发计划、国家重大科技专项等重大科研任务,积极引领学科研究前沿。要完善高水平科技成果奖励机制,大力开展基础性研究和前瞻性研究,不断提升学科的科技创新能力,多出原创性成果。建立健全技术转移转化机制,将学科创造的科技成果尽快转化为产业优势,提升学校对经济社会发展和行业进步的贡献率和综合影响力。以整合学科资源为突破口,加快完善已有学科平台资源的共享运行机制,为科技创新提供强有力的支撑。

案例:上海工程技术大学[2]

> 企业是经济发展的主导力量,是实现科教兴市战略的主战场。高等学校要为地方经济发展贡献力量,就必须主动到企业中去,与企业合作,建立合作平台,嫁接优质资源,推进学科建设,形成学科特色。

---

[1] 刘美,叶晓. 浅谈应用型大学的学科建设[J]. 中国电力教育,2009(10):42.
[2] 汪泓. 瞄准地方需求创新应用型大学办学模式[J]. 中国高等教育,2005(21):39.

近年来，学校与产业集团开展了多形式的合作，其中有两种主要方式：其一为联合企业集团，共建特色学院。学校先后与上海汽车集团公司共建"汽车工程学院"，与上海航空公司共建"航空运输学院"，与上海地铁运营公司共建"轨道交通学院"。校企合作强有力地支撑着学校的"车辆工程""航空运输""城市轨道交通工程""邮轮经济"等品牌专业的建设和发展，产生了一批特色学科，形成了对接"海陆空"现代交通运输产业链的重点学科群。其二为构建合作平台，建立战略联盟。学校凭借自身与上海企业界有着紧密联系的优势，分别与上海电气集团公司、上海金山石油化工公司、上海槽泾化学工业区等几十家大型企业建立了校企合作产学研战略联盟。

校社联携，通力合作。学校凭借教育科研资源优势，在经济、社会、文化等各个方面与地方政府开展了全方位的合作，优势互补、实现共赢。中外合作的上海工程技术大学多媒体设计学院与上海部分IT产业企业合作，联手推动上海市多媒体产业园区的建设，增强了多媒体产业园区科技创新能力，提升了多媒体产业园区的品牌。学校与上海市总工会、上海市劳动与社会保障局、上海市医保局合作开展上海市社会保障问题研究，学校专门设立的社会保障研究中心多项课题获得了国家哲学社会科学基金支持，并多次获得上海市决策咨询和哲学社会科学奖项。目前，该研究中心已成为上海市政府制定社会保障政策的重要决策咨询机构。

案例：长江师范学院[①]

长江师范学院搭建了多个学科建设平台，如红外线光谱分析检测实验室、微电机工艺流程与技术创新实验室、三峡库区特色作物研发中心、三峡库区大气环境监测实验室、乌江流域社会经济文化研究中心、武陵山区特色资源开发与利用研究中心、三峡库区特色作物工程中心、三峡库区环境监测与灾害防治中心等。同时，在《长江师范学院学报》开设地域性研究专栏。长江师范学院优化学校学科布局，大力

---

① 张大友，冉隆锋.地方高校教学应用型学科专业建设的特色培育路径研究：以长江师范学院为例[J].贵州师范学院学报，2013(9):76.

扶持新兴学科,将化学化工、文化创意、电子信息等学科打造成具有比较优势的特色学科。在这些团队和平台的支撑下,近几年,学校科研工作者对三峡库区、武陵山片区的特色作物、生态环境、灾害防治、民族文化资源、特色农产品加工、文化创意等进行研究,有力推动了乌江流域经济社会发展,有效适应了武陵山片区扶贫开发的需要,产生了积极的经济效益和社会效益,也让研究人员感到研究工作切实可行,反过来不断激发研究人员的主动性和积极性,形成了良性循环。

学校落实学科专业建设的实用性,大力推进校地共建及产学研合作。学科专业建设的成效最终体现在促进经济社会的发展上,全力将科技成果转化为满足地方经济社会发展需要的现实生产力,是长江师范学院学科专业建设的本质价值取向,也是形成和巩固学科专业特色的主要途径。为了提高社会服务能力,学校建构了富有活力的产学研合作体系,科研服务社会的触角逐渐延伸。积极推进与企业共建实验室、研究所、试验基地,与企业联合申报高层次课题,合作攻关;主动参与地方政府、企事业单位的科学规划、政策咨询以及各种软科学研究,担当地方经济社会发展的"智囊团"。学校通过调整奖励政策等各种措施,引导教师进行学术创新,努力争取高层次的科研项目和奖励,积极通过科技推介、校企联合开发等途径,强化成果转化和技术推广,形成了紧密稳定的产学研战略合作机制。

6. 加强基地建设

基地建设是学科建设的重要条件。其主要内容包括三个方面:一是办公条件和办公环境建设;二是实验条件建设;三是信息库建设,主要包括网络建设及图书情报资料的收集、获取和利用等。基地建设的重点是实验条件建设。目前,我国高等学校在基地建设中存在的主要问题是重建设、轻管理,尤其是忽视建设中的管理和建设后的管理。建设中有方案的提出、论证和实施等环节,任何环节都必须由专人负责,切实克服冲动建设、重复建设和无论证建设等现象。基地建设后期,为了充分发挥实验条件的优势和作用,也必须加强管理,包括确立管理形式、明确管理人、拟定管理制度、制定评估体系和评估时间等。

实验室建设和文献中心的建设主要是实验工作环境、技术装备和技术队伍的建设。根据教学和科学研究任务发展需要，以及财力、物力储备，在充分利用已有设施及工作条件基础上，实验室建设要体现应用型大学学科特点。文献中心的建设采取由学科点根据政府教育行政主管部门和学校的有关部署和规定，提出建设计划，由所在学校或主管部门审定的办法进行。文献中心的建设要体现应用型大学学科特色，在本校的优势领域独树一帜。

总之，科技创新是高水平大学的发展动力，是提升学科建设水平和人才培养质量的源泉。应用型大学加强科研工作，可以制定出台新的科研经费管理办法、科研奖励办法，特别是通过科技创新平台构建、科技创新能力提升、科技合作联盟建设等形式促进加快高水平大学建设。

案例：北京石油化工学院[①]

整合资源打造科技创新平台。高水平学科建设和应用型人才培养需要科技创新平台支撑。学校整合办学资源、汇聚科研力量，构筑搭建了"学科集群研究大平台—省部级重点研究机构—校级研究机构"三个层次的科技创新平台。第一层次是学科集群研究平台，旨在实现学科交叉融合和协同创新，目前在建的平台包括入选中关村科学城第六批建设项目的"能源工程智能装备产业技术研究院"、获批博士后科研工作站的"北京市安全生产工程技术研究院"、入选"北京市属高等学校2011协同创新中心培育计划"的"首都清洁能源（油气）供应和使用安全保障技术协同创新中心"等学科集群研究大平台。第二层次是省部级重点科研机构，着眼于强化学校主干学科的优势特色，目前已获批建设光机电装备技术、特种弹性体复合材料、恩泽生物质精细化工、深水油气管线关键技术与装备、燃料清洁化与高效催化减排五个北京市重点实验室。此外，还拥有能源工程先进连接技术北京高等学校工程研究中心、北京现代产业新区发展北京市哲学社会科学研究基地。第三层次是校级重点科研机构，意在汇聚科研力量、凝练学科方向、活跃学术氛围，目前已经立项建设了十个校级重点科研机构，并对其实行年度绩效考评和动态调整。多层次的科技创新平台为应

[①] 北京石油化工学院.以学科建设和科技创新促进高水平应用型大学建设[J].北京教育（高教），2018(10):86-87.

用型学科体系建设和科教融合培养人才提供了高水平载体。

服务需求提升科技创新能力。作为具有行业特色背景的市属高校,服务能源科技创新和满足北京地方经济社会发展需求是学校科技创新的双重使命。发挥学科优势特色、依托学位授权点和科技创新平台,学校对接行业和地方需求,承担了大量国家级、省部级及企业课题。近5年,学校承担国家"973计划"、"国家863计划"、国家自然科学基金、国家社会科学基金、国家科技支撑计划、国家科技重大专项、国家重点研发计划等各类国家级课题135项,北京市科委重大科技计划项目、北京市自然科学基金、工信部智能制造综合标准化与新模式应用项目等省部级课题318项,横向课题696项。学校教育部"长江学者"特聘教授、国家"杰青"基金资助获得者宇波博士2年内先后获2项国家重点研发计划子课题资助。学校年均科研经费近6000万元,教师年均科研经费超过10万元,70%的科研经费源自企业或行业。学校鼓励高水平科研成果产出,近五年发表SCI、SSCI、EI论文434篇,申请发明专利507项、获得发明专利授权151项;获得省部级科技奖励11项。学校支持科技成果转化与应用,以焊接机器人为代表的科技成果已在北京新机场、北京城市副中心、港珠澳大桥等重大工程中获得应用,社科成果为大兴区域经济社会发展提供了智力支持。在服务需求的过程中,学校的科研实力、创新能力不断提升,整体科研水平满足博士单位立项建设的基本条件要求,为学校内涵发展提供了有力支撑。

深化合作建设京南大学联盟。抓住首都城市功能定位调整和推进京津冀协同发展的战略机遇,学校与北京印刷学院、北京建筑大学以京南大学科技园为基础,于2016年共同成立京南大学联盟,实现优势互补、共同发展,坚持需求导向和问题导向,聚焦区域经济社会发展需求,并吸引驻区的其他兄弟高校加入联盟,成为服务北京市大兴区域经济社会的高端发展源。校地共同发布《京南大学联盟服务大兴行动计划》,发挥联盟高校在学科专业、人才资源、技术创新等方面的优势,融入京南发展,助力首都"高精尖"经济结构和北京科技创新中心建设。

第四章 应用型大学学科组织机构建设

第一节 完善学科机构

建立一个开放有序的学科组织运行机制和创新机制,可以为学科建设营造良好的外部环境。随着社会的发展,逐渐形成了学科组织机构以及行政管理机构等,协调有序的机构运行机制可使学术共同体个体之间实现更加紧密的联系和有效的配合,有助于学术交流以及相互作用,提高整个学术共同体运行的效益。在如今知识剧增的时代背景下,每个学科的知识或多或少会与其他学科知识出现交叉和融合,运用单一学科的知识已经很难应对日益复杂的问题,故必须建立开放协调的学科组织运行机制,促进学科之间的交流和融合,鼓励学科知识的创新与发展。

一、发挥学术委员会在学科建设中的作用

2018年12月修订的《中华人民共和国高等教育法》第四十二条规定:"高

等学校设立学术委员会,履行下列职责:审议学科建设、专业设置、教学、科学研究计划方案;评定教学、科学研究成果;调查、处理学术纠纷;调查、认定学术不端行为;按照章程审议、决定有关学术发展、学术评价、学术规范的其他事项。"学术委员会是高等学校内部设置的对教学、科研等方面的学术问题进行审评并做出决定的学术机构。根据《普通高等学校本科专业设置规定》,高校的学术委员会在学校设置和调整学科专业的过程中,负责对所建专业是否符合学校的发展规划、是否具有学术发展前景和稳定的人才需求等问题从学术角度进行研究、审议,提出意见,为学校决策提供依据。学术委员会对本校教师、科研人员的年度或者中长期的教学和科研方案进行审议,从学术角度提出可行性意见,以决定该方案是否可以列入学校的教育教学、科研计划;负责校内年度和阶段性教学、科研成果的评定,同时负责将优秀的教学、科研成果审核后推荐给更高一级学术评审机构。

我们要重新审视一下高校的学术委员会在学校整体工作中的作用。学术委员会是学校学术工作的咨询、决策和监督机构,在学术上对学校起参谋作用;学术委员会要对学校重大学术问题进行评议、讨论,研究国内外科学发展趋势和学校的学科发展现状,为学校在科学研究和学科专业建设方面的决策提供咨询性建议。学术委员会应该在确立学术标准、制定学术政策、审议学术方向、评定学术成果,开展学术咨询、提出学术建议,参与学校管理、审议学校战略,建设学术队伍、监督决议执行、组织学术活动以及维护学术道德等方面发挥重要作用。

"教授治学",就是要加强教授在学校的建设发展、学术活动、依法治校中的重要作用。学术委员会成员是高校教授的代表,强调"教授治学",就是强化学术委员会的职能,而"教授治学"的核心内容就是要"治学科""治学术""治学风""治教学"。

"治学科"就是要凝练学科建设方向,塑造学科发展特色,汇聚学科建设队伍,构筑学科发展平台,产生高显示度建设成果。学科建设是学校发展的基础,在学校发展中具有战略性地位。学科和专业设置及水平在很大程度上决定了办学特色和水平,是学校内在的核心竞争力。"治学科"首先要在制定学校的宏观发展规划如学科建设、专业设置等时更多地听取学术委员会的意见。其次,学术委员会"治学科"的重要方面是决定教师队伍建设的重要事项,如人才引进、教授评聘、青年教师的培养等。现在一谈队伍建设好像就是人事处的事,这不对,人事处是决策的执行机构,而引进什么样的人、培养什么样的人要更多地听取学术委员会的意见。学科发展必须要培养人、依靠人、用好人,没有学者就没有学科。

"治学术"就是要增强学术实力,遵守学术规范,坚持学术标准。一所大学,不管是研究型还是应用型,都是人才培养基地,都是知识产生和传播的场所,其本质是学术机构,学术的繁荣是大学实现可持续发展的不竭动力。"治学术"要求教授个人要努力做学问,真正起到学术带头人的作用。要想真正凸显大学的学术本质,必须提高学者的学术含金量,树立学术权威。营造学校良好的学术氛围,学术委员会有义不容辞的责任。

"治学风"就是要倡导学术争鸣,促进学术繁荣。教授们率先垂范,以示范去立规范、行规范。教授在人才培养、教育教学和学术研究方面要体现"尊重的理念",即"尊重知识、尊重人才",破除"官本位"的思想,从而确立学术本位的大学管理制度。教授在传授知识的同时要以其人格魅力和学术魅力感染学生、影响学生,成为学生的良师益友。而且教授要把学科领域的最新知识传授给学生,带领学生站在学科和社会发展的前沿,这样才有利于人才的成长。

"治教学"就是要让教授广泛参与到人才培养和教学管理中来。根据《中华人民共和国高等教育法》,教学工作本身就是学术委员会工作的内容之一。学术委员会应该在教学方面发挥重要作用。大学的根本任务是培养合格的高质量人才,教学、科研和社会服务都是围绕"育人"这一中心任务展开的。教学是育人的主要途径,"治教学"首先要求教授深入一线给学生尤其是本科学生上课。其次,让教授广泛参与到教学管理中来。教学管理是整个学校管理的中心环节,由教授决定学生培养方案、课程设置及教学组织形式,有助于教学水平不断提高。从目前学校教学管理人员的结构来看,一部分来自教师,另一部分来自行政人员,整体教学管理水平不高,其结果是制定出的教学管理措施可能会不科学、不规范、形式化,与教学内容不配套。

高校的学术委员会要着力开展如下几方面的工作:第一,在学科专业建设方面,进行学校学科专业的布局、宏观发展战略规划的制定、学科建设发展的咨询和审议工作;第二,在教学工作方面,开展人才培养方案、教学计划、培养规模、专业设置等方面的审议工作;第三,在队伍建设方面,指导学校人才队伍结构布局的调整,参与人才培养与引进工作及引进人才学术水平的评价工作,负责教授岗位聘任资质审定工作;第四,在学术道德方面,规范学术行为,认定学术失范或学术不端行为;第五,在科学研究方面,评价学校科研机构和科研立项,组织科研活动;第六,在学术活动方面,营造学术氛围,活跃学术气氛。而这些必须通过学校的政策和制度加以保证才能够贯彻和实施。因此,每位学术委员会成员,都要切实履行职责,发挥好决策、咨询和监督作用,为形成优良学术风气,活跃学术气氛,繁荣学术活动作出贡献。①

二、建立专家主导的学科发展决策机制

从世界一流大学的经验看,其组织结构大多是三级,即学校、中间组织(如学院)和基层组织(如系、所),并赋予中间组织和基层组织很大的办学自主权,使集中管理和分权自主有机结合,以保证各学科能根据各自的特点,发挥各自的优势,从而增强学校学术发展的生机和活力。在学校一级,各大学主要由一批知名教授组成的各类委员会进行宏观决策,然后交由职能部门执行,如美国麻省理工学院成立了十几个独立的、对学校最高领导负责的、以教授为主组成的常设委员会,有"教育政策委员会""研究生院政策委员会""教师本科生计划委员会"等。这些委员会对于麻省理工学院保持正确的决策,发扬民主,增强凝聚力起到了极其重要的作用。

反观我国大学的情形,在有关学科发展的重大决策上,中间组织和基层组织没有最终决策权,它们所履行的主要是执行性职能:在学校一级,决策权掌握在行政领导、行政性委员会和各行政部门手中;少数几个由学术人员参与的委员会如学术委员会、教师职称评审委员会等大都存在建制不全、职责不明、权限模糊、影响微弱的问题。为此,应当遵循各国大学通例,完善学术委员会等学术管理制度,赋予其学科发展规划的决策权,使学科发展由长期的行政决策转变为专家决策,使应用型大学学科发展牢固地建立在学者的集体智慧的基础之上。

---

① 柳贡慧.办人民满意的应用型大学[J].北京联合大学学报(自然科学版),2008(3):4-5.

三、建立高度竞争性的学术专业遴选机制

大学的学术专业是学科的载体。尽管大学的图书资料、仪器设备、教学计划、课程体系、教学活动、研究工作等都在一定程度上显示着学科的存在,并代表着学科建设的水平,但是,真正能够反映和代表学科实力和学科发展状况的是大学的学术专业。学术专业主要由全体教学研究人员所构建,教学研究人员个体的学术造诣和整体的学术专长高度集中地反映学科的水平,代表学科的地位。应用型大学在学术专业遴选机制上普遍存在制度不合理性、遴选过程主观随意性大、遴选标准过度低下、遴选决策由行政领导拍板定案的问题,导致学术专业的基准过低,教学研究人员整体学术水平偏低,学术专业长期维持一种低水准的重复建设状态。因此,加强学术专业建设,应当建立高度竞争性的学术专业遴选机制,确保学术专业具有较高水准。

高度竞争性的学术专业遴选机制要求大学在教学研究人员的遴选聘任中:① 提高遴选标准,只聘任合格的和优秀的教学研究人员,不再以牺牲大学生的培养质量为代价让不合格的教师浪费讲坛资源。② 建立规范、合理、系统的教学研究人员遴选聘任制度,杜绝在遴选聘任工作上的盲目性、随意性、人情性、集权性弊端,健全教学研究人员的遴选组织、程序、方法、要求等,并严格依照制度开展遴选聘任工作。③ 坚持遴选的开放性、竞争性,避免"近亲繁殖",消除暗箱操作,为学生慎选老师,为学科精选大师,确保学术专业整体水平的一致性。①

香港理工大学的新专业审批程序值得借鉴:其每个新批准专业的运行周期是两年、三年或五年,到期后需要对现有专业进行再审定,并综合考虑社会和学生需要、专业设计、职员资历和发表的文章、系顾问委员会和其他相关团体的意见,如图4.1所示。

---

① 吴振顺.应用型大学核心能力培育的思路和途径[D].长沙:中南大学,2005:31-33.

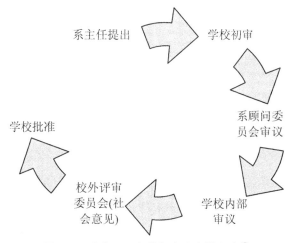

图 4.1 香港理工大学新专业审批程序①

第二节 组建学科团队

师资队伍建设是学科建设的关键。高等学校是出高水平科研成果和培养高素质创造性人才的科研基地和思想仓库,必须拥有一大批年龄、学历、职称等结构合理的、研究方向基本稳定的、学术水平高的、合作精神强的师资队伍。但是,师资队伍建设是十分复杂的系统工程,高等学校管理者不仅要有较高的科学素质,而且要有良好的人文素质;不仅要研究高校,而且要研究社会;不仅要研究科学,而且要研究人物;不仅要有近期的方法,而且要有长远的谋略。高等学校师资队伍建设的基本特征是以学科方向为旗帜,以出高水平人才和科研成果为标志。基本任务是根据学科建设发展需要吸引人才,稳定人才,培养人才,采取多种措施不断调动广大教师投身教学科研的积极性。基本目标是努力建设一支结构合理、素质良好、富有活力、精干高效的师资队伍,不断促进学科建

---

① 李小牧.创新专业学科建设思路打造独具首都特色的应用型大学[J].中国大学教学,2007(11):62.

设向更高层次迈进。①

1. 加强学术梯队建设

学科建设要有在本学科学术造诣高、有一定国际影响或国内公认的学术带头人,有结构合理的高水平学术梯队。学术团队由各个学者组成,其中带头人引领着整个团队研究方向及基本路线。学术带头人凭借其高超的学术造诣,能够敏锐地发现学科前沿问题,在宏观上绘制整个学科未来发展的蓝图,带领学术团队不断发现和探索,抢占学术理论的制高点。学术梯队是重点学科的组织保证,也是学科能否持续发展的关键。梯队成员的年龄配备要力求使之呈现承接有序的最佳状态,比较合理的结构是老中青相结合。老中青的比例以1∶2∶3为宜,大致呈三角形或梯形结构。学术梯队建设的关键在于选择和造就学术带头人。"没有一流的队伍,就没有一流的学科",而学科带头人又是学术队伍的"领头羊",是关键之关键。除了发挥学术带头人对整个学科的引领作用外,一流学科的建设还有赖于整个学术团队的不断实践和提升。在大科学时代背景之下,个人英雄主义式的科研模式已经逐渐被科研团队模式所取代,学术团队对学术带头人起着重要的支撑作用,学术带头人指引的方向和目标需要由整个学术团队的开拓来实现,故建设世界一流学科必然离不开高水平的学术带头人和学术团队的共同推动。

学术梯队建设是保持学术方向相对稳定和承前启后的需要,也是保持学科建设持久发展的需要。科研团队建设是争取大课题和出大成果的需要,也是学科建设上台阶、上水平的需要。加强学术梯队和科研团队建设必须遵循学术带头人负责制与科研课题负责制相结合、相对稳定与合理流动相结合、提倡合作与允许自由个体存在相结合的原则,充分发挥集团战(大课题大成果)与麻雀战(个体积极性高)的优势,努力克服集团战(不易实现)与麻雀战(难成气候)的缺点,并采取以下措施:

(1) 确立研究方向和学术带头人。

(2) 以学术方向为旗帜,以学术带头人为核心,采用招聘引进、自由组合、

---

① 伍百洲,秦大同.论学科建设的内涵、策略与措施[J].重庆大学学报(社会科学版),2004(2):134-137.

组织协调等多种形式,形成学术梯队和科研团队。

(3)明确学术带头人职责。学术带头人的主要职责是把握学术方向,培养梯队成员,组织梯队或团队成员开展学术研究、学术探讨和学术交流等。

(4)以利益为激励手段,在考核、评职称、津贴发放、奖励等各种利益调节中鼓励学术梯队和科研团队的形成。如在考核时,可以把个体考核与团队、小组考核相结合。在评职称时,可以对团队、小组成员予以适当的政策倾斜。在津贴发放时,对组建学术梯队或科研团队成效明显的学术带头人给予高级别的岗位津贴,并适当给予梯队培养或团队管理补贴等。

因此,应强化高层次人才的引领作用,大力引进重点建设学科、特色专业的领军人才和科研团队;落实国外学者引进计划,鼓励教师积极参加国内外学术交流会议;聘请有国际影响力的专家到学校讲学、合作开展科研,实施"国际合作与交流项目推进计划";加快完善学术激励机制;制定"双师型"人才引进政策,从生产企业聘请具有丰富工作经验的骨干技术力量来校兼职或者专职担任专业课教师,邀请技术专家开设专业讲座等,拓宽学生视野,为实现优质就业做准备。

"人才培养"的概念不仅仅指学生的培养,还应当包括学术梯队中青年教师的培养。学术梯队建设是学科建设的核心。以人为本、以学科带头人为纲是新一轮重点学科建设的特点之一。创建高水平学科,首要的是要有一支高水平的学术梯队,它直接关系到学科建设的成败。也可以说,建设一个重点学科,就是建设一支拥有高水平的学科带头人和学术骨干的队伍。这就要求做好两个层面的工作:一是要着力于学科带头人的识别和培养,二是要构建学科带头人带领下的研究团队。

有研究表明,正高职称的导师比例越高、中青年导师比例越大、具有博士学位导师越多,则越能够推动学科的建设和发展,全面提升学科的综合实力和竞争力,学科综合排名与导师队伍结构相互影响,互为因果关系。学科梯队的构建要注重保持学科队伍相对的稳定性以及梯队结构(包括年龄结构、知识结构、职称结构、能力结构等)的不断优化,这是学科优势积累的基础。学科梯队一旦建立,应当保持相对长时间内的稳定,因为"十年树木,百年树人"。所以,管理部门要加强对学科梯队的监控和评估,一旦出现某一方面的断层,就要采取有效措施(如人才引进和重点培养等)予以弥补。同时,还要处理好重点与一般的关系、培养与选拔的关系等,真正实现学术梯队建设的优化组合。①

案例:北京石油化工学院②

国家和地方两个层面的"双一流"建设给各类高校都提供了建设高水平大学、高水平学科的政策机遇,为高校内涵发展注入了新的政策动力。北京石油化工学院根据《关于统筹推进北京高等教育改革发展的若干意见》,积极与北京地区的央属"双一流"高校合作共建,提升优势学科建设水平。目前,已经与清华大学签署合作协议,共建该学院机械工程一级学科,同时发挥两校各自的优势,在科学研究、师资队伍建设、人才培养等方面进行协同创新。为进一步提升优势特色学科的建设水平,该学院依据"强优、扶特、扶需"的原则对接北京"四个中心"战略定位及国家和北京经济社会发展需求,支持和培育机械工程、安全科学与工程等学科积极参与北京高校高精尖学科建设项目,通过高精尖学科建设项目引领带动学校高水平应用型大学建设。此外,该学院还通过多种途径,积极与北京地区的中央部属"双一流"建设高校合作开展学科建设,助推高精尖学科建设。

高等学校竞争的内涵之一就是学科的竞争。学科竞争的关键是人才的竞争。队伍建设是学科专业建设的重中之重。应用型本科院校在学科专业建设的诸多因素和环节中,最关键、最困难的是梯队建设,而梯队建设的核心是学科带头人的选拔和培养。学科水平的提高与学科带头人的培养、选拔、使用有着直接的关系:没有高水平的学科带头人和学术骨干,学科专业建设水平是不会得到提高的。但是,对于像该学院这样基础条件相对薄弱的应用型高校而言,经常会遇到两种困难:一是学院急需发展的学科,缺乏学科带头人;二是现有优秀人才所在的学科方向不适于作为学校重点发展的学科方向。优秀的学科带头人的匮乏成为制约学院学科建设和发展的瓶颈。对此,该学院的做法是:首先,注意营造环境,培育出适合优秀学科带头人产生的土

---

① 张亚群.高等学校学科建设中的关系链链接[J].江苏高教,2005(5):90-92.
② 北京石油化工学院.以学科建设和科技创新促进高水平应用型大学建设[J].北京教育(高教),2018:85.

壤,及时发现好苗子,精心加以培护,促进其茁壮成长。其次,学校以超前的意识,选准可行的学科,确定可行的建设路线,选择基础扎实、专业相近,且有创新精神的人才,及时转向该领域。从实施情况看,该方法收到了较好的效果。再次,改变传统用人观念,采取各种灵活多样的用人方式,建立柔性用人机制,对优秀人才不求所有但求所用。最后,及时引进优秀人才。应用型高校应建立重点建设学科带头人引进的保障机制,舍得花大代价,引进急需人才,以确保学校对重点学科建设投入的有效性和学科方向把握的准确性,避免出现因人设方向的学科建设的无序状态,使学科建设少走弯路。近4年,北京石油化工学院投资1800万元培养和引进学科带头人,形成了相对稳定的学术梯队。构建了"控制理论与控制工程"和"机械制造及其自动化"重点学科。总之,学科是高校履行人才培养、科学研究和服务社会三大职能的基本平台。学科建设不仅是研究型大学的需要,应用型大学也同样需要学科建设。在我国高等教育体系中发挥重要作用的应用型大学,应牢牢把握学科建设这一办学根本。

2. 加强教师队伍建设

应用型大学学科建设的核心要点之一是提高教师应用型学科的教学水平,包括专业素质、研究能力和执教能力。大学教师是学科建设、专业建设与人才培养的实施主体,学科建设的成功离不开广大教职工的积极参与。

首先要设计激励机制,如科研经费资助和配套制度、科研成果奖励制度、职称晋升制度、岗位聘任制度等,调动教师参与应用型学科建设的积极性。其次是组织和建设学科团队。按照学科规划和重点建设的要求,根据不同级别学科发展目标引进和配置师资,以国内有较大影响和水平领先的学科带头人和学科骨干为主,充分保证研究条件。再次,加强学科梯队建设。增强学科梯队承担高层次科研项目的能力,提高科研能力和水平,使学科成为科学研究的高地、人才培养的基地。学校的学科建设实际上也是一种办学行为,其任务也不仅仅是提高这门学科的水平。应用型大学学科建设的重要任务就是人才培养,其中教师队伍的培养是很重要的方面,须提高教师的水平和能力,包括教师的专业素质、科研水平和执教能力。优化学科结构、营造学术发展的环境等都可以在学科建设这个大平台上完成。如果学科布点不能为人才培养服务的话,学科建设就失去了意义。

案例:天津工程师范学院①

天津工程师范学院是我国应用型大学的代表之一,它既是我国培养职业教育师资的摇篮,也是一所培养应用型"双高"人才的综合性应用型大学。办学25年来,不仅为我国职业院校培养了大批优秀"双师型"教师,也为生产一线培养了急需的高技能人才,备受国家和社会的重视。1997年,"双证书一体化"的人才培养创造了辉煌业绩;2005年,"本科+技师"高技能人才培养模式再度获得国家教学成果一等奖,被《光明日报》誉为"引领世界培养高等技术人才潮流"。在2006高校本科教学水平评估中,其学科建设与人才培养模式再度受到专家和社会的认可,取得了优异的成绩。这些成果的取得,归根到底得益于学院学科建设的内功。

为突出办学特色,天津工程师范学院积极着力打造一支高质量的"双师型"教师队伍:首先是抓入口,在教师聘用方面,要求新教师必须通过"三关"——教学关、科研关和技能关;其次是抓培养,学院通过输送优秀骨干教师外出培训、进修、深造、访问等形式,积极创造条件让教师进行知识更新和补充,在科研中能够真正做出一批引导学科发展前沿的优秀成果;第三是抓提高,选送优秀主讲教师进行社会实践,使他们有机会走出学校了解相关学科的发展前沿和社会需求,能够为学生带来更多书本以外的信息;第四是抓引进,积极吸收社会上的企业骨干、专家、能手作为学校的特聘教师,为教师队伍注入了鲜活的力量。

案例:长江师范学院②

学科专业建设的方向以及建设成效,首先体现在学科专业建设的主体即教学团队、学术团队的能动性上。要建设教学应用型的学科专

---

① 刘晓,周明星.应用型大学学科建设:内涵、内容与内功——以天津工程师范学院学科建设工作为例[J].荆门职业技术学院学报(教育学刊),2007(7):45.

② 张大友,冉隆锋.地方高校教学应用型学科专业建设的特色培育路径研究:以长江师范学院为例[J].贵州师范学院学报,2013(9):75-76.

业，必须首先培育具有能动性的专业团队和学术团队以及相应的学术平台。长江师范学院坚持把服务区域产业结构调整和技术创新、促进地方资源的开发与利用、推动地方特色产业发展作为学科专业建设的根本价值取向，大力培育着眼区域研究的学术平台和团队。在这种价值取向下，研究过程与研究成果能够切实为经济社会发展提供相对看得见摸得着的效果，大大提升了研究人员的成就感和自我效能感。

长江师范学院先后结合区域经济、社会发展实际，组建了三峡库区环境资源与社会发展、教师教育、武陵山区新农村发展、乌江流域民族文化传承与创新等教学研究大团队。对到企事业单位参加生产实践或合作研究的教师给予生活津贴，并将是否有企事业单位工作经历作为岗位聘任和职称晋升的条件之一；同时，选派教师到应用型大学进行相关专业交流、培训，大量教师到企事业单位一线实践锻炼，到国内应用型大学参加职业技能培训，使得学校师资队伍结构发生了显著变化。另外，聘请行业学术技术骨干到学校任教，建立兼职教师队伍，学校充分利用社会资源办学，聘请涪陵周边中小学以及太极集团、涪陵榨菜、川东造船厂等企业的专业技术骨干担任兼职教师，负责实践课的教学。初步形成了与"教学应用型大学"相适应的应用型师资队伍以及科研生态环境和自主创新体系。

3. 创新人事管理与学术评价体制

要创新人事编制管理制度，对交叉学科的学术人员实行固定编制和流动编制相结合的"弹性编制"制度。可以在学校"顶层规划"的基础上赋予交叉学科组织或部门在人员待遇、职称评定与经费分配等方面更多的自主权；对跨学科的学术人才进行遴选后纳入"跨学科人才库"，实行特殊管理，实行跨学科研究中心与学院共聘，成果归属共享。

其次，学校要创新学术人员的考评机制。我国应用型本科院校基本采用"积分制"对学术人员进行业绩考核，其中教学与科研属于考核重心，但是，跨学科学术人员很难在论文发表、成果鉴定与奖项获取等方面形成优势，因此，学校要结合交叉学科学术研究的实际采取灵活机动的评价政策，注重交叉学科的业绩与未来走向，实行价值性考核与成果性考核相结合的综合评价方式；同时设立校级"交叉学科评价委员会"专门负责对交叉学科学术人员的考核工作,要组织包括校内外专家在内的考核评估小组参与评价工作;考核指标体系中要体现交叉学科在学校学科建设中的作用,体现其成果孕育周期、成果的质量与团队的合作性等。①

总之,人才是学科发展的根本,是学科发展的第一要素。习近平在中国科学院第十九次院士大会、中国工程院第十四次院士大会上的讲话指出,"要牢固确立人才引领发展的战略地位,全面聚集人才,着力夯实创新发展人才基础"。高校建设一流学科首先要加快培养和引进高层次人才,产生高水平学科带头人,并充分发挥其在引领和支撑学科发展方面的作用。同时还要注重深化人事体制机制改革,建立健全以创新能力、质量、贡献为导向的人才评价体系,形成并实施有利于人才潜心研究和创新的评价制度。高水平行业特色型大学要准确把握育才引才重点方向,结合学校优势特色,依托国家和省重大人才工程,采取柔性引进、项目引进、专项资助引进等方式,加快集聚国内外顶级学科领军人才、创新团队。积极进行绩效考核和薪酬激励政策改革,探索实施对不同学科师资队伍的分类评价和考核机制,为引进人才、留住人才、充分发挥人才的作用创造良好的制度环境。要加大对优秀青年拔尖人才的培育力度,分层次、有重点地遴选和培养一批学术人才和教学骨干,在学校内形成"有利于人才成长的培养机制、有利于人尽其才的使用机制、有利于竞相成长的激励机制、有利于各类人才脱颖而出的竞争机制"。

案例:北京联合大学②

在人才梯队建设中,必须始终坚持"以人为本"的思想理念,这也是在学科建设中自始至终都须遵循的主线,是提高教学质量、科研水平以及服务社会能力和水平的重要基础。进行学科建设工作,其根本目的是培养应用型人才,实现人的全面发展,即以教师为主导,建一支走在学术前沿、视野开阔、服务行业的高素质团队,去实现教师自身的全面发展;以学生为中心,充分发挥教师在学生中的主导核心作用,积

---

① 姜淼芳,肖爱.我国应用型本科院校学科建设模式的反思与体制创新[J].江苏高教,2017(9):33-35.

② 刘美,叶晓.浅谈应用型大学的学科建设[J].中国电力教育,2009(10):41.

极倡导和培养学生的研究性、自主性、应用性和个性,塑造学生优良的品质,这就要求不断提高教师的教学质量和水平,想要真正要做到这一点,就必须提高教师的知识水平,途径之一就是积极参加科学研究活动。此外,"以人为本"的学科建设理念就是要求必须依靠教师,依靠团队的力量,才能促进学科的发展。离开了教师的全面发展只谈学科建设发展,就成了纸上谈兵。教师内涵的建设和发展是学科建设的根本目的和根本动力,通过学科建设能够促进教师全面发展,依靠教师的全面发展,反过来又促进学科建设发展,两者相互影响、相互促进,只有这样才能真正实现可持续性的发展。基于此,北京联合大学主要从以下两个方面开展人才梯队建设工作:一是注重对现有教师学术能力、教学水平的培养,通过加强与外单位合作、开展学术交流活动、选派教职工出国培训等手段来加强教师的内涵素质建设;通过激励制度、聘任制度、考核制度等手段调动教师参与学科建设各方面工作的积极性,充分挖掘教师的潜能,实现教师的全面发展;二是在坚持"以人为本"的思想理念基础上,注重对学校急需学科人才的引进工作,通过引进具有高水平的学术带头人,与学科方向内其他教师建立合作伙伴关系,以便共同建设学科,以此形成学校的优势学科、特色学科。

第三节　保障财政投入

科学研究是由学术团队在学术带头人的带领下,围绕某一领域进行知识的生产、传播和应用的过程,一项先进的科学研究除了作为主体的学者的活动,还离不开先进器材和设备等物质条件的支持。充足的经费和先进的设备是学科组织能够持续运行的必要条件,学科研究水平的高低很大程度上取决于投入经费的多寡。如哈佛大学的医学学科排名位居世界前三,该学科每年所获经费约占哈佛大学总科研经费的三分之一,其从美国联邦政府获得的经费占哈佛大学所获经费的70%。学科研究水平的提升有赖于充足的外部物质条件保证,故要建设一流学科和高水平的学术队伍,应加强对其经费的投入以提供强有力的外部物质支撑。

在我国,应用型大学基本上是省属本科高校,排名和资源都在中下档次,不得已才走上"应用型"的道路。因而,应用型高校自然也就没有资金和资源上的优势,并且随学校招生规模的迅速扩大,原先已经捉襟见肘的财政资金,又被各种项目的资金配套需要分散,能够落实到科研平台建设上的资金和资源所剩无几,这已经成为每一个应用型大学共同面临的现状。

一、建立多渠道、立体式的大学发展投资体系

建设高水平的、一流的行业特色型大学需要有充足的教育资金来源。长期以来,我国公办大学投资体制是以政府投资为主要渠道。高等教育成本分担改革后,逐步形成了国家投资和私人成本补偿为主体的资金体系。然而对于大学发展而言,国家投资毕竟有限,大学自筹资金十分关键。行业特色型大学划转地方管理后,对大学筹集资金的能力是一个严峻的考验。行业特色型大学拥有特殊的人力资源,这些人力资源拥有的技术和创新能力能为行业企业创造巨额的经济效益,理应换来丰厚的回报。建立多渠道、立体式的大学发展投资体系,要求大学发挥品牌优势,以社会服务为渠道,以科技生产为核心,加强校企合作,转化科研成果,联合攻关,共建项目,采用订单合同培养的方式为企业培养业务骨干,以此吸纳行业企业资金,多渠道筹集办学经费。此外,行业特色型大学品牌学科一般具有较好的知名度和美誉度,这种特殊的扩张力和影响力能够给学校带来社会捐资、个人捐资等多种外部资金支持,从而形成地方政府投资、行业支持、社会捐资、学生家庭补偿等立体式的大学发展投资体系。[①]

案例:北京联合大学[②]

项目是学科建设的载体,是建设学科、发展学科的依托。所承担

[①] 胥桂宏.行业特色型大学在"双一流"战略中的发展与对策思考[J].河北师范大学学报(教育科学版),2017(5):74-75.

[②] 刘美,叶晓.浅谈应用型大学的学科建设[J].中国电力教育,2009(10):41.

项目的级别高低、数量多少是衡量学科建设水平如何的重要指标。争取更多的项目经费,能够使学科建设中的物质条件得到改善;争取重大项目,是科研学术水平获得提升的体现。因此,重视项目研究工作是学科建设过程中的主要环节,是组织队伍、明确研究方向、提升教职工学术水平的重要手段。高校的办学水平主要通过学科建设水平来体现,而学科建设水平可以通过科研水平来衡量,集中人力、财力加强科学研究也是促进学科建设快速发展的重要保证。然而,科学研究工作是一项十分艰辛的工作,高校教师在做好教学工作、学生工作之余,必须投入大量的时间、精力和物力进行科研活动,因此,营造良好的学术环境,建立有效的激励机制,在经费、待遇和生活条件上给教职工以充分保障,有利于教师集中精力进行科研工作。

学校建设初期的工作主要集中在教学阶段建设中,教师梯队中学历、职称、学科方向参差不齐,科研工作基本上都是各自为战,低水平、重复性的研究工作多,国家级、省部级的项目几乎没有,学科建设处于低水平层面。因此,学校在以提升科研水平促进学科建设方面给予了高度重视,主要体现在以下几个方面:一方面在特色学科、优势学科经费资助上给予政策倾斜,优先扶持校院级重点建设学科,通过重点建设学科带动一般学科或相关学科群;另一方面,通过设立校级、院级项目对学校有一定基础和发展潜力的教师进行重点培养,提升科研水平,积累科研成果,为申报国家级、省部级项目做好基础准备。此外,每年定期召开学科建设工作会,举办学科建设成果展览,表彰在学科建设工作中有突出贡献的教师,同时,进一步加强与外界相关领域的学术交流与合作,在借鉴兄弟院校学科建设的成功经验方面也做了一定的工作,这样做充分调动了教师积极参与科研工作,争取更多的项目经费,发挥学科建设的龙头作用,为学校可持续发展奠定基础。

二、建立倾斜性的财政投入机制,有重点地支持部分学科进行交叉

应用型本科院校办学资金来源渠道单一、体量过小,要想全面投入促进所

有学科进行交叉的可行性较小,因此,政府和高校应该建立学科交叉专项财政投入机制。而政府的财政扶持政策需要转变传统的"乱点鸳鸯谱"的做法,要根据社会需求进行学科评估后确定重点扶持学科。社会需求为学科发展提供了应用空间,是促进学科发展的最强劲的外生性动力。科学史表明,社会需求与科学内在逻辑的交叉点往往就是科学的生长点。作为政府主管部门需要根据当地社会需求和第三方评价机构的评价结果来确定哪些学科可以进行交叉,政府要建立专项资助政策,学校要对"学科交叉发展"进行专项预决算,对交叉学科的项目启动、成果孵化与外围配套形成稳定资助;学校和学院要针对教师参与学科交叉学术活动制定倾向性政策,如在成果认定、工作量补贴、探索性工作等方面提供鼓励性基金;探索建立鼓励学科交叉教师的聘用、评价和考核等机制以及不同学院之间的学术互惠机制;对交叉性强的"学科特区"赋予财、权、人等资源的自主调配权。①

---

① 姜淼芳,肖爱.我国应用型本科院校学科建设模式的反思与体制创新[J].江苏高教,2017(9):33-35.

第五章 应用型大学学科建设保障体系

第一节 制定学科规划

一、必要性

常姝根据组织管理理论认为,一个组织的生存与发展诉求是这个组织大战略管理不断推进的内驱力。在激烈的高等教育竞争中,学科发展战略管理是高校发展战略管理的重中之重,这将在根本上决定这所高校的发展前景。应用型大学想要占有一席之地,就必须把发展的战略管理重点放在学科发展上。[①] 无论从哪一个角度来看,学科发展都直接影响着高校战略管理的效率。从内部环境看,学科是大学的基本组成单元,高校通过学科划分专业进而从事教学、科研

---

① 丹尼尔•若雷,赫伯特•谢尔曼.从战略到变革:高校战略规划实施[M].周艳,赵炬明,译.桂林:广西师范大学出版社,2006.

和社会服务活动，也正是因为学科组织的存在，使得高校成为一个结构松散的复杂性组织，具有目标多元化和模糊化的特点；从外部环境来看，大学身处于开放的系统中，"到处都是变革的动力，到处都是变革的机会"。①

学科建设规划是在调查研究区域学科教学发展状况并分析存在问题的基础上，提出发展思路，制定发展方案，推动学科教学整体发展。学科发展规划对学科建设具有方向引领、路径设计、操作指南的作用。学科建设规划可以帮助教师通过价值认同、课程理解、能力提升的全面整合激发教师内心深处对学科建设的热情，从而达成实践共识。

制定高校专业学科发展的合理模式要把规划贯穿于高校的决策之中，需要与社会进步、科技进程、经济发展相联系。不但要利用过去的成果、经验，而且更要重视对今后工作的指导作用。这样就可能处理好过去与现在、当前与长远的关系，做到既能保持相对的稳定性、现实性、又具有一定的灵活性、适应性，力争获得最优的办学效益和发展空间。

应用型大学学科规划要体现应用性教育的特点，选准本学科的主要发展方向，在一定时期内保持相对稳定，努力形成应用性特色。制订培养高层次专门人才和科学研究的具体计划，并安排落实。科学研究的重点方向不要重复，应相对集中、突出应用性教育的特点。在学科建设中，不仅各学科要有自己的规划，学校也应有总的规划；在制定规划时，不仅要考虑自身的发展规律、国内外同类学科的发展趋势、国家和高校所在地区的经济建设和社会发展需要，更应从自身的实际情况出发，根据学科总的发展方向，在给学科"定位"的基础上，确定学校建设的战略目标，制定学科建设的总体目标。通过学科规划，使各学科各安其位，各尽其能，办出特色，克服各高校间盲目攀比的"升格风"。学科建设规划应纳入学校发展的总体规划中。

案例：长江师范学院②

长江师范学院将"教学应用型大学"建设作为转型发展、科学发展的战略目标后，在应用型学科、专业的建设上，坚持与区域经济社会发

---

① 常姝.行业特色型高校学科发展战略管理研究[D].南京：南京农业大学，2011.
② 张大友，冉隆锋.地方高校教学应用型学科专业建设的特色培育路径研究：以长江师范学院为例[J].贵州师范学院学报，2013(9)：75.

展相结合,服务地方经济社会发展,开辟出特色鲜明的学科专业建设路径,对教学应用型大学建设具有一定的示范意义。学校重视地缘优势,整合学术资源,通过错位竞争,培育了服务地方经济社会发展的富有特色的"乌江""三峡"研究领域。学校地处"三区"(同时地处渝东南民族地区、三峡库区、武陵贫困山区,简称"三区"),扎根乡土,把科学研究重点聚焦在乌江流域、三峡库区,培植独具特色的学科优势,设置紧密联系地方经济社会实际的应用型专业,服务"三区"卓有成效。学校先后制定了《关于加强科研工作的若干意见》《学科专业建设十一五规划》等文件,着力在区域研究方面培育学术环境,打造科研特色,推进地方特色课程建设,提升学生的人文素养和地方情怀,服务"三区"经济社会发展。

二、基本内容

1. 指导思想、建设内容和实现目标必须与学校的实际情况相结合

学科建设首先应统一思想,科学规划。应用型大学教学水平和人才培养质量的提升,必须首先创新学科建设思路,全面、协调、可持续地建设学科专业。学科建设的指导思想、建设内容和实现目标必须与学校的实际情况相结合。学科建设的三要素是汇聚队伍、凝练方向、搭建平台,对于应用型大学来说,学校的学科建设既应体现在推动学科整体发展上,也应体现在利用学科发展成果培养人才和解决社会问题上。当代科学技术呈现快速发展的态势,新的学科方向和研究领域不断涌现,学科建设的过程就是根据自身资源、优势进行选择,确定方向,推动学科的整合配置。[1]

学校的学科建设实际上也是一种办学行为,其任务不仅仅是提高这门学科的水平,应用型大学学科建设的重要任务就是人才培养,其中很重要的方面是教师队伍的培养,提高教师的水平和能力,包括教师的专业素质、科研水平和执

---

[1] 吴智泉.应用型大学发展应用性学科探析[J].民办教育研究,2009(7):72.

教能力,这些都可以在学科这个大平台上完成。当然还包括优化学科结构,营造学术发展的环境等。

从这一指导思想出发就要把提高本科教育质量纳入到学科建设的目标和规划之中。应用型大学的学科建设不仅要重视学科在应用领域的突破,而且还要尽最大努力把应用型的研究成果转化到我们的教学之中,尽快转化成我们的优质教学资源,这样既要重视发挥学科带头人的领军作用,还要重视整体队伍的结构和科研能力,以及教学能力的建设。

2. 学科布局

应用型大学学科建设首先要搞好学科布局。学科布局的合理性,对于应用型人才的培养质量,特别是研究生和本科生的教育质量起到至关重要的作用。确定学校的重点学科,不能只根据学校学科、专业建设的现状进行,既要将目前有一定基础的学科确定为重点,更要根据学校的办学思想,明确学校发展目标,并根据发展目标进行学科布局、加强重点学科建设。重点学科评选的主要内容包括学科方向、学术队伍、人才培养、科学研究、条件建设和学术交流。应用型大学重点学科应具备的基本条件是:① 有明确的研究方向。② 有高水平的学术带头人。③ 承担着重要研究项目,并取得一定数量较高水平的应用性研究成果。④ 有良好的学术环境和学术氛围。

学科专业布局要充分考虑对专业建设和人才培养的支撑作用,要满足优势特色原则。所谓特色就是人无我有,所谓优势就是人有我强。要梳理出现有的优势和有特色的学科专业重点建设,以凸显学校的优势和特色。

应用型大学重点学科的特点是要与本校的办学定位一致,突出应用性教育的特点,与教学紧密结合。重点学科建设涵盖了高校科学研究、人才培养、为社会服务等职能。从目前应用型高校发展现状来看,其教学、科学研究工作的基础和自身发展的能力有强有弱,外部支持条件有优有劣,发展是不平衡的,客观上亦是有层次的;即使在一所高校内部,学科发展也不平衡。择优扶持一批重点学科是高校自身发展的不平衡性所决定的。因此,有必要区分学科建设的层次性,区分重点建设的学科和一般建设的学科,在国家和地区的经济建设和社会发展中发挥自身作用。

3. 学科结构

理性设计优化的学科专业结构。学校在制定学科建设规划和组织实施学科建设时,应在具体分析现有学科及其博士点、硕士点的基础上,理顺本单位的学科建设体系,重点建设主干学科,加强基础学科,扶持发展新兴交叉学科,处理好支撑学科与主干学科的关系,从而促进学校学科建设的协调和持续发展。

在科技革命、文化繁荣的当代,人类所创造的文化科学技术难以计数,学科专业领域纷繁复杂。不论在经济的意义上还是在文化的意义上,每一门学科专业都有其存在的价值,都有其适用的社会领域和人群。应用型大学的教育和研究建立在各门学科专业的基础之上,人才培养和科学发现与学科专业结构有着不可割裂的联系。有的大学不顾自身学科专业基础、合理的学科专业结构要求和办学实力,片面地铺大摊子,追求学科专业多而全,却忽视了学科专业良性发展的内在逻辑要求,造成学科专业虽然建立起来了,但学术水平长期上不去,学校学科专业整体发展水平极度不平衡,有限的办学资源高度分散,学校发展步伐迟缓,学术水平难以在总体上得到提升,重专业建设而忽视学科建设,学校的竞争力薄弱。大学未来发展的趋势就是稳步有序发展,尤其是学科专业的理性发展。未来大学学科专业发展应当摒弃非理性扩张、无序发展,通过理性设计和调整改造,优化学科专业的内在结构,使学校学科专业数量适当、科类匹配、结构合理、优势互补、特色鲜明,增强学科专业发展的生机和活力,为学校核心能力的提高和可持续健康发展奠定基础。①

新形势下的学科专业结构调整及优化受区域经济、产业结构演变、高等教育大众化、市场经济的影响与制约,应用型大学要考虑这四个方面的要求,担负起为区域经济做贡献的责任,综合分析,在实践中积累、探索、提升人才培养的适应性的方法。应用型大学须避免人为主观愿望,抵制盲目跟风综合性大学的办学轨迹,应集中学校办学资源,优先发展特色学科专业,围绕优势特色学科,协同构建高水平学科群,发展相关基础学科,支撑特色学科专业建设,建立人才培养模式的品牌效应,开展产学研合作,加强与行业的联系程度,造就一支出色

---

① 吴振顺.应用型大学核心能力培育的思路和途径[D].长沙:中南大学,2005:33.

拔尖的教师队伍,为学科建设提供智力保障。① 应用型大学应从发展战略、学科规划等要素上着手解决。对于应用型大学在学科专业体系方面的研究主要集中在优势学科如何影响应用型大学的核心竞争力这一问题上。应用型大学有着传统的历史特色和学科优势,在发展中要使原有的特色变得更加卓越,同时围绕行业特色扶持一些新兴学科,注意学科间的交叉融合。

4. 学科建设文化

应用型大学作为高等教育体系的重要组成部分,在创建一流学科中必须积极推动文化传承创新,提升学科建设软实力。要主动适应时代发展潮流,改革创新管理模式,建立和完善现代大学管理制度。大力营造崇尚科学、追求真理、自由开放、勇于创新的氛围与环境,积极培育优良的师德师风和教风学风。大力推动哲学社会科学精准发展,加强对中华民族优秀传统文化和学校特有文化的整理、研究和宣传,汲取精华、传承创新,充分发挥优秀文化的教化育人作用。以学校精神、行业精神积淀为基础,不断汲取国内外先进的大学文化元素,传承和培育具有学校特色的一流大学精神和文化。要积极参与海内外学术与文化交流活动,不断提高学校文化传播力。通过课堂教学、社会实践、环境营造等途径,将社会主义核心价值体系、行业精神文化和学校特色文化逐渐融入人才培养全过程。加强基层学科组织文化建设,进一步促进学科组织文化对学科组织发展产生的目标导向、组织振兴、团队凝聚、行为规范、创新推动等作用,不断增强学科内部凝聚力。

5. 学术交流

强化国际交流合作,增强学科国际影响力。纵观世界范围内的知名学府,在其飞速发展的进程中无一例外地选择了国际化战略,全面提升国际合作与交流水平是高水平行业特色大学建设一流学科的必由之路。应用型大学要紧抓国家"一带一路"倡议,充分发挥行业优势和学科特色,服务走出去的大型企业,

---

① 薛岩松,卢富强,毕华玲.行业特色高校学科与专业建设策略[J].中国高校科技,2014(7):42-45.

继续加强校企合作,开展教育合作,扩大国际教育规模。探索为其他国家提供科技服务的路径和机制,实现科技服务国际化,提升参与大科学工程、国际合作研究的规模和水平。与世界一流大学、科研机构共建高水平实质性合作研究平台或产学研基地,加强与发达国家知名大学、科研机构、学术组织的合作,提升特色学科的国际影响力。推进师资队伍和管理队伍国际化建设。鼓励和支持校内教师申请国际科研合作项目,提高对在高水平国际学术期刊发表科研成果和成功申请国际专利的支持力度。积极探索新方法,开拓渠道,建立灵活的国际化师资聘用、评估、考核、分配等制度,引进境外优秀教师、课程等。设立国际交流合作专项基金,对高端外籍专家到校工作、杰出青年人才开展国际学术交流进行专项资助。

案例:北京联合大学[①]

北京联合大学把建设高水平、有特色、首都人民满意的城市型、应用型大学作为发展目标,立足北京、服务京津冀、辐射全国、放眼世界,把着力培养适应国民经济和社会发展需要的高素质应用型人才作为学校的办学定位。

北京联合大学抓住京津冀协同发展、建设"以首都为核心的世界级城市群"的历史机遇,主动结合区域城市经济社会发展需求,对接区域行业产业集群,寻找学科专业建设与服务社会相结合的生长点,坚持"有所为,有所不为",科学规划学科专业布局,制定学科专业群发展建设规划,着力发展已有较好基础并具有明显特色与优势的应用型学科专业集群,同时瞄准应用型学科专业前沿和区域城市经济的实际需要,凝练应用型学科专业方向,形成新的应用型学科专业优势和特色。

学校注重顶层设计,进一步整合学科和专业布局,将原有按学科组建的工科学院进行重组,成立了机器人学院、城市轨道交通与物流学院、智慧城市学院及健康与环境学院。机器人学院瞄准北京市产业结构发展"高精尖"产业,以科学任务为载体汇集学科、整合专业,打破传统用人及管理模式,直接聘请院士担任院长。以机器人创新及应用

---

① 齐再前.走内涵发展之路,提升城市型、应用型大学人才供给质量[J].北京联合大学学报,2017(3):18.

为突破口,以学生的兴趣和潜质为导向,以解决科学任务带动人才培养,探索以高水平科研引领应用型、复合型创新人才培养的新机制。依托校级实验班,探索产教融合、协同育人的创新人才培养模式改革。城市轨道交通与物流学院面向"一带一路"和京津冀地区轨道交通、物流领域的重大需求,与俄罗斯莫斯科罗蒙诺索夫国立大学、乌拉尔国立交通大学等俄罗斯8所高校合作启动了多项国际合作项目,以学科交叉、信息化和国际化为特色,推进教学科研一体化发展,努力成为京津冀地区轨道交通与物流领域应用型人才培养基地。智慧城市学院服务于城市新业态,以智慧城市的信息技术应用为方向,建成了智慧农场开发平台、智慧牧场开发平台、智能穿戴开发平台、智慧家居开发平台以及智慧系统实验开发平台。强化学生的实践能力训练,培养首都信息化产业发展急需的应用型人才。健康与环境学院则聚焦"健康"与"环境"两大城市发展主题,围绕与首都人民生活息息相关的城市环境、生态健康、食品安全、生物医药、健康管理等,为实现"美丽北京""健康北京"贡献力量。同时,针对北京市四种功能定位,以传承民族文化、服务文化创意产业、整合组建艺术学院、立足北京市区域特点和文化传统为基础,探索校企融合共同培养文化创意人才的新模式;以提升经济管理类专业服务首都现代服务业的能力,围绕金融业、商贸服务业和旅游行业发展,建设经济类、旅游类和商贸类专业群为手段,探索校企融合培养创新创业人才的新模式。

三、实施过程

首先,广泛且系统地收集学校内外部运行的基本数据和信息是制定规划的基础工作。学科建设是一个庞大而复杂的系统工程,准确地掌握学校内外的有关情况和信息十分重要。这些信息包括:第一,大学外部信息。第二,大学宏观信息。第三,大学制度信息,即:教学、人事、科研、财务等方面的主要管理制度;学科、专业、精品课程、实验室和实训实习基地建设的实施办法;研究生教育、本科教育各专业培养计划;科研奖励、职称评聘、人事分配、人才引进、干部选拔、年度考核、资源配置等事关教职员工利益的有关文件。第四,学科专业信息,即:学校原有的关于学科建设目标、结构、重点方面的有关材料;学校各主要专业的基本状况及在本省同专业中的位置;本科教育专业基本信息一览表;研究生教育专业基本信息一览表。第五,教师与学生信息,即:学科带头人和教学名师情况一览表;外聘教师(含技师)情况一览表;近5年来学生在校期间获得国际国内重要奖项情况一览表。第六,科研信息,即:近5年来省部级以上科研立项与完成情况一览表;近5年来发表学术成果情况一览表;近5年来获得科研奖励情况一览表。

在了解和掌握基本发展情况的基础上,通过深度访谈、集体座谈、实地考察等多种途径,尽量收集可供决策的重要信息。首先,分别与学校党委书记、校长进行深入交流,听取他们的基本设想;同时,与校领导班子成员座谈,听取意见。其次,召开校职能部门负责人、院系负责人座谈会,进行广泛交流。再次,走访所有的院系,听取学术带头人和部分教师的意见,考察基地和实验室等,深入了解一手信息。以对校职能部门的调研为例,调研内容可以包括:

(1) 学校在学科建设方面的主要举措、问题和经验有哪些?对新的学科发展规划有什么期待?

(2) 学校的办学优势和办学特色有哪些?学科优势和学科特色有哪些?

(3) 学校学科建设应坚持什么指导思想?如何确立学校学科建设的目标?

(4) 目前学校学科的布局与结构是否科学合理?学科布局与结构调整中的主要瓶颈是什么?作为学校职能部门负责人有哪些针对性的建议?

(5) 学校确立重点发展学科的应遵循什么原则?如何确立?

(6) 学校在重点学科建设中组织结构和资源配置是否合理?还有哪些需要改进的地方?

(7) 学校职能部门如何在学科建设中提高管理和服务水平?

在全面采集信息和深入访谈考察的基础上,可以多次召开研讨会,对学科建设与发展的优势与劣势、机遇与挑战、指导思想与基本原则、总体目标与具体任务、主要措施等问题,逐项进行分析,提出初步意见,在此基础上,形成规划初稿。学科建设与发展规划初稿形成之后,在听取各种意见与建议的基础上对规划进行修改,形成规划的讨论稿。

规划讨论稿的主要内容包括:分析学校发展的优势、机遇、困难与挑战。通过环境扫描和SWOT分析,对学校发展形成比较客观的认识,如图5.1所示。

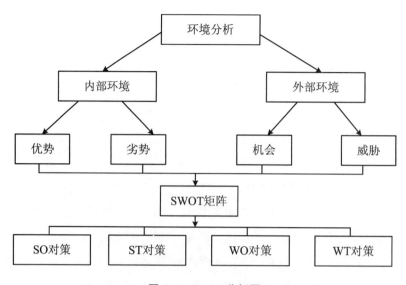

图 5.1 SWOT 分析图

明确学科建设的指导思想与基本原则。指导思想是战略规划的灵魂,能够起到凝聚人心、指导行动、推进发展的作用。应结合大学的教育思想、观念、办学方针、发展思路等进行综合概括和反复凝练,形成学科建设的指导思想。在此基础上,制定出学科建设的基本原则。随后确立学科建设的总体目标,总体目标要根据学校的发展定位和内外环境的变化来确定,并且要有具体的实现时间和确定的内涵。在确定学科建设的总体目标后,又将其分解成能逐步实现的具体任务,使规划具有较强的层次性和可操作性。目标的实现要靠具体措施来保证。一个战略规划的成功实施与实现,战略措施是关键。为使措施具有较强的现实指导性,可以采取行动方案的方式。①

第二节 创新管理体制

应用型大学应在发展应用型学科方面逐步建立起自己的特殊优势。首先,

---

① 刘献君,张俊超. 高校学科建设规划的制订:HS 大学案例分析[J]. 大学(学术版),2009(12):65-67.

应用型大学在长期应用性教育教学实践中,积累了丰富的经验,对如何发展应用型学科有更深刻的认识。其次应用型大学会把应用型学科的研究成果直接落实到产学合作和学校的教育教学实践中,有助于成果的转化和提升。同时应用型大学具有一大批多年从事应用性教育的专家、教师,具有较强的应用型学科研究实力,发展应用型学科应该依靠应用型大学,这样才能实现促进应用型学科发展与完成应用型学科承担的教育职能的统一。建设以技术学科为代表的应用型学科,是当前一项紧迫的任务。发展的主要途径是加强对现有应用型大学的支持和建设,鼓励这些大学在应用性研究和教育方面大胆实践,有所作为,努力构建有中国特色的应用性高等教育学科体系。

考虑到院系主体原则,学科建设的主体应是基本的教学单位,以便形成院、系、学科专业建设的系统工程。这一工程涉及学校的方方面面,由行政和学术两大方面来保证。院系不仅有完整的学术系统,而且还有丰富的学生和教师资源,这样它就可以为学科专业建设提供人才保证。

一、不同的管理模式

"学校统管"的模式是指由学校统一对学科建设进行布局、规划、考核、评估等宏观管理,学院及学科带头人具体实施建设的管理模式。这种"一竿子插到底"的管理模式,一方面有利于对学科建设从初期规划到后期考核进行整体连贯性管理,另一方面对于协调全校的学科规划,从大局出发调配学科建设资源并且减少部门之间的摩擦有着积极作用。与"学科带头人负责制"模式和"院长负责制"模式不同的是,学校对于学科建设的规划和发展起到更多的资源调配作用,而学科带头人和学院主管领导的作用主要是执行学校规划,在学科建设中的具体责、权、利不如上述两种模式突出。

在"学科带头人负责制"模式和"院长负责制"模式中,校级主管部门的管理更偏向于宏观的政策性管理,学科建设的具体职能下放给学科带头人或院长。而"学科带头人负责制"和"院长负责制"的区别主要在于对学科带头人的选拔和培养机制的理解不同。

一种观点认为,学科带头人的选拔要从学科自身研究的性质考虑。基础学科、人文学科需要长时间的积累,可以"个人奋斗成才",这些学科的学科带头人成长过程应当是"自然生长"的过程；而对于工科特别是涉及大系统集成的学科，在学科的研究过程中需要集合团队的力量，因而这类学科在建设之初需要用行政的力量组建学科队伍。对这类学科带头人的引进或任命，都需要行政力量的支持。学校会在这些学科起步时"扶一把"，帮助它们走上快行道。[①] 持这种观点的高校，在学科带头人的选拔过程中尊重科研人员对学术的自由探索，重视对学科带头人的培育和选拔，并在确立学科带头人之后，赋予学科带头人一定的权利和职责。这种模式的典型代表是北京中医药大学。该校通过制定《学科带头人管理办法》，对于重点学科建设岗位的职责、学科带头人的选拔条件和程序、学科带头人的权利和义务等进行了明确的规定。通过这种选拔用人机制，将学科建设的责、权、利都赋予在学科带头人身上，有利于每个具体的学科从规划到建设再到考核评估这一系列工作的具体落实。[②]

另一种观点认为，由于学科带头人和普通教师之间是"点"和"面"的关系，而学科带头人与行政院长之间是学术管理与行政管理的关系。[③] 处理这些矛盾非常困难、非常棘手。与其处理这些复杂、棘手的矛盾，不如不要特别强调谁是学科带头人，而是由行政院长担负起学科建设全面的规划、建设与管理的责任，极大地发挥学院级学科建设管理的作用。这种模式的典型代表是中央财经大学。这种"院长负责制"的学科建设管理模式的最大特点就是将院长的主要职责与学科建设成效直接挂钩，避免了学科带头人与学院院长之间由于行政权力级别的不同，而对学校资源掌握具有不同的支配权而引发的问题和矛盾。[④]

以上论述的普通高校中学科建设管理的三种模式，都各有优势和适用环境。学校统管的模式有利于学科建设从大局出发、从学校整体出发，虽然可能会在部门协调过程中影响决策效率，这种管理模式适用于多科型的综合性大学，缺点是没有调动起大学里基层组织对学科建设的积极性。

相对来说，"院长负责制"管理模式更多适合于单科型的大学。学科群的相对集中，使学院的行政划分可以按学科甚至是一级学科划分。因而院长的选拔过程实质上就是学科带头人的选拔过程，这样"院长负责制"实际就演化为"学科带头人负责制"。而与学科带头人负责制不同的是，院长是行政职务，有任职

---

① 郭纬.高校学科建设的管理模式[J].教师教育研究,2006,18(5):61-64.
② 宣勇.基于学科的大学管理模式选择[J].中国高教研究,2004(4):43-44.
③ 刘港.浅谈学科建设的管理模式[J].沈阳大学学报,2003,15(2):108-130.
④ 李爱彬,张庆春.重点学科建设项目组织管理体制探讨[J].高教探索,2003(4):35-37.

年限,而学科带头人即使是按岗位设置,一般也可以干较长时间。任职期限的长短对于学科建设的规划与实施、学科方向的长期稳定有着直接的影响。

实际上,学科负责人管理模式在各高校都不同程度地存在着。因为它是各种学科建设管理组织结构中的基层结构,它发挥着整合学科中各个导师的分力形成学科合力的作用,起到了将学科建设中的"细胞"(导师)连结为一个整体"组织"的作用。不论学校是否明确设置了岗位,也不论是否有规范的选拔程序,"学科带头人管理模式"始终存在,只不过有的是显性存在,而有的是隐性存在。

总之,学科建设的管理机制和管理模式必须有利于营造学科建设的发展环境,有利于调动和发挥学科带头人及全体教师的积极性,能够对学校的学科建设发展起到促进和保障作用。因此,不论采取哪种管理模式首先都应当考虑学校发展的历史文化传承,其次要考虑学科自身的研究特性,最后还需考虑学科的发展阶段。

案例:皖西学院[①]

皖西学院结合校院两级管理体制改革,科学构建地方政府、行业企业、科研院所、所在学院多方参与的学院(学科)发展委员会、专业建设指导委员会,把脉问诊学科专业建设规划与应用型人才培养方案,合作开发地方特色课程,合作共建师资队伍。

在学科专业层面设立"特区"或试点学院,特事特办,由点及面,点面结合,试点推进,"试点一批、带动一片"。这方面,皖西学院作为安徽省首批应用型高水平大学立项单位,安徽省地方高校向应用型深度转型的排头兵,近年来一步一个脚印,以服务大别山革命老区振兴发展为己任,以"三个特区"建设为核心突破口,整体规划,试点推进。2014年,以专业平台建设契机发力破局,在全国率先推出"专业人才培养特区"(简称"专业特区")创新举措,制药工程、旅游管理等四个工管类专业进入首批"特区"建设;2016年,学校精准推进"大别山林下中药资源保护与开发""大别山绿色发展智库"平台等"科研创新特区"

---

① 刘学忠.地方应用型大学协同育人体制机制新探[J].国家教育行政学院学报,2017(9):70.

建设,纵深推进科教协同育人;2017年,学校推出"人才特区"建设,以"大别山学者计划"推进团队协同育人。

二、创新管理体制,发挥学科的交叉与协同效应

大学的学术组织主要包括教学组织与科研组织。当前多数应用型本科院校沿袭了传统高校的学术组织管理体制,将学院、系、教研室作为学校内部三级教学科研组织结构,从权力架构来看,这是典型的科层制组织结构。由于组织体系内权力与信息传导层层递减,导致整个体系管理僵化、信息失真、效率低下;同时,科层制的学术组织结构导致学科分割过细、各自为政,本来就不富足的学科资源会被分离和稀释。因此,应用型本科院校首先需要改变科层制的学术组织管理体制,减少学术组织层级,实现扁平化发展,仿照学部制建立"大院制"学术组织,减少系与教研室两个层级,促进学科的交叉,特别要鼓励二级学院以重点实验室、多学科科研项目、多学科教学科研团队等为突破口来凝练并培育新的学科方向,开设多学科或交叉学科课程,消除教学资源由系或教研室所有的传统,以学科方向或学科项目组为基础建立教学科研平台;"着眼于共同兴趣与专业,建立基于课题的教学学习型组织",形成以课程群或课程组为基础建立的教学组织体系,在每个学科内部可以设置课程组与科研组,其中课程组的人员构成要相对稳定,而科研组可以是机动式或虚拟式的,实行项目主持人负责制,如可以依托项目设立交叉学科研究院,还可以实施"学科交叉人才培养计划"。①

当前,应用型本科院校大多模仿本科院校,在内部管理体制上设置了学院、系、教研室的三级结构。这一科层制模式导致的第一个问题是管理低效、信息失真,如大多数学院都习惯于以行政的方式进行管理,如由系主任负责组织管理工作,层层落实,导致信息在传递过程中递减、变形和失真。第二个问题是导致学科分割,越分越细,越分越窄。因此,要改变科层制的管理模式,把教学科研纳入学科建设体系,打破传统的分离状态,通过学科交叉统筹教学队伍与科

---

① 姜森芳,肖爱.我国应用型本科院校学科建设模式的反思与体制创新[J].江苏高教,2017(9):33-35.

研队伍。鼓励二级学院以重点实验室、学科交叉项目组、学科交叉团队等方式来凝练并设置新学科方向、开设新课程,打破教学资源的专业(学系)所有制,建立以学科方向、学科项目组及课程群、课程组为基本单位的教学组织体系。要淡化系的概念,强化课程和学科方向。学科内设两个组:一个课程组,一个科研组;课程组相对稳定,科研组则设置科研负责人,依托国家项目或者重大项目充实建设内涵。[①]

案例:上海应用技术大学[②]

学校制定协同创新平台管理体系,实行校院两级管理体制。专门成立校协同创新平台建设委员会,由相关部门负责人及企业特邀专家组成,组织开展平台立项、考核、推荐申报省部级平台基地等工作。各协同创新平台设立管理小组,由学院领导、教研室(系)主任、专业教授、企业代表、平台负责人及交叉学科专业教师(根据需要)组成,决策建设过程中的重大事项,包括大额经费使用、平台上团队成员调整、年度计划和年末检查;创新平台立项机制,加强校院两级协同对接,院级协同创新平台的申报、论证、立项以学院为主,校协同创新平台建设委员会仅对平台的功能条件进行资格审查。校级协同创新平台的申报、论证、立项以校协同创新平台建设委员会评审为主,学院审查推荐为辅。学校加强协同创新平台建设中涉及的相关政策研究,推进岗位聘任、团队配备、绩效考核、分配制度等方面的改革,努力通过科学的制度设计,逐步建立有利于提高协同创新水平建设实效的运行体系。在人才引进、项目申报中给予协同创新平台倾斜支持。学校把协同创新平台的建设考核与相关部门的绩效考核和重大执行力考核进行绑定,同时列入平台负责人的聘期考核。

---

① 杜卫,陈恒.学科交叉:应用型本科院校学科建设的战略选择[J].高等工程教育研究,2012(1):130.
② 陈东辉,曲嘉.全领域构建协同创新平台推进产教融合:以上海应用技术大学为例[J].教育理论研究,2017:177-179.

第三节　构建评价体系

一、应用型大学的评价体系

从现行的对应用型大学的评价体系来看,由教育部组织的本科教学评估,更多的是教学层面的评价,鲜有学科方面的评价。其初衷是促使地方政府、学校、教师把主要精力投入到本科教学上,但评估的指标标准简单划一,在一定程度上没有突出高校的特色。没有差异就意味着没有活力,没有特色就等于无法可持续发展,评估的结果导向应该鼓励高校建出特色。因此,应特别强调全面统筹本科教学水平评估工作,建立现代化、科学化、人性化的专业质量测评体系。建议高校的每个院系设立专业建设咨询委员会,聘请至少一至两名校外顾问,对现有专业进行定期评估或者年度评审,评审指标中应该包括学生选课统计资料、学生反馈调查问卷评分、同行教师意见、毕业生就业率、毕业生起薪点、进入国内外一流大学继续深造的百分比、雇主调查等成果监控指标。在教学评估上,应充分尊重学生的意见或建议,使各个教学环节都能体现学生的意志和选择。

浙江省提出了对应用型大学的评价标准：注重考查应用型高校人才培养与地方经济社会发展需要的契合度,高校对地方经济社会发展的贡献度,毕业生对自身职业发展现状的满意度,用人单位对学生的满意度。这就把应用型大学建设落到了实处。

随着我国高等教育的发展,应用型大学面临比研究型大学更激烈的竞争,于是应用型大学竞争力成为评价学校在以往的办学实践中是否取得成功,以及衡量学校在未来的发展中是否有潜力与前景的关键要素。与研究型大学不同的是,应用型大学的核心竞争力不是科研实力,而是在人才培养与社会服务方面的综合竞争力。有研究者认为,应用型大学的竞争力体现在"办学理念""资源整合""办学模式"和"服务机制"等四大管理要素,其核心就是办学特色。事实上,办学特色正是学校核心竞争力的集中体现。该评价指标体系能够引导人们从"办学理念""资源整合""办学模式"和"服务机制"四大管理要素出发,全面考察一所具体的应用型大学的竞争力,相应地从学校的"办学战略""办学特色""办学资源""办学条件""管理体制""文化建设""社会认同"和"服务社会"等八个方面思考如何建设好一所有特色、有竞争力的应用型大学,并且能够依据此评价指标体系,对某所具体的应用型大学的竞争力进行客观、公正的评估,如表5.1 所示。

表5.1 评价指标体系的构成[①]

高校管理要素	一级指标	二级指标	主要观测点
办学理念	1.办学战略	1.1 办学理念	教育思想与办学理念明确 教学以培养学生的应用型实践创新能力为中心
		1.2 学校定位	学校定位与规划符合地方经济和产业发展需要
	2.办学特色	2.1 专业特色	建立有特色的产、学、研战略联盟 专业设置对接地方经济与产业 培养方案有利于提升学生的实践和创新能力
		2.2 课程特色	课程体系与教学内容的改革 特色教材建设 特色教学方法与手段 特色课程
		2.3 实践教学特色	实践教学模式 实践教学内容与体系 综合性、设计性、开放性、示范性实验 毕业设计或论文与社会实际的结合度 大学生的创新活动
		2.4 国际交流与合作	中外合作专业 国际论坛及合作交流 国际交换学生

---

① 史健勇. 基于东方管理理论的应用型大学竞争力研究[D]. 上海:复旦大学,2012:80.

续表

高校管理要素	一级指标	二级指标	主要观测点
资源整合	3. 办学资源	3.1 师资队伍	师生比 整体结构状态与发展趋势 专任教师中的硕博比例 国外优质师资 企业兼职教师 双师型教师
		3.2 管理干部队伍	队伍的数量和结构 思想政治素质和敬业精神 工作实绩和成果
	4. 办学条件	4.1 教学基本条件	实验室和工程训练条件 校内外产学实习基地 图书与电子读物 校园网应用状况 运动场及体育设施
		4.2 教学经费	日常教学经费占学费收入的比例 实践教学经费占学费收入的比例 生均教学经费增长情况
办学模式	5. 管理体制	5.1 办学模式	办学模式与管理特色 办学制度改革与创新
		5.2 教学质量控制	教学规章制度的建设与执行 各主要教学环节的质量标准 教学质量监控
	6. 文化建设	6.1 校风	大学文化和大学精神
		6.2 学风	学生参与社会实践的认同度和参与度 调动学生学习积极性的措施与效果（第二课堂活动） 学生的社会责任感与道德观
		6.3 教风	教师的师德修养和敬业精神

续表

高校管理要素	一级指标	二级指标	主要观测点
服务机制	7. 社会认同	7.1 毕业生就业	毕业生就业率 毕业生专业对口率 大学生创业率 毕业生起薪点
		7.2 社会评价	第一志愿报考率 用人单位对毕业生评价 毕业生对区域经济和产业发展贡献度 毕业生对母校的评价
	8. 服务社会	8.1 产学研合作	师生参与企业实践 学生参与科研活动
		8.2 服务区域社会与经济	与区域经济互动，实现资源共享 为地方政府提供决策咨询的能力 科研成果转换为生产力的能力

二、努力构建科学合理的学科评价体系

一流学科的评估指标体系须关注以下几个方面：学科内涵、学科深度、学科学术成果数量及其质量、学科吸引力、学科人才培养水平、学科协同创新发展能力等。长期以来，大学排名对大学的知名度和美誉度产生了极大的影响，对学生报考志愿的选择和社会资金的流动发挥着重要的作用。但是，"双一流"战略的实施，在客观上要求必须慎重、科学地重新构建大学评价体系。然而，当前我国大多数高等教育评价体系往往只是对大学的学科点、学术成果简单相加，缺乏以学科建设为导向的大学学科评价体系。这样，应用型大学的学科优势没有在评价体系中体现，相反，由于规模的限制在排名上处境不利，导致一些大学宁肯失去自身特色也要扩大规模。然而，从国际视野看，大学评价体系标准趋于多元化的发展态势，既有规模排名，也有学科排名。为此，应用型大学应着力推动建立以学科为中心的评价体系，借鉴国外大学学科评价的成功经验，制定有利于学科发展的评估标准。只有从根本上摆脱"规模评价"的不利影响，应用型

大学才能专心打造精品学科,走出盲目拓展的误区,从而有足够的精力和资金经营基础良好的强势品牌。应对照国际一流学科建设标准,通过重点立项建设、评价,推进以一流师资队伍、一流学科内涵、一流人才培养、一流学术成果、一流国际声誉、一流行业辐射能力、一流社会服务效果为主要方面的一流学科建设工程,显著提升学科优势与特色。①

应用型的学科绩效评价指标体系可参照如下两级:

一级——学科建设项目执行情况:学科建设目标与实际的结合程度,学科建设进展与标志性成果,经费安排。

一级——学科建设现状:学术队伍、科学研究、人才培养、条件平台、学术交流。学校可以从学科发展方向、学科水平、学位授予权、科研规模、科研成果、教学水平、学术交流情况、学术梯队等几方面自检学科建设情况。

---

① 胥桂宏.行业特色型大学在"双一流"战略中的发展与对策思考[J].河北师范大学学报(教育科学版),2017(5):74-75.

第六章 应用型大学学科建设的实践探索

第一节 国际经验

应用型大学是与研究型大学相对的概念。研究型大学强调大学的学术研究职能,注重基础理论的研究和教学,以培养学术研究型人才为目标;应用型大学强调大学的社会服务职能,以服务经济社会发展需要为导向,注重学生专业知识、专业技能的培养和训练,以培养专业应用型人才为目标。从最宽泛的意义上说,任何时代的高等教育都指向特定的职业,都具有应用的性质。[①] 中世纪大学是适应当时经济社会发展需要而产生和发展起来的,虽然在教会的控制之下日益远离世俗生活,但仍然具有鲜明的应用性特征。从专业设置和教学方法来看,中世纪大学普遍开设文、法、神、医四科,除神学外,文、法、医三科的教学均有明显的应用性特征。如果说由于社会发展尚处于农业经济时代,经济社会与大学之间尚未建立起相辅相成的互动关系,中世纪大学还处于社会的边

---

① 王硕旺,蔡宗模.应用型大学的缘起、谱系与现实问题[J].重庆高教研究,2016,4(2):22-29.

缘，应用性特征还不突出，还不能称为应用型大学，那么随着科技革命和现代经济社会发展方式的转变，大学的应用性特征日益彰显。英国和美国大学发展的历史表明，应用型大学的产生与发展是科技进步和经济社会发展到特定阶段的必然产物，这种趋势不以人的主观意志为转移。应用型大学的涌现，适应了社会发展的现实需要，并推动着整个高等教育现代转型。

一、不同类型应用型大学的学科建设

在知识生产模式转型的意义上，今日所有的大学都在向应用转型，都具有"应用"特征。这一新的高等教育谱系的左端是理论为主型院校（学术研究型大学），右端是实践为主型院校（职业技术学院），中间是理论与实践紧密结合的大学或学院（理实结合型院校）。如何培养更高层次的"应用型人才"，已经成为高等教育——从高职高专、地方本科院校直至研究型大学——共同面对的时代课题。值得注意的是，这个谱系中各类院校所处的位置不是固定不变的，而是相对的、动态发展的。从狭义上理解，应用型大学既不是高等教育系统中的一个特定层级，也不是一种大学的称谓，而是一类大学的集合。这类大学有国别、办学层次、发展模式以及名称上的差异，但都具有与纯粹学术研究相对的显著的"应用性"特征。这是它们的"家族相似"或发展谱系。

1. 欧洲应用科学大学

从词源上分析，一般认为"应用科学大学"这一概念源于德文"Fachhochschulen"（简称 FH）。《朗氏德汉双解大词典》将其界定为：这是一种特殊类型的高校，相比综合性大学，这类高校更强调对学生的实践性培训。同时，朗氏词典将 FH 的中文译名界定为"专科高等学校（大学）"。为防止人们将此类高校误解为专科层次的高等职业院校，该词典在"专科高等学校"后面专门备注了"大学"二字。在促进欧洲高等教育一体化的"博洛尼亚进程"推动下，为进一步消除国际社会的误解，欧洲学者将德文"Fachhochschulen"译作英文"University of Applied Sciences"，即应用科学大学，并于 1998 年通过决议正式使用。此后，奥地利、荷兰、瑞士和芬兰等国陆续袭用了该英文名称，也有国家（如爱尔兰）将这类高校称作"理工学院"。这类院校既包括理实结合型,也包括职业技术型。

欧洲应用科学大学产生于20世纪六七十年代。当时,欧洲各国政治稳定、经济飞速发展,城市化进程大大加速,产业结构调整和升级的需求越来越强烈,高等教育大众化、世俗化的呼声日益高涨。原有的学术型大学越来越不能满足民众对高等教育的诉求,也不适应经济社会发展对科技创新的需要。应用科学大学就是在这样的时代背景下应运而生。在办学定位方面,应用科学大学坚持以市场为导向,突出专业性、职业性和实践性,致力于将科学知识应用于生产生活实际。在学位授予权限上,欧洲应用科学大学的学位授予一般限于学士和硕士两个层次,但近年也有不少国家的应用技术大学通过与传统学术型大学联合办学的方式,开展博士学位课程项目。学生可以在应用科学大学学习,享受校内的教育资源,在撰写博士论文并通过答辩之后,可申请由合作院校授予的博士学位。

2. 创业型大学

20世纪后期,由于政府公共财政投入能力下降,美国和欧洲的部分研究型大学利用自己的知识技术创新优势,拓展筹资渠道、开发新兴产业、重视应用研究、加速研究成果转化,在为经济社会发展服务的同时,使大学从次要的社会支撑机构转变为经济与社会发展的动力站。这些勇于冒险、富于创新的研究型大学被人们称为创业型大学(Entrepreneurial University)。美国学者伯顿·克拉克从学术组织转型的视角概括了创业型大学的5个典型特征:一是强有力的驾驭核心,对不断扩大和变化的社会需求具有做出迅速反应和灵活应对的能力;二是拓宽的发展外围,更容易跨越旧大学的边界,与校外的组织和群体建立更加及时、有效的联系;三是多元化的资助基地,积极拓展多种筹资渠道;四是激活"学术心脏地带",能够充分整合学校的办学资源,并与工商企业部门建立广泛而深入的联系,加速研究成果的转化;五是集合的创业文化,即让创业型发展从简单的制度设计上升为学校统一的价值观、信念和文化。创业型大学的办学理念和发展模式使许多深处变革中的欧美大学迅速摆脱生存发展困境,由弱变强,得到重生,这对我国许多处于发展困境中的地方本科院校有着重要的启示意义。推动地方本科高校向应用型大学转型,就是要转变学校的办学定位,实现学校办学与地方经济发展需要对接、专业结构与地方产业结构对接、人才培养规格与行业企业岗位对接，促进学校与工商企业界的深度融合，加强应用研究和技术开发，加速科技成果转化，在提高企业的核心竞争力的同时，提高学校教育的质量和核心竞争力，进而提升学校的筹资能力和可持续发展能力。从这个意义上说，建设创业型大学和建设应用型大学具有很多共同的使命。所不同的是，创业型大学在转型之前就是研究型大学，具有良好的创业基础和强大的学术竞争力；而地方本科高校可能同时面临转型和升级的双重使命，因此难度更大，不确定因素也更多。

3. 应用技术大学（学院）

应用技术大学是一个中国化的概念，目前至少有3种不同的理解：一是认为应用技术大学是一种新的学校类型，与学术型院校和高等职业院校相对；二是认为应用技术大学就是应用型大学，两者称谓不同，其实内容完全相同；三是认为应用技术大学就是本科层次的"高等职业院校"。眼下学界关注的"应用技术大学（学院）"似乎对应于欧洲的应用科学大学，但实际上是一个边界模糊的概念，其内涵和外延都不太明确，政策上、理论上和实践上的认识尚未统一起来。政策上，将应用技术大学（学院）纳入现代职业教育体系，而对于非理工类院校（如人文、师范以及综合类院校等）要不要、能不能或如何转为技术大学（学院），人们并不清楚。理论上，有人认为技术教育与工程或专业教育不同，办应用技术大学可以解决我国本科教育阶段技术教育一直缺位的问题。有学者认为，应用技术大学介于学术性研究型大学与高职院校之间，这种新型院校应该叫"应用型大学"而不是"应用技术大学"，后者是前者的下位概念。实践上，对于"应用技术大学（学院）"的理解，上海应用技术大学锚定于"技术"（Institute of Technology），天津中德应用技术大学定位在"科学与技术"结合上（University of Science and Technology）。而应用技术大学（学院）联盟因兼容了众多的"科技学院""理工学院""工商学院""工程学院"以及多科性或综合性大学（学院）等，将"应用技术大学（学院）"理解为"应用科学大学（学院）"（University/

College of Applied Sciences)①。可见仅仅从英文的表述上,就可以看出这个问题的复杂和认识的分歧。但无论如何,应用技术大学(学院)无疑应归属于应用型大学范畴。应用型大学还不是一个全球通用的高等教育术语。从办学模式、学位授予和运行机制来看,应用型大学可以是两到三年的社区学院(美国)、短期大学(日本)、职业技术学院(中国)和应用科技大学(伊朗),也可以是拥有本科和硕士学位授予权的应用科学大学(德国、奥地利、荷兰、瑞士和芬兰)、理工学院(爱尔兰)和多科技学院(英国)。因此,应用型大学不是一个特定层次的高等教育类型,而是贯穿整个专科、本科乃至研究生(专业硕士、专业博士)教育的高等教育系统。

二、不同国家应用型大学的学科建设

1. 德国:FH 模式②

第二次世界大战结束后,德国奇迹般地很快恢复并迅速发展。在 20 世纪 60 年代,德国超过英国和法国成为世界第三大经济体,现如今亦是欧洲最大的经济体,是全球国内生产总值第四大国。这得益于德国在第二次世界大战前就已经建立了较为完善的职业教育体系,并根据社会对各类高素质人才的需求和大众迫切的接受高等教育的需求,及时完善高等教育体系,发展培养应用型人才的应用科学大学。德国应用科学大学自创建以来培养了大批专业性强、侧重实际应用的高级应用型人才,在高等教育领域显示出旺盛的生命力和活力,已

---

① 当然,也有部分大学(学院)(如湖南应用技术学院、北京应用大学等),特别是作为大学二级学院的"应用技术学院"(如西南科技大学应用技术学院、四川师范大学应用技术学院、重庆工商大学应用技术学院等),其名称的中英文是相符的(Applied Technology)。中国台湾地区没有"应用技术大学"这个说法,与之大致相当的是"科技大学"(University of Science and Technology 或 University of Technology)。在科学与技术之间,他们偏爱"科学",而大陆似乎更钟情于"技术"。
② 肖本招.德国应用技术大学人才培养对我国新建本科高校转型的启示[D].南昌:南昌大学,2018:21-27.

成为德国高素质应用型人才的摇篮和技术创新的源泉,其毕业生在德国社会发展和经济建设中发挥着越来越重要的作用。据统计,德国当今社会中几乎全部的社会工作者和社会教育工作者、三分之二的工程师、二分之一的工业经济师,都是由应用科学大学培养的。德国教育界和工商界都为此而感到自豪,并引以为荣,称其是"过去数十年中,德国高等教育最富成效的革新之一"。因而,充分了解德国应用科学大学的历史发展过程并分析研究其在人才培养方面的特色,对我国当前新建本科高校向应用型高校转型发展,构建适合我国人才培养的体系,培养贴合社会实际需求的人才,具有十分重要的借鉴意义。

(1) 起步及发展。

德国的高等教育在世界高等教育发展史中有着举足轻重的地位。1809年由普鲁士教育改革者、语言学家威廉·冯·洪堡创立的柏林洪堡大学最具代表性,洪堡的理念是"研究教学合一",认为现代大学应该是"知识的总和",教学与研究同时在大学内进行,以知识和学术为最终目的,而非实务人才的培养,这种理念一直贯穿于德国近代大学的发展,培养了一大批像康德、黑格尔、爱因斯坦、马克思这样的思想巨人,所形成的学术至上的传统产生了深远影响。但到了20世纪60年代,德国经济迅速发展,产业结构不断优化升级,要求有更高素质的技术创新人才,社会也急需大量具有实践动手操作能力的应用型人才,此时,学术至上的德国大学因培养的人才脱离社会现实,不能满足社会的需求而备受批评。为改变大学教学偏重基础理论、脱离社会实际的现状,加强其实践性取向,德国政府从20世纪70年代开始推行庞大的教学和学习改革,采用大学办应用型专业的方式来解决问题,但没有成功。后来又提出建立短学制的模式,但这一模式由于不符合大学教育的理念,学术性不足而受到大学教师及学生的普遍反对。后来,又试办学术与应用兼顾的综合性高等学校,它虽打破了洪堡传统学术性大学教育一统的局面,但还是逐渐偏向学术,以失败告终。在各种尝试之后,人们开始认识到,只有改变原有的单一类型的高校体系,打破学术至上的传统,建立由不同类型的高等教育组成的体系,才能满足社会的实际需求和缓解高等教育大众化、普及化所带来的压力。因此,从1967年开始,德国部分州进行了新型高等教育的尝试,先后建立了以工程技术为专业特色的新型高等教育机构。1968年10月31日,德国政府与各州讨论通过《联邦共和国各州统一专科学校的规定》,签订了共同建立应用科学大学的协议,规定从1969年到1971年,将工程师学校、经济高级专科学校等中等职业学校进行合并改制,成为高等教育机构,也就是应用科学大学。

由于应用科学大学培养的人才专业度高、实际应用能力强、符合社会需求,得到了家长、学生、企业等的认可与支持,故其发展速度非常快。据统计,1960年德国有高校131所,1975年增加至213所,其中97所为新建的应用科学大学。1976年,德国颁布《高等教育总纲法》,明确了应用科学大学作为高等教育机构的法律地位和培养制度,"其文凭与综合大学文凭具有同等效力","与综合大学、艺术类高校是不同类型,但地位相同的一种新型的高等学校,在法律上享有大学应有的各项权利"。之后,应用科学大学进入了快速发展时期,学校数量不断增加,学生规模不断扩大,教授数量也逐年增加。据统计,1985年应用科学大学的在校人数是1968年初创时的32.7倍,大学招生人数占比的增长从1968年的22%上升到31%,教授的数量在1985年已达到8907人。1990年两德统一后,应用科学大学这种高等教育类型被原东德地区最先引入,并发展迅速,1991年就新建17所,到1994年则达到33所,几乎翻了一番,其发展速度远远快于普通综合性大学。从1993年到2012年,德国应用科学大学的数量增加到了214所,注册大学生共82.8万人,约占德国高校在校人数的1/3。总体来说,在50多年的发展历程中,尽管存在阶段探索发展的失败,但不可否认德国应用科学大学成功了,并已成为德国高等教育的支柱之一,在德国高等教育体系中已是不可或缺的一部分。

(2) 人才培养的特色。

人才培养特色是指一所大学在人才培养中形成的比较持久稳定的发展方式和被社会公认的、独特的、优良的培养特征。高校的人才培养特色是高校的名片,是其赖以生存和发展的生命线。德国应用科学大学经过50年的累积发展,形成了稳定、优良的应用型人才培养经验,主要包括在专业设置上的应用性与灵活性、课程与教学的实践性、"双师型"的师资队伍以及专业实习。

一是专业设置的应用性与灵活性。德国应用科学大学与综合性大学按照学科内部规律设置专业,与重在培养学术型后备人才不同,其重在培养高层次的应用型人才,也就是能够用科学知识和方法技能解决实际问题的人才,所以其专业设置主要以地区经济发展对人才素质的要求和能否解决实际生产、生活中的问题作为标准,这也成为应用科学大学专业设置的特色,即应用性与灵活性。德国应用科学大学专业设置的应用性一方面体现在设置的领域具有应用性,例如工程技术、社会工作、生物工程、护理教育学、信息通信等领域。应用科学大学很少设立传统的以基础性和学术性为导向的专业。即使设立也是以应用性作为基本准则，如应用化学、应用心理学、应用健康学。另一方面，在专业设置上注重与当地的经济和产业结构接轨。例如，马哥德堡应用科学大学利用本市是德国最大的重工业中心，拥有发达的金属制造、汽车机械等产业的优势，设立了机械制造专业以培养该地区需要的机械制造工程师。另外，应用科学大学所设置的专业的优势和特色主要源于能够紧密结合所在地区经济和产业的优势和特色。例如，莱茵美因应用科学大学的葡萄种植、葡萄酒品鉴以及园艺学等专业之所以享誉全球，主要是其设置时充分考虑了威斯巴登拥有大规模种植葡萄园产业区的优势。德国应用科学大学专业设置的灵活性体现在能够根据地方经济结构调整、产业升级和技术发展进行调整，这种专业的调整是在严格审批、保持稳定的前提下进行的，但并不强求学科的完整性，与地方经济发展对各类人才需求相适应。例如，多特蒙德应用科学大学处在德国以煤炭、钢铁等资源型产业为特色的传统重工业区，利用区位优势，发展以工程机械为特色的专业。但是随着鲁尔区因资源枯竭、环境问题的影响而被迫调整产业结构，高新技术产业逐渐代替原来粗放型产业，特别是信息产业在这一地区发展迅速，各类电信公司达380家之多。多特莱蒙应用科学大学也审时度势，开设了电子信息、计算机和通信技术等专业，培养了大批高新技术产业所需人才。凯撒斯劳滕应用科学大学的皮尔马森斯校区位于欧洲制鞋业和皮革业的中心所在地，该校曾开设有德国唯一的皮革加工和制鞋技术专业，后来随着欧洲制鞋业和皮革业的日渐萎靡，凯撒斯劳滕应用科学大学根据地区的优势产业和实际情况调整专业结构，新设了化学技术和塑料技术两个专业。德国应用科学大学专业设置的应用性和灵活性，不仅有利于突显学校办学特色，培养的专门人才也符合地区经济发展需要，有利于提高学生竞争力，促进就业。

二是课程设置的"模块化"与教学的实践性。德国应用科学大学"为职业实践而进行科学教育"，提出"应用科学大学希望将自己的毕业生培养得更加接近顾客"。因此，应用科学大学开设大量的实践性课程，实验室练习课和专业实习环节占很大的比重，并要求大学生能够以解决来自生产和生活实际中的具体问题作为毕业设计的主题。例如，埃尔福特应用科学大学建筑专业的课程结构就是以工作过程为导向进行设置的，紧密结合职业分析，第一学期主要是基础课程，目的是培养学生团队合作和沟通能力，第二、三、四学期都是建筑专业课程，如信息学、供暖技术、电子技术、设备仪器管道技术等，后面的学期紧密围绕项目开展,如供暖项目设计,要求学生从拿到项目、开展项目到结束项目都由自己完成。整个学期的教学利用一半的时间讲授理论,其余时间则要求依据课题和项目进行学习,完成之后向全班做关于项目完成过程的报告。另外,联系实际也是理论课程学习的要求,学生要能够借助科学知识方法来解决生产中的具体问题。例如,大部分应用科学大学会采用项目化教学方式进行实践性课程的授课。项目化教学主要是要求学生组队在一个学期内完成一个完整的项目,项目可以是开展一项调查,或者为企业提出策划,亦可以是生产一件具体产品,但是必须与运用实际技能结合起来,且与企业的经营活动有直接关系。企业也会安排专业人员与学校教授一起指导学生完成项目课题,并利用学生在项目运行中提出的方式方法解决生产实践中的一些具体问题,实现盈利。实践驱动的课程设置和教学,使得学生和老师之间的关系更加密切,并能增强学生之间的课堂互动,学生在学习过程中,既可以通过专业岗位的训练,获得经验和操作技能,也能理解和把握课程要求的知识,形成发现问题、分析问题和解决问题的思想和方法。

近年来,德国应用科学大学的专业培养计划普遍采用"模块化"的课程设置形式。[①] 课程"模块化"设置是指在制订专业培养计划时将与同一主题相关联的若干门课程组成一个相对独立的教学单元。一个课程模块可以由讲授、讨论、练习、实验等不同教学形式的课程组成,如汉诺威应用科学大学机械制造专业的"电工技术"课程模块包含电工技术讲座、电工技术练习和电工技术实验三门课程,时间跨度为两学期[②],学分分别为 4、2、2,总计 8 个学分。在培养计划中,首先要列出课程模块,然后列出每个模块包含的具体课程。各专业培养计划对每个课程模块的学习范围和内容都有详尽说明。按照德国学分制度的有关规定,学生只有在达到一个模块中所有课程及格以上要求时,才能获得该课程模块的相应学分。"模块化"课程设置是当今德国应用型高等教育改革与发展的重要成就之一,对提高教学质量和效率有明显的促进作用。一方面,"模块化"课程设置使专业人才培养目标与规格在专业培养计划中得到切实落实——德国应用科学大学设置的每一课程模块都有明确的教学目标和要求,其教学内容必须保证与专业总体培养目标有紧密的联系,与学生将来从事的实际工作内

---

① 张鸣放.中德应用型大学课程设置比较分析[J].现代教育科学,2011(6):50-55.
② 德国应用科学大学同一课程模块中的课程安排的最大时间跨度一般不超过两学期。

容紧密结合,否则不能开设,这有效增强了课程开设的针对性,避免了盲目性和随意性;另一方面,"模块化"课程设置改变了以单门课程为单元的教学内容组织形式,有效地整合了课程,实现了相关课程的有机衔接,实现了教学过程的模块化,保证了学生知识学习、技能与能力培养的系统性与连贯性,专业培养计划变得更清晰。甚至有德国学者认为,"模块化"课程设置实现了专业培养计划的现代化。

三是"双师型"师资队伍。德国对于教师的资格有严格的准入制度,只有在品格上和专业上均适合于教育教学工作,具备所要求的专业和教育学知识并通过相应的考试,才可以作为教师从事教育教学工作。德国应用科学大学的教师主要由教授、教学专业人员(大学讲师和高级助理、学术助理、学术雇员)和兼职教师组成。应聘为应用科学大学的教授,一般需具备两个硬性条件:一是学术性,即要求教授能够胜任理论教学,以其获得博士学位来证明从事科学工作的能力;二是实践性,即要求教授能够胜任实践教学,以教授从事本专业至少五年以上的职业实践工作经历为证明,其中的三年须是在高等学校范围外完成。被聘为应用科学大学的教授每年还必须参加一定时间的继续教育培训,基本上都是在企业进修锻炼,少部分会在学术机构完成。① 例如,安贝格-魏登应用科学大学规定,教授要定期在校外参加进修和继续教育活动,而且学校内部也设有继续教育中心。为提高教师的实际操作能力,有的应用科学大学实行教授定期"调研休假"的制度,即规定教授定期到校外企业从事本专业的实际工作或应用性研究,以清楚企业的生产流程、对工艺产品的要求以及相关产品质量的标准,更新关于企业实际工作中面临的最新问题、最新动态信息。从上述介绍中可以看出,德国应用科学大学的教授是一群可以胜任理论与实践教学,具有扎实理论功底和很强的实际操作能力,并不断接受继续教育的高素质人才。在一支高水平的师资队伍保障下,德国应用科学大学培养出来的学生亦是具备扎实专业理论和较强实践技能的专业人才。

四是专业实习。专业实习是应用科学大学在人才培养方面的重要环节,实习期限各州规定不一,有的为一个学期,有的为两个学期,实习期间学生学习的

---

① 在德国综合性大学中,一名教授一周工作时间在 40 小时左右,而其课时数一周只有 4—10 节,大部分时间都用于科研;在应用科技大学中,一名教授在一周 40 小时的工作时间中,大约有 16 节课,其大部分时间和学生在一起。这和我国教育部明确要求 2000 年后升格为本科的地方院校应该以教学为工作中心、培养应用型人才的教育方针不谋而合。

地方主要是相关专业领域的企业或其他工作单位,以积累实践经验,更新相关领域信息和知识,高度对接与所学专业紧密相关的生产、管理和服务等职业活动,并通过参与实际工作,在解决实际操作和生产技术问题中明确之后毕业设计的主题。专业实习提供了让学生将在学校接受的理论学习与在企业接受的实践教学有机结合起来的机会,因此学校会非常重视,并且设有专门办公室和专门人员来帮助学生寻找合适的实习岗位,应用科学大学的学生在与企业签订实践学期合同之前,学校会先把关,主动与提供教学培训的企业负责人进行洽谈,以明确学生、学校和企业的职责、任务。学生的第一个实习学期通常会安排在新生入学后的第二个学期之后,主要任务是让学生通过实习,加深对基础理论知识的理解。对于入学前已经有比较充分实践经历的学生,可以适当缩短第一个实习学期的时间。学生的第二个实习学期通常安排在第七或第八个学期,这个实习期对于学生的要求高了很多,有时甚至非常高,如工科专业的学生在实习期间能够完成接近工程师要求的任务。学生实习期间,企业会有专门的工程师对其进行教学培训,学生可以直接接触生产一线的操作经验,学校的教授会与企业专门的培训人员进行沟通交流,共同对学生进行指导,确保学生的理论学习不会落下,保障学生实习的质量。实践学期结束时,企业的培训人员会对学生在实习期间的表现给出评价,并出具具体的实习证明,学生则必须根据在企业实习的实际提交详细而精确的实习报告并参加学校与企业共同组织的答辩环节。简而言之,学生从专业实习学期中可以提升从业能力,掌握实践技能,在实际中联系理论,创新生产、管理、服务等方面的工作方法。

(3) 管理体制及运行机制[①]。

德国的应用型大学受到了德国政府和各州政府的大力支持。国家通过建立《德国高等教育法》等法律保证了应用型大学在德国高等教育体系中的重要地位。联邦政府对应用型大学教育的各个环节都设有统一的执行标准,应用型大学的学生需要通过全国统一的结业考试才能顺利毕业。除了通过立法手段来管理德国的应用型大学外,德国高等教育管理部门设有教育质量考评委员会,以建立齐全有效的高等教育质量监控体系,并且定期对德国的应用型大学进行教育质量评估。同时由于应用型大学还与各个行业有着紧密的联系,各行

---

① 张琳. 中德应用型人才培养管理与运行机制对比研究[J]. 常州大学学报(社会科学版), 2014(3):108-109.

业协会也会对应用型大学进行监督。在各个行业协会中都设有教育委员会,这些教育委员会会开展一些教育监督和认证职能。因此行业协会对于保证高等教育的质量起着很好的辅助作用。另外,德国应用型大学制定了严格的教育保障制度和考核制度,并且实行淘汰制度,这样就能有效地保证培养出合格的应用型人才。

由于应用型大学的专业往往针对社会的需求设立,因此各个州会根据各自特点合理设置相应专业,满足各州主要产业的需求。应用型大学的专业主要集中于以应用为主的工程学科。在课程设置上,应用型大学除了设置传统的基础课程、专业课程外,实践课程是应用型大学的重要部分,参加企业实践是应用型大学最明显的特征。各个应用型大学均设置学生实习办公室,各系设置实践学期委员会,来全面统筹规划学生企业实习工作。应用型大学规定,学生需要修满不少于20周的企业实习才能满足毕业要求,因此应用型大学往往有1—2个学期被设立为实践学期。学生根据系实践学期委员会提供的企业名单,自主联系各个企业寻找合适的实习岗位,完成实践学期。在实践的过程中,企业会指定富有经验的工程师,高校也会指定专门的教授进行专业指导,帮助学生在实践学习中得到充分的锻炼。值得一提的是,在这个过程中,应用型大学与企业紧密合作,一方面企业为应用型大学提供实践岗位以及具有实际价值的研究课题,另一方面大学也为企业提供智力支持并输送优秀的人才。因此,应用型大学与企业的合作为培养高质量的应用型人才提供了基础。另外,应用型大学还会设置项目周、学术旅行等多种校外实践活动,通过这些机会来锻炼学生将理论知识转化为工程应用的能力。德国应用型大学的教学模式富有特色,常被称为"双元制"教育模式。"双元制"是指由企业和高校两个元合作培养应用型人才的模式。高校进行理论方面的指导,企业则开展实践方面的训练。学生一方面需要获得应用型大学的入学资格,另外还需要申请到合适的工作岗位,并且与企业签订教育培训合同才能达到申请应用型大学学位的要求。在这种双元制教育模式下,学生的时间会被合理地安排,每周一般会有2天在高校接受理论学习,另外的时间在企业参加实践训练。并且毕业论文基于企业的实际工程项目撰写。这种培养模式具有极高的实用性,不仅能够培养出高质量的应用型人才,同时也有利于应用型大学和企业的长久发展。由此可见,德国应用型大学运行机制的核心就在于高校与企业共同培养应用型人才。

(4) 启示与借鉴。

德国通过政府立法,制定执行标准,设立专门的教育质量监控系统,委托行业协会来监督应用型人才的培养质量。同时应用型大学采用了"双元制"的教学模式,高校与企业共同培养应用型人才,这些都为德国培养优秀的应用型人才提供了保障。我国高校在应用型人才培养上尚处起步阶段。国内高校通过特色办学、与地方和企业开展合作、重视实践课程来培养应用型人才。由于中德两国有着不同的国情、文化背景和产业结构,德国应用型大学的运行模式不可能完全移植到我国高校体制中来,但是其重实践、重解决实际问题的做法却值得我国高校,尤其是一些地方应用型大学借鉴和学习。

一是完善中国应用型高校的管理体制与评价体系。由于国内高校的分类并不清晰,应用型大学与综合性大学的管理体制趋同。同时国内对不同的高校均采用同一种评价体系,这样就阻碍了应用型大学的特色发展,并且会影响应用型大学在社会中的认可度。而德国高等院校的分类比较清晰,将应用型大学与综合性大学区分开来,并且强调他们具有同等地位。另外,德国应用型大学具有相对独立的管理体制和评价体系,能够有效地促进应用型人才的培养。因此国内的一些地方高校的管理体制不应紧跟着综合性大学走,应该更加突出地方和行业特色。同时需要改善高校的评价体系,设置培养应用型人才的评价指标,提高应用型大学在社会中的影响力,保证应用型大学在社会上的认可度。这样才能促进地方大学的特色发展,有利于培养优秀的应用型人才。

我国应用型大学的专业人才培养方案主要是由学校内部专家、教授制订的,学校的教学质量评价更多地依赖学校自身组织实施的教育考试和教学评估。由于不同学校对学生知识、技能与能力、素质结构把握不同,对教育教学质量衡量的尺度不一,尤其是一些学校的教学设计和质量评价与社会发展、科技进步和产业结构变化的需求不适应,从而造成了我国应用型本科教育质量和水平相差很大,学生在校期间的学习成绩不能客观反映学生的知识和能力水平,使社会难以鉴别、挑选和聘用合格适用的高级专门人才,客观上已影响到应用型大学的办学声誉。因此,建立一个被社会或相关行业普遍认可的课程标准,并采用内部与外部相结合的教学质量评价认证方式,是中国应用型大学教育亟待解决的问题。德国各州文教部长联席会议(KMK)与高校校长联席会议(HRK)联合设立的"培养计划与考试大纲协调委员会"制定的全德统一的培养计划框架和考试大纲范本以及"德国工程教育认证协会(ASIIN)"制定的"专业课程指南",都对德国应用科学大学的专业培养计划的制订具有指导和规范作用,德国各州应用科学大学必须依据并参照这些"计划框架""大纲范本"和"课程指南"制订符合自身特点的专业培养计划和考纲,这样的做法有效地保障了德国应用型高等教育的质量和一致性。另外,"德国工程教育认证协会(ASIIN)"组织的专业认证工作,也使德国应用科学大学的教育质量得到了学校外部的检验和认证。这样的质量认证具有权威性、科学性、一致性和有效性,确保了最低的质量标准,有利于学校与社会对教育质量的内涵达成共识,有利于学校树立正确的人才观和教育质量观,进而根据学生成长成才和社会需求,不断加强和提高教学质量。

二是充分利用地方与企业资源共同培养应用型人才。培养应用型人才仅仅依靠高校是无法实现的。国内高校虽然已经开展校企和校地合作办学,但是在这个过程中仍然是以高校为主体开展人才培养工作,企业未设立相应部门直接参与到应用型人才的培养过程中。德国的各个行业协会中则设有教育委员会行使教育监督和认证职能,行业的直接参与有利于保证培养出来的应用型人才充分满足各个行业的实际需求,这样就保证了应用型大学人才培养的可持续发展。因此国内的各个行业同样需要设立相应的教育机构,积极参与高校的应用型人才培养。这样不仅有利于培养应用型人才,还能促进行业的人才储备和创新发展。

从德国应用科学大学的经验来看,要培养高素质的应用型人才少不了企业的指导和帮助。新建本科高校在转型发展中对人才的培养应以市场需求为导向,以项目为纽带,紧密围绕地方的特色产业,依托学校相关优势专业,联合直接利益相关的企业(行业),进行深度的育人与生产合作,搭建教学平台,组织用人企业直接参与课程设计和课程评价,以提高教学效果和应用型人才培养的质量,使培养的学生符合经济社会发展的要求。

三是应用型人才培养的课程改革。一般而言,专业教育是大学教育的根本,这是由高等教育的本质特性——培养高级专门人才所决定的。大学教育的专业属性决定了技术教育内容(包括自然科学基础、学科专业基础和专业教育)应在高等工程教育中占较大比重,其中专业课程教学必须保证适当的比例。德国应用科学大学课程专业性很强,非专业技术课程较少,课程设置体现了厚实的专业学科基础和较宽的专业口径。相对而言,现今中国大学专业课程设置普遍偏少,专业课程学分仅占总学分的10%—15%,一般少于通识课程(不包括自然科学基础课程)学分10个以上百分点,明显反映出中国大学专业教育不足和专业口径狭窄的现实。这种情况不仅反映在与德国应用型大学的比较分析中,而且同样反映在与提倡通识教育的美国大学的比较中。国内大学在应用型人才培养上设置了多种实践课程,包括校内的实训中心以及校外企业实习基地的实践课程。但是实践课程的选择性较少,往往由高校指定、高校组织、高校考评,未给企业和学生充足的自主选择权利,并且实践课程在学时和学分中占的比例很小。这些都影响了实践课程的效果。德国应用型大学的课程设置更为成熟,实施的是"双元制"教育模式:高校负责理论知识的教学,而企业则负责实践培训;学生可以自主选择企业签订实践合同,企业提供具有实际价值的研究课题。因此国内在应用型人才培养的课程设置上需要进行改革,特别是实践课程部分,要保持实践课程的灵活性,充分考虑企业的需求,从而提高培养应用型人才的质量。

德国"模块化"课程设置方式为中国应用型本科大学进一步开展系列课程改革、优化课程结构提供了有益思路与成熟经验。我们应在认真学习与汲取德国经验的基础上,积极探索符合中国国情的"模块化"课程设置方式,通过"模块化"课程设置,突破学科界限,加强各相关学科专业知识渗透与融合,加强理论与实践教学结合;通过"模块化"课程设置,进行教学内容重组,整合课程设置,科学界定课程间的主次关系、层次关系和衔接关系,避免课程分割过细,内容重复或脱节,实现课程体系和教学内容的整体优化;通过"模块化"课程设置,加强教学内容与专业总体培养目标的联系,与毕业生从事的实际工作内容紧密结合,突出实践能力培养,切实落实应用型本科人才培养要求,构建适应时代要求的知识结构和课程体系。

四是学科专业设置的应用性和灵活性。德国应用科学大学发展迅速的原因之一是专业设置的应用性和灵活性,而我国新建本科高校在专业设置方面同质化现象严重,专业类别多、杂、乱,毫无特色,更无灵活性可言。人才培养与专业设置是密不可分的,培养应用型人才就应设置应用性的专业。高校要打造特色专业,必须要坚持"有所为"和"有所不为",不能盲目求全求大,要从以学科体系为基础的专业设置转变为以职业和岗位需求作为前提,围绕行业、产业进行专业设置,集中有限的资源,赢在"地方性、应用型、特色化",以地方经济社会发展实际需求为导向,确定专业方向,建设特色优势专业,打造出一批特色品牌专业,并根据时代的变化,及时设置新专业,改造传统专业,突出其应用性特点,使人才培养更具鲜明的行业或产业特色。专业设置层面要更多考虑与当地经济、社会发展的契合度。我国相当一部分地方性高等院校在专业设置上随意性较大,专业设置前的调研论证不充分,没有充分考虑当地经济和社会发展的趋势,盲目追求招生数量,造成"毕业即失业"的奇怪现象,这样的学生丝毫不能服务于社会和地方经济。所以地方应用型大学在专业设置上一定要考虑当地经济和社会状况,在此基础上设置和调整原有的专业结构。

五是深入推进教学方式方法改革。应用型本科的人才培养规格是高素质应用科学人才而不是普通本科培养的学术型、研究型、工程型人才,它以应用能力为主线构建学生的知识、能力素质结构与培养方案。考虑到我国新建本科高校的课程设置和教学方式方法还是沿袭传统高校的模式,结合德国应用科学大学在课程设置和教学上的实践性特色,新建本科高校首先必须改变偏重理论的课程设置,按照培养应用型人才的要求制定课程标准,人才培养计划的制订须结合所在地区的产业(行业)发展需求。其次,在课程安排中必须加大实践教学的课程比例,教学内容要根据相关领域的最新动态及时更新,做到"社会需要什么,学校就教什么",教学方法多样,如运用头脑风暴教学、工作过程导向教学、引导课文教学、项目教学等方法,教学方式亦须多样化,如采取小班教学、分组教学、讨论式教学、探究式教学,为学生提供大量的实践机会,训练他们的动手操作能力,真正培养实践性人才。因此,理论课程与实践课程的比例关系的确定显得尤为重要,在课程体系设置中既要避免实践课程流于形式,"走过场",也要对理论课程足够重视,不能顾此失彼,必须结合学校的传统和优势学科特色,合理规划两种课程的时间。

六是加强"双师双能型"教师队伍建设。德国应用科学大学的"双师型"师资为其人才培养提供了保障,才使得德国应用科学大学享誉全球,可以说,教师队伍的建设,对于提高人才培养质量的意义重大。我国新建本科高校师资方面最需要解决的问题是大部分教师缺少在企业锻炼和从业的经历,要改变高校在人才培养中与行业(企业)之间由于缺乏充分的交流而导致的相互封闭的局面,可采取"请进来,走出去"的办法。一方面"走出去":探索建立科学合理的教师聘任制度和分类考评办法,建立教师轮训制度和调研休假制度,专业教师每两年在企业一线专业实践的时间累计不少于一个月。另外,可采取接受培训、挂职锻炼、双向互聘相结合的办法,在保证正常教学和科研工作的前提下,有计划地分期、分批选送教师参加进修、培训和到行业(企业)挂职锻炼,使教师具备行业(企业)实践工作经验。另一方面"请进来":可建立教师多元化引进与聘用机制,采取柔性引进的办法,引进优秀行业、企业管理及技术人员担任专兼职教师;加强与地方政府、科研院所、企事业单位的合作,积极探索共同引进人才的模式,实现人力资源应用的多元化;建立符合应用技术大学特点的教师绩效评价标准,对取得相关专业技术资格证书和职业资格证书的人才适当倾斜。当然师资队伍的建设不是一朝一夕能够完成的,在建设时应重点考虑青年教师的发展。高校的青年教师都较为年轻,基本上刚从国内高校毕业,大都是从本科生到硕士研究生再到博士研究生一直读下来,接触社会的机会较少,社会阅历十分有限,相关专业的实践经历更是欠缺,因此必须加强对青年教师队伍综合素质的培养,促进青年教师的可持续发展。一方面要积极为他们创造实践锻炼的机会,尽可能为年轻教师提供进修的机会、不断学习的机会、专业发展的机会,另一方面发挥老教师的引导作用,安排教学经验丰富的老教师指导青年教师的备课、讲课、教研,使得年轻教师具备教育教学工作能力和实际操作能力。

2. 英国:三次应用型大学浪潮

英国是古典大学的发祥地之一,也是考察应用型大学何以诞生的理想样本。英国教育史上曾先后出现过三次应用型大学发展浪潮。

第一次是新大学运动(Greenfield University)。中世纪以后的几百年时间里,英国只有牛津和剑桥两所大学,两校均高度重视博雅教育,轻视自然科学,应用技术更是被视作难登大雅之堂的雕虫小技。作为老牌资本主义强国和第一次工业革命的发源地,包括蒸汽机、纺织机在内的很多重要发明,都是在大学之外取得的。处于工业上升期的英国,迫切需要大量掌握现代科技、经济、管理知识和技能的高素质产业工人。恪守古典人文教育传统的牛津和剑桥大学不愿意主动迎接工业革命的挑战,工场手工业作坊和技工讲习所的学徒制职业教育也无法承担这一历史使命。因此,从19世纪30年代开始,以伦敦大学的创建为开端,11所新大学迅速崛起。在招生方面,新大学打破了宗教贵族对高等教育的垄断,为新型工业资产阶级提供了接受现代高等教育的机会;在教学内容上,新大学紧紧围绕现代工业革命和商业发展的实际需要,开设大量实用性职业技术教育课程;在职业技能拓展方面,新大学将科学研究引入高等教育,高度重视应用研究和成果转化。新大学运动的蓬勃发展也推动了古典大学办学模式改革的进程。牛津大学克莱伦顿实验室(1872年)和剑桥大学卡文迪什实验室(1873年)的创建,标志着高等科技教育正式进入古典大学的殿堂,应用型办学思路开始被普遍接受。

第二次是红砖大学运动(Red Brick University)。红砖大学泛指维多利亚时代(特别是19世纪末20世纪初)在英国主要工业城市创建的一批私立院校。这些院校的建筑多采用红砖,故被称作红砖大学,以区别于牛津和剑桥大学的传统建筑风格。红砖大学是工业革命的产物,是新大学运动的延伸和拓展,专业设置以工程、科技、医学等为主,主要目的是满足新型城市工业经济发展的需要,普及与工业生产领域相关的专业知识和技能,提供面向平民的职业技术教育,促进工业生产的发展。红砖大学所在城市多为英国的工业中心,有很多知名企业,并且与学校保持紧密的合作关系,工业企业为学生实习和就业提供良好的机会,学校也为工业企业发展提供源源不断的人力和智力支持。一战结束后,这些院校经过合并整合,最终发展成伯明翰大学、布里斯托大学、谢菲尔德大学、利兹大学、利物浦大学和曼彻斯特大学6所著名大学。20世纪下半叶,红砖大学的概念被拓展,包括雷丁大学、诺丁汉大学、斯旺西大学、赫尔大学、莱斯特大学等在内的27所院校也被划入红砖大学之列。如今,红砖大学的概念进一步扩大,泛指1800年到1959年之间建立起来的应用型大学,总共有几十所之多。

第三次是多科技术学院运动(Polytechnic Institutes)。二战结束后,为适应世界经济和科技快速发展的需要,英国创建了34所多科技术学院。多科技术学院在办学定位上突出应用性和地方性两个特征:应用性是指多科技术学院主要为地方生产、建设、管理和服务一线培养应用型专业技术人才;地方性则是指多科技术学院的办学经费主要由地方政府财政支持,立足地方、面向地方、服务地方,与学校所在地的地方政府和工商企业之间深度融合,为地方经济发展、科技进步和社会发展培养实用性技术人才。多科技术学院的出现,标志着英国普通高等教育与高等职业教育相结合的"二元制"高等教育体系最终得以确立。虽然1992年以后,多科技术学院相继升格为大学,从形式上看,英国重新回到高等教育一元化时代,但事实上,这些高校虽然更改了校名,提升了办学层次,但其为工商企业发展提供服务的应用型办学理念和办学模式并未根本改变。

用现代高等教育话语体系来评判,英国新大学、红砖大学和多科技术学院都是典型的应用型大学。如今,部分新大学和全部6所红砖大学都已经发展为英国罗素大学联盟①的重要成员,成了名副其实的高水平研究型大学。34 所多科技术学院也在 1992 年全部升格为大学,并获得了与传统大学平等的各项权利(包括自行授予学位的权利)。可见,应用型大学本身也处于不断生长、发展和变化之中。

3. 美国:从农工学院到社区学院

美国没有专门的应用型大学,美国的大学按照其功能大致分为三类,分别为两年制的社区大学、四年制的综合大学和四年制理工学院。其中,社区大学和其他大学之间具有很好的衔接机制,他们共同构成了当今美国完整的高等教育体系。社区大学是利用各州或地区的税金建立起来的两年制的面向地区居民全面开放的一类大学。这类大学主要是以职业训练和返回工作岗位的训练为教育的核心,社区大学的主要任务是向众多成年人在他们工作服务地区内提供高等教育机会。这种办学模式适应了广大成年人的教育需求,在美国有充足的生源。在四年制的综合大学中,应用科学和技术学院以及职业性学院的培养目标是为美国经济和社会发展培养既具有自然科学和社会科学基础理论和知识,又具有应用科学和技术能力的职业人才。而应用技术型理工学院培养的人才处于产业链的中低端。但是它们更注重培养技术型人才,在课程设置方面更加强调实践性的环节。

美国应用型大学的崛起以农工学院的发展最为典型。南北战争粉碎了美国南方奴隶制种植园经济,为资本主义的发展扫清了障碍,"西进运动"则为美国工农业发展开辟出大量的土地,迫切需要大量掌握工农业生产技术的高素质专门人才。与此同时,美国传统殖民地大学仍抱残守缺,固守从英国移植而来的文理教育传统,无法满足经济社会发展的需求。在这种时代背景下,美国国会发布了《莫里尔法案》,在全国范围内新建了 69 所赠地学院。这些赠地学院的建校宗旨就是要为当地工农业生产培养应用技术人才。因此,赠地学院又被

---

① 罗素大学联盟(The Russell Group)成立于 1994 年,由英国一流的 24 所研究型大学组成。其名称的由来,是因为这 24 所院校的校长,每年春季固定在伦敦罗素广场旁的罗素饭店举行与研究经费有关的会议而得名。该高校联盟被称为英国的"常春藤联盟",代表着英国高等教育的最高水平。罗素大学联盟每年获得全英大学 65% 以上的科研经费和赞助资金。

称作农工学院。最初,农工学院以短期教育为主,具有鲜明的职业技能培训特征。从办学定位、专业设置、服务面向等维度来看,美国农工学院都属于典型的应用型大学。随着时间的推移,在社会发展和科技进步的推动下,农工学院虽然仍以农业科技和工程科学见长,但其学科设置早已拓展到经济、医疗、管理、教育、公共服务等各个领域。如今,多数农工学院都已升格为大学,并已经发展成为世界一流的研究型大学,如加州大学、康奈尔大学、普渡大学、伊利诺伊大学、威斯康星大学等。麻省理工学院虽然仍保留着学院的称谓,但从办学层次和办学水平上看,早已经成为世界一流的研究型大学。不仅如此,农工学院的发展还扭转了长期以来美国大学"重学轻术"的传统,就连哈佛大学、耶鲁大学等传统大学也不得不调整办学思路,改变以往偏重基础理论的学术性办学定位,专业设置和教学模式更接近工商业发展和社会变革的实际需要。事实上,实用主义思想主导下的美国农工学院的崛起,不但促进了科技与经济的结合、增强了美国的综合国力,也引起了各国政府、产业界以及大学的重视和效仿,从而改变了世界高等教育的面貌与格局。高等教育由此从社会的边缘过渡到中心,与现代科技和生产的联系日益紧密,并进一步推动着现代科技和工农业生产的迅猛发展。

  19世纪末创立的美国社区学院,是集普通教育、职业教育、补偿教育、社区教育等于一体的专科层次的高等教育机构。百余年来,其强大的社会适应性使这一类型的学校得到蓬勃发展,经久不衰,成为世界各国争相效仿的典范。美国社区学院的办学特点主要体现在:一是服务面向的社区性。社区性是社区学院存在和发展的基础,也是区别于其他类型高等学校最根本的特点。其在教学、服务及其他各项工作中始终坚持以当地社区为中心,在服务面向定位上表现出明显的区域性特征。二是办学职能的综合性。社区学院的办学职能可归纳为升学准备教育、职业教育、普通教育、补偿教育和社区服务五个方面。三是人才培养方式的多样性。办学职能的综合性决定了学院没有固定化的人才培养模式,针对不同学生的需求提供不同教育方式,如转学教育、职业教育等。此外,社区学院还对社区居民提供成人教育课程和各种培训。四是办学的开放性。社区学院的生源开放,有教无类,师资开放,来去自由,可专职也可兼职,办学职能开放,学制有弹性,学生可以为证书学习,也可以为休闲提高而来。五是经费来源多渠道性。社区学院是人民的学院,遵循"来之于民,用之于民"的原则。地方税收、州政府拨款、联邦政府资助、学生所缴学费等是其经费来源的渠道。其中,经费的1/2来自于社区学院周边社区民众的税收,1/4来自联邦和州政府的资助和拨款,1/4由学校自筹。总之,美国社区学院因其强大的社会适应性、办学灵活性、经费多样性等特点,被人们誉为21世纪美国通往未来的动力源。

应用型大学对促进美国经济社会发展起到至关重要的作用。特别是自20世纪80年代以来,美国曾多次颁布法律,提倡大力发展应用型大学,培养应用型人才。如《美国教育部2008—2013年战略规划》中明确指出:"应用型本科人才培养的目标是使教育者具备从事某一特定职业所必需的全部能力,即以培养人才的职业能力为主要目的。"美国应用型大学教学模式可概括为以下几个方面:第一,在培养模式方面,以培养受教育者的职业能力为主要目标,也称能力本位培养模式,即根据不同职业的需求制定不同的教学大纲,把理论课程与实践课程相结合,教学大纲的制定由任课教师和企业家共同进行。美国模式的合作式教育以"工学交替式"为主,企业的实训和大学的教学交替进行,培养时间各占1/2。第二,在教学内容方面,应用型大学主要包括通识课程、专业理论课程、专业相关课程、实践能力培养课程四部分内容。其中,占比重最高的是实践能力培养课程。第三,在考核评估方面,学校和企业共同对学生的学习成绩、技术水平、工作能力进行考核评估。

美国发展应用型大学的经验:①

一是以应用性为导向的人才培养方式。美国应用型本科的培养模式主要包括技术教育大学、社区学院、工程教育学院。技术教育大学的目标是培养技术师,这样的技术师必须具备较强的实践操作能力和对规划程序的详细了解,能够把工程师设计的装置和系统转化为现实产品。技术教育大学人才培养目标明确,人才培养思路清晰,前两年主要以应用实验课程为主,后两年加深数学、自然科学和普通教育,以提升学生对应用实验课程的理解。社区学院的办学目标是为社区居民提供高品质教育机会,为社区工商业发展提供专门的行业人才,促进社区发展。工程教育学院要求课程注重与经济的结合,力求使学生熟悉工业发展的进程和社会经济的现实需要,旨在培养一种在任何工作岗位都能成功的工程师。

---

① 代文纹.新建本科院校向应用型大学转型的路径研究:以X学院为例[D].西安:陕西师范大学,2017:28-29.

二是高水平的师资队伍建设。美国应用型大学有着相对完善的教师招聘、晋升以及培训进修制度,就教师招聘而言,实行开放的师资招聘,以拓宽教师来源渠道,如弗罗斯特堡州立大学,该校的教师和工作人员就有相当大的比例来自于学校之外的企业或者其他机构,而且除招聘专职教师外,还招收相当数量的兼职教师,如社区学院的兼职教师占比就达到66%之多,这样既丰富了教师的阅历,也使学生享受到多元的教授方式和多样化的教学成果;就培训进修方面,美国应用型大学采用多种方式对教师进行培训。

三是政府与大学之间的良性互动。除军事院校外,美国至今没有一所国立大学,根据美国宪法,大学由所在的州政府管辖,而政府参与大学管理的主要方式是介入大学的董事会。州政府对于大学董事会的介入主要通过三个途径。第一,规定董事会成员的产生方式;第二,规定董事会成员的数量;第三,规定董事会成员的任期。这些法律规定既是政府对大学的控制手段,同样也是大学保护自治权利的武器,政府对大学的控制不能越过大学自治的底线,由此可见美国大学与政府之间保持着良好的互动关系,一方面政府通过控制大学的董事会成员的产生方式、人员数量、任期时长,对学校的整体发展方向进行把控;另一方面,政府对学校的干涉始终以学校自治作为底线,这也就保证了学术权力和行政权力的有序运行,同时政府的适度干涉,也使大学自身的治理能力得到提升。

四是形式多样服务区域经济发展。美国公民素有崇尚"实用主义"的传统,这样的信念在高等教育领域也得到了贯彻,威斯康星大学模式就是典型案例。此后大学的发展,一直以服务区域发展作为自己的使命,服务的途径也多种多样,主要从以下三个方面展开:第一,为区域发展培养人才,如圣荷西州立大学,因为地处硅谷腹地,为了能更好地与硅谷高新技术产业接轨,该校大力发展计算机科学和工程教育专业,将自身的办学特色和区域经济发展前景有机结合起来;第二,通过知识创新和技术支持,推动地方经济发展,如纽约州立大学石溪分校,积极投资前沿癌症研究、先进医疗影像和癌症护理研究,成为纽约州振兴医疗产业、振兴经济发展的一个重要举措;第三,美国应用型大学形成了强烈的社会责任感,广泛参与社会公共服务,例如,利亚桑那州立大学常年派专家到政府义务工作,为政府工作人员提供咨询和培训的工作。

4. 法国:"大学校"模式

众所周知,法国高等教育制度的特点是"一个国家,两种高教"的二元制体制,即大学和"大学校"两种高等教育系统并存,前者是综合性高等教育机构,后者是专门性高等教育机构。20世纪70年代以来,由于受世界经济危机影响,法国的失业率超过10%,大学生的就业受到严峻考验。在这种情况下,即使拥有一流大学毕业证的毕业生,也不能保证找到一份理想的工作。然而,"大学校"的毕业生却比综合性大学的毕业生有更高的就业率,因而受到人们的青睐。在世界高校排名前100所中,法国"大学校"如法国巴黎高等师范学院等占了4所,而综合性大学仅有1所。"大学校"之所以有如此高的声誉,得益于它的几个办学特点:

一是人才培养目标定位的专业性。此类学校的培养目标定位是为法国各行各业培养具有顶尖水平的应用型专门人才,并在长期的办学中各自找到了自己的比较优势,如巴黎理工学校以培养高级管理人员和工程技术人才著称,巴黎高等商业学校则培养学生成为管理技术高超、精良,善于进行社会人际交往,并具有良好的行为方式的商业精英,而国立行政学校和巴黎高等师范学院以培养国家高级公务员和高水平教师为目标定位,其他还有一些"大学校"分别为艺术、医学等领域培养高级专门人才。

二是人才培养模式的通专结合性。在当今学分制成为世界大学发展趋势的背景下,法国"大学校"在修业形式上依然实行学年制教学,从而避免了选课制存在的缺陷,如学生选课中的拈轻怕重的现象。"大学校"十分重视学生多学科综合素质的培养,在课程设置上,注重课程的通识性、专业性和实践性,如工程类学校,在学生专业课程中安排了政法类、财经类、社会学类等课程。

三是教学的应用性。在学生理论学习中,"大学校"高度重视学生的实际训练,每所"大学校"都有充足的实践教学基地,为学生提供实习实训场所,并侧重于学生的应用型研究。

四是学校管理的高效性。与综合性大学庞杂臃肿的管理机构相比,"大学校"的管理机构十分简明,一般而言,"大学校"的管理主要由校长直接负责,设董事会或校务委员会,辅助校长工作,学校还设有秘书处,负责处理日常行政事务。以鲁昂电气工程师高等学校为例,从校长到门卫全部管理人员仅有20人,成为学校管理的经典案例。

5. 其他国家

日本式双元制串行模式。21世纪以来,日本文部科学省强力推行日本式双元制串行模式现代职业教育体系,其中的应用型大学对我国的应用型本科院校建设具有重要借鉴意义。日本应用型大学突出特点表现在如下方面:

一是市场主导的职业技能培训,即应用型大学与市场存在互补的关系。日本应用型大学以理论教育为主,也定期组织广泛的见习教育,同时肩负职业指导的职能,但是职业技能培训往往以市场主导的形式体现。应用型大学的课程设置是以理论学习为主要方向、培养特定职业人群的职业教育,职业技能的认定往往以特殊行业资质为准,无形之中就把职业技能培训从应用型大学转移到行业协会或市场培训机构之中。

二是剥离至企业的后续实践培训,即应用型大学与企业保持着较为松散的协作关系。应用型大学不但介入就业指导,而且参与就业安置,但只是在学生完成理论课程且进入职业过渡学期后才与企业维系职业实践合作关系。这种协作关系在职业教育中往往以学生由学校转移到企业为止,职业教育的责任由学校转移到企业身上。企业则肩负起高等职业教育最后一个阶段即企业后续培训的职责,这种培训往往以职业专业化技能提升为主,不断增强职业素养。中国应用型本科院校建设也可以借鉴日本应用型大学建设的有益经验,由国家清理、规范行业技能证书,并赋予行业协会开展由市场主导的职业技能培训的权力,应用型大学做好与市场的互补衔接,在课程设计上既保证专业素养的训练,又与时俱进地与职业技能培训衔接和区分;在见习教育上,注重拓展职业视野、强化对行业产业的感性认知和理性分析;在企业内后续培训上,更加注重长期职业发展平台信息反馈,并不断修订理论教学内容,做到理论与实践的统一。①

韩国应用技术大学项目是在1962年开始实施的,刚开始的项目主要是在轻工业领域,培养基础设施领域应用型人才,随着经济社会的发展,培养领域逐

---

① 朱国华,吴兆雪. 应用型本科建设的时代逻辑、国际经验与路径选择[J]. 职业技术教育,2016(22):11.

渐扩展到其他领域。韩国应用型大学的特点有：

一是注重产、学、研相结合。应用技术大学和行业企业开展广泛的合作研发，例如造船和汽车领域。

二是政府支持力度大。韩国政府对应用技术大学的支持力度非常大，包括对一些特殊项目的支持等。

三是培养模式多样化。目前韩国应用技术大学的培养模式包括学术领域专业化、项目专业化、终身教育专业化等。

第二节 国内探索

一、北京联合大学应用文理学院[①]

1. 努力促使办学类型由研究型向应用型转变

学院按照"整体规划、突出重点、优化结构、协调发展"的学科专业建设原则，努力促使办学类型由研究型向应用型转变，其间大致经历了三个阶段。

（1）应用文科、应用理科办学思路的形成阶段（1978年分校建立至1994年北京联合大学文理学院与文法学院合并前）。

学院的前身为北京大学一分校和中国人民大学二分校，皆始建于1978年。办学之初，两校基本移植了大学的办学模式及专业培养方向。从1982年起，两校在深入调查、反复论证的基础上，开始了应用性教育的探索。当时的北京大学一分校以生物系为探索应用理科专业的突破口，逐步形成了"立足北京，服务首都，依靠老大学，侧重发展应用学科，培养应用型复合型人才"的办学思

---

① 孔繁敏.应用型学科专业的改革与实践探索[J].北京教育（高教），2008(Z1):17-19.

路。中国人民大学二分校则从1983年开始,经过调查和论证,确定了从基础型学科向应用型、复合型学科转变的发展方向。此后,两校一直没有间断过对人才培养模式的探索。1985年,在大学分校基础上组建的北京联合大学,进一步坚定了培养应用型人才的办学方向。1988年,文理学院、文法学院两院庆祝建校10周年时,明确宣布办学方向是:为北京市经济建设和社会发展服务,着重发展应用学科,培养从事实际工作专门人才。

(2) 应用文科、应用理科办学思路的发展阶段(1994年应用文理学院成立至1999年扩大办学规模)。

1994年,文理学院、文法学院合并,成立应用文理学院。在认真总结两院办学经验和开展教育教学改革大讨论的基础上,应用文理学院下发了《关于深化教学改革的总体目标的几点思路》的文件,进一步明确提出努力办好应用文科和应用理科,培养从事各项实际工作的应用型复合型人才的目标,并采取了一系列改革措施。同年,学院的教学成果——《发展应用理科,培养应用型人才的几点探索与改革》在国家教委召开的第二次理科教育工作会议上作为重点交流材料。1997年,学院的研究课题《努力办好应用文科、应用理科,培养应用型复合型人才》获北京市教学成果一等奖;1998年建校20周年校庆期间,学院召开了"面向21世纪应用学科的高等教育"国际学术研讨会,来自国内外10多所知名大学的校长及著名专家、学者应邀参加了会议。

(3) 应用文科、应用理科办学思路的深化阶段(1999年开始从扩大办学规模逐步转为重点提高质量)。

1999年,国家决定扩大高等教育规模,学院不失时机地抓住机遇,实现了跨越式发展,但也暴露了学科专业结构布局不平衡等新问题。为此,应用文理学院依北京市教委2002年颁布的《关于推进北京高等学校学科专业结构调整工作的若干意见》,制定并下发了相应的文件。学院本着体现专业应用特色的原则,开始进行新一轮学科专业结构的调整。2004年,按照北京联合大学的统一部署,在统一全院认识的基础上,学院制定了《"十五"时期发展计划的延伸与补充》,进一步深化了教育教学思路:面向国民经济主战场,适应首都发展需要,设置应用学科与专业;具备必要理论基础,强化实践教学,提高应用能力;重视应用研究,依托行业企业,促进产学研紧密结合;积极开展国际交流与合作,借鉴吸收优质教育资源,提升教育国际化水平;努力培养德智体美全面发展的具有文理科知识的应用型人才,并确定今后工作重点放在稳定规模、提高质量方面。2006年,学院编写的《建设应用型大学之路》一书,获北京联合大学优秀教学成果一等奖、北京市第五届教育科学研究优秀成果二等奖。

2. 以服务地方为学科专业的应用方向

应用型大学要做到依托学科,面向应用,增强专业的适应能力,即在教学、科研、服务诸方面皆以学科为基础,以应用为导向,就必须坚持为地方或区域服务的方向,不断优化学科专业结构。

学院应用理科在选择为地方服务的方向时,既注意发挥基础理科基本知识扎实的优势,又大胆突破旧有的框架,构建具有较强的应变能力和适应性的应用学科和体系。通过多年的开拓、改造和多学科的渗透,原有的数学、物理学、化学、生物学、地理学、图书馆学6个基础理科专业,分别发展为信息与计算科学专业、电子信息科学与技术专业、环境科学及室内环境控制技术专业、生物技术及食品质量与安全专业、资源环境与城乡规划管理专业、信息管理与信息系统专业。

学院文科各专业为了进一步探索应用专业方向,特别注意先在多种形式短训班或专题班进行实验,然后再转到全日制本、专科班。经过多年探索,文科各专业大幅度地调整了专业方向,已基本探索出了一条应用文科的路子,如汉语言文学专业在加强汉语言基础的同时向新闻学专业方向发展,历史学专业向文博旅游、文物博物馆方向发展,法学专业向以经济法为主要专业方向发展,档案学专业向信息开发和秘书方向发展。

在对传统基础学科专业的改造和调整中,学院还注意培育新的学科专业增长点,设置主要面向北京现代服务业的新兴应用专业,如新增了英语、金融学、会计学、新闻学、广告学等专业,形成了学科与专业良性互动互补的结构布局。

3. 以应用型科学研究促进学科专业水平提高

从基础研究学科向应用学科转变,既要了解地方需求,还要重视科学研究。开展科学研究尤其是应用型研究有利于探索学科的前沿和应用前景,准确把握专业的应用方向。应用型科学研究是学科专业建设的基础和动力。学院市级重点建设学科——食品科学专业与经济法学专业的形成和发展,都得益于应用型科学研究。

食品科学专业建设经历了长期艰难探索过程。1983年,当时的生物学系在葛明德、金宗濂等同志组织的深入调查的基础上,提出试办当时国内尚属空白的食品科学和营养学专业的建议。该专业几经探索,将食品科学发展方向定位在研究"食品与人类健康"上。保健食品功能评价指标的建立及第三代保健食品的研制,使生物系在保健食品研究、开发和检测领域内成为国内领先的单位之一。

经济法学专业是现代经济、科技、法律相结合的产物,也是大学法学本科教育中的14门主干课之一。该专业的特色与优势是注重经济法理论与应用,以及多学科交叉研究,为北京经济建设与民主法制建设服务。刘隆亨教授是经济法学专业的主要开拓者之一,其所著的《经济法概论》已发行第六版,其主持的"财税法学"课程被评为北京市精品课程。

学院多年来一直重视以科研促进教学,尤其重视促进重点学科建设,促进精品课程与教材建设,促进为社会服务。目前,学院已形成一批校级科研基地(6个研究所或中心),取得了一批为教学或地方服务的应用成果。

4. 构建具有应用学科特色的教学体系

在明确学科专业应用方向后,学院设计并构建了具有科学性、先进性、适用性的应用型教学体系(包括实验、实习等实践环节),使应用方向真正落实到实际的教学活动和教学环节中去,这是办好应用学科的重要基础。学院构建应用学科教学体系的总体原则是:保证学科基础建设,加强应用课程建设。在专业课程的设置上,特别注意处理好支撑专业的主干学科与应用方向的关系,以学科建设支撑专业建设。

实践教学与产学研结合是应用学科教学体系的重要组成部分,是培养应用型人才的重要途径。学院根据专业培养目标的要求,认真设计相关课程的实践教学方案,不断改进实践教学方法,减少验证性实验,增加创新性、综合性实践。学院还建立了院内综合实验、实训基地,以及院外实习场所和就业基地,最大限度地给学生提供校内外实践实习的机会。

经过多年积累,学院的实践教学与产学研结合已形成下列模式:第一,教学实习与社会实践相结合,在社会服务中深化专业知识。第二,承接社会项目,以项目带实习。第三，毕业实习与就业相结合，为就业打基础。第四，学历教育与职业资格教育相结合，实施"双证书"培养。第五，依托主管局和行业，实施联合培养计划，推进产学研结合。

5. 为重点学科专业建设和优秀人才成长创造良好的政策环境

学校重视学科结构的优化与学科类别的合理布局，尤其重视以重点建设学科为龙头，充分发挥其示范、辐射和带头作用，以重点学科建设带动一般学科建设，实现市级、校级和院级三级学科专业建设滚动发展。对重点建设学科实行人员编制、岗级档次、岗位津贴、办公面积、资金投入、出国培训诸方面的政策倾斜，为学科专业的可持续发展夯实基础。

加强应用型学科专业建设，不仅要重视教师普遍素质和平均水平的提高，而且要重视发挥高水平人才的作用；不仅要有长于基础理论研究和教学素养的学者，而且要有长于动手操作和具有实际工作经验的专家。一个科学集体的工作之所以能达到一定高度，学科带头人在学术上所达到的高度起着关键性的作用。他们是一所学校最珍贵的无形资产之一，是其学科得以生存和发展的生命线。因此，学院始终将学科带头人的培育选拔工作放在重要的战略位置。

通过多年的艰难探索和建设积累，学院的学科专业基本适应了首都经济建设和社会发展的需要，招生和就业状况比较好；逐步形成了以应用为导向、学科为依托、专业为重点，学科与专业一体化建设的工作思路，提高了教育教学质量；重点建设学科达到北京市领先水平，食品科学与经济法专业的应用研究达到国内领先水平，同时培植了新的学科专业增长点，构建了文理多学科交叉、适应面较广并具自身特色的学科专业结构。

30年来，在北京大学、中国人民大学的帮助和北京联合大学的统一领导下，学院自20世纪80年代初期便确立了发展应用文科、应用理科的方向，在国内较早开始进行从研究型向应用型办学类型转变的探索和实践，并在此后20多年里始终不渝地坚持这一发展方向，逐步实现了由研究型向应用型办学类型的重大转变。实践证明，学院探索的新的应用型办学方向，适应了我国大众化教育的发展趋势，适应了北京市的人才需求，适应了学校自身的生源特点。应用型教育也发展成为我国高等教育的一种新的教育类型。

二、上海电机学院[①]

上海电机学院是2004年升本的地方本科高校。升本后,该校对办学定位作了专题研究,并结合区域经济发展需要和自身办学传统,提出了"本科层次技术教育"的办学定位和"技术立校,应用为本"的办学方略,并把学科建设始终作为突出特色、提升实力的基础,确立了"以学科建设为龙头,提升学校科研能力"的发展方向,研究制定了学校学科专业中长期发展规划,强化学科建设。

1. 立足区域发展和行业需求,凝练学科方向

鉴于新建本科院校资源的有限性、学科基础的薄弱性,该校在制定学科发展策略时,实施了"有所为、有所不为"的错位竞争战略,聚焦重点,力争在某个领域上创立品牌。该校在分析区域产业结构发展趋势和本校发展优势的基础上,聚焦上海先进制造业及相关服务业发展要求,特别关注制造业的改造提升、战略性新兴产业的培育发展,将学科建设聚焦在能源装备制造技术领域,重点聚焦火电、核电、风电等能源装备关键技术,突出技术应用型研究。经过几年建设,该校初步形成了以能源装备制造技术学科群为重点,生产服务学科群和技术文化学科群联动发展的技术学科体系。在投入方面,该校聚焦重点发展的学科方向,在资金、人力、物力等方面给予重点投入。2012年,该校电力电子与电力传动学科因长期聚焦我国风电技术研究,获批"服务国家特殊需求人才培养试点项目",成为工程硕士专业学位研究生培养试点单位,以培养国家急需的风电工程硕士人才。

2. 校企合作构筑学科平台,积极开展技术应用研究

在学科建设过程中,该校认识到"校企合作,搭建产学研平台是应用技术大

[①] 林尉天,刘晓保.试论应用技术大学的学科建设之路:以上海某高校为例[J].职业技术教育,2014(7):29-30.

学学科建设的重要途径,也是人才培养的重要途径,是学校服务社会的重要桥梁",因此,该校充分利用行业背景优势,积极借助企业集团的丰富资源,加强产学研合作平台建设,推进学科建设与产学研协同创新。

首先,校企合作搭建科研平台。近年来,该校与上海30多家高新技术企业结成产、学、研合作联盟,其中,作为校企合作最为密切的上海某装备制造集团(国内最大的装备制造业集团之一),更是将该校纳入了集团核心科技创新体系。并在该校设立"××集团中央研究院分院",通过"分院",校企合作建立了上海市装备制造业共性技术专业服务平台数控技术服务中心、风力发电技术研究中心、大锻件制造技术应用研究所等一系列特色鲜明的产、学、研合作平台。该校还与上海某重型机器厂联合建立了大锻件制造技术应用研究所,通过校企互动,使该校在大锻件制造技术研究领域有了较大进展,已获得国家重大专项、上海市自然科学基金项目、上海市教委科研创新重点项目。2012年,上海高校知识服务平台"大型铸锻件制造技术产学研合作中心"在该校成立,由上海市教委和上海某重型机器厂共同投入约1亿元,着力打造全新的产学研协同创新平台,为上海装备制造企业提供技术支持。

其次,校地合作致力服务地方。作为地方本科院校,该校把满足地方经济社会发展需求作为自己的历史使命,并根据长三角经济发展需要,建立"主动出击、服务企业"的科技工作站。目前,该校分别与江苏靖江、浙江临安、安徽芜湖共建了3个科技工作站,并分别派出了科技特派员。通过设立科技工作站,促进了学校科技服务与地方经济发展的结合,找到了学校发展与行业企业发展对接的切入点和突破口。

此外,该校还探索和实践了产学研全方位、深层次、制度化合作的有效路径,不仅在学校和企业集团层面建立了战略联盟关系,还实施"校企合作共建二级学院"等措施,通过校企双方在学科专业、师资队伍、实习基地等领域的深度合作来促进学校的学科建设。

3. 强化教师实践背景,打造技术特色鲜明的学科队伍

学科建设离不开人才支撑,高水平的科研团队是学科建设的关键。为此,该校在《中长期改革和发展规划纲要》中明确提出"队伍强校战略",立足技术本科办学定位,发挥行业办学优势,通过"引智"与"培养"相结合的一系列举措来

打造一支高水平的技术应用型科研团队。

在人才引进方面,该校立足重点学科,采取了一系列举措加强高水平人才的吸引力度,重点引进符合新技术发展需要的技术专家以及拥有高学历、高职称的人才及团队。并根据学科发展重点,扶持有发展潜力的创新学术团队,致力于培养和造就杰出的中青年学术群体。与此同时,该校还十分注重校内教师培养,采用各种措施提高青年教师科研能力,具体包括:配备具有较高教学科研水平的教师担任导师,建立青年教师带教制度;定期组织教师到企业生产单位调研学习,帮助他们熟悉企业的工作环境和技术要求;选送青年教师到企业进行为期1—2年的挂职锻炼,为他们加盟企业技术创新团队创造条件;选拔骨干教师到国(境)内外学习深造,促进教师转变教育观念、提高学术水平等。

自2007年开始,为提升青年教师企业实践能力,该校开始每年送出一批优秀青年教师到企业、科研院所挂职锻炼,并制定《青年教师校外挂职锻炼办法》等一系列规章制度,对青年教师选派、项目落实、检查考核、待遇奖励等都作了明确规定,每年召开青年教师企业挂职锻炼总结会暨青年教师产学研能力培养签约工作会,总结表彰一批在产学研专业实践能力方面表现突出的青年教师。另外,该校还派遣数位学科带头人或学术研究骨干深入企业一线,与企业技术人员共同组成科研团队,直接对生产一线中的技术应用问题开展研究,由于得到企业欢迎,他们被企业兼聘为副总工程师、技术主管、科技项目带头人。

4. 健全学科管理制度,提升学科建设水平

该校坚持以"学科建设为龙头",重视学科建设工作,学科组织管理制度日趋完善。首先,加强对学科建设的经费支持。随着学科建设规模的扩大,学科建设经费也在提升,以2011年为例,该校总投入达1297.65万元,较2010年增长18.3%。

其次,完善学科建设的制度管理。近年来,该校在已有规章制度的基础上,修订了"校级重点学科建设管理办法"及"校级重点学科评价验收方案",实现了重点学科评价的"三个转变",即从年度评价转变为建设期评价、从定性评价转变为定性定量相结合、从只注重科学研究成果产出转变为从学科特色与优势、学科队伍建设、学科平台建设、人才培养、科学研究、学术交流和学科管理等七个方面对学科进行综合绩效评价。同时,该校还制定了"二级学院(部)学科基

础建设与管理办法",发挥二级学院在学科建设中的主体作用。

三、合肥信息技术职业学院

1. 学院概况

合肥信息技术职业学院成立于 2009 年,是经安徽省人民政府批准,国家教育部备案,具有独立颁发学历文凭资格的纳入国家计划内统招的全日制普通高等学校。

学院坐落于包公故里、科教基地、历史名城安徽省省会合肥;学院占地 56.8 公顷,其中大学城校区占地面积 20.33 公顷,新桥校区一期占地 36.47 公顷;现有校舍建筑面积近 13.9 万平方米,教学仪器设备总值 2500 余万元,图书馆藏书 36.65 万册,另有电子图书 72 万册、电子资源库 14 个。学院现有在校生 6000 余人。

学院拥有一支专兼结合、结构合理、水平较高的教学、管理团队。教学、管理机构的专家、教授,大都来自中国科学技术大学、合肥工业大学和安徽大学等知名高校。同时,学院聘请了多名国家教指委成员、著名学者专家担任学院学科带头人,聘请了一批与专业建设紧密相关的行业企业的优秀技术、管理人才参与学院的人才培养工作。目前,学院现有教师 417 人,其中,校内专任教师 266 人,校外兼职教师 151 人。另外,还有校外兼课教师 46 人。专任教师中,高级职称 57 人,占专任教师的 21.43%;中级职称 66 人,占专任教师的 24.81%;硕士及以上学位教师 142 人,占专任教师的 53.38%;"双师素质"教师 135 人,占专任教师的 50.75%。

学院共有 8 个教学系部,开设 31 个全日制专科招生专业,覆盖 14 个专业类,形成了以电子信息、财经商贸、土木建筑、文化艺术类专业为主,以信息技术相关专业为特色,其他专业协调发展的专业格局。信息安全与管理、电子商务 2 个专业为省级一流(品牌)专业(原特色品牌专业),信息安全与管理专业被教育部认定为教育部创新发展行动计划骨干专业。

学院实验实训中心配备了拥有博士学位、副教授职称的具有丰富实践经验的专职实训中心主任,并配备了相关的专职管理人员。在实践教学上,安排"双师型"教师开展教学,并从行业、企业聘请有实践经验的专家、工程技术人员和能工巧匠,担任实践课程的指导工作。学院建有电工实训室、电子实训室、微机原理与接口技术实训室、动漫设计与制作实训室、计算机组装与维护实训室等35个实训室;根据专业实践教学需要与北京水晶石科技有限责任公司、上海火速网络科技有限公司等112家企业合作建立了运行良好并有保障机制的校外实训基地,较好地满足了各专业的实践教学需要。

2. 学院学科建设实践

(1) 紧贴市场需求,优化专业布局。

专业建设是高职院校人才培养的关键,也是高职院校与经济社会发展的契合之处;《国务院关于加快发展现代职业教育的决定》(国发〔2014〕19号)明确要求,"高职教育要培养服务区域发展的技术技能人才,企业特别是中小微企业的产品升级和技术研发为重点服务对象"。因此,面对工业4.0时代以及产业转型升级的新形势,学院紧跟时代发展趋势,专业设置打破传统界限,建立专业动态调整的机制,与智能制造企业的转型升级需求相对接,根据地方未来产业结构调整方向和趋势来设置、调整专业。同时,摒弃与社会脱节的、落后的专业,新增新兴的、有巨大应用前景的专业,以适应社会产业对人力资源的需求,围绕区域经济发展及产业结构调整,优化专业布局与结构,避免新旧专业的简单移植拼接,真正提升专业建设内涵。

一是适应市场需要,合理设置专业。学院围绕国家"互联网+"等发展战略,及时跟踪安徽省支柱产业、新兴产业需求变化,立足办学定位,结合学院优势资源,打造优势特色专业,调整优化专业结构,拓宽专业布局,实施专业分类、分层次发展。目前,学院共有信息工程系、电子商务系、会计系、建筑系、土木工程系、新媒体艺术系、通识教育部和思政教学部8个教学系部;开设电子竞技运动与管理、游戏设计、风景园林设计、移动互联应用技术、投资与理财、房地产经营与管理、电子商务、市场营销、物流信息技术、软件技术、电子信息工程技术、计算机信息管理、计算机应用技术、物联网应用技术、信息安全与管理、数字媒体应用技术、广告设计与制作、数字媒体艺术设计、动漫制作技术、工程造价、建设工程管理、建筑设计、环境艺术设计、会计信息管理、会计、连锁经营管理、云计算技术与应用、影视动画等 31 个全日制专科招生专业,覆盖电子信息、计算机、电子商务、物流、财务会计、金融、建筑设计、建设工程管理、房地产、艺术设计、广播影视、工商管理、市场营销等 14 个专业类,形成了以电子信息、财经商贸、土木建筑、文化艺术等类别专业为主,以信息技术相关专业为特色,其他专业协调发展的重点突出、布局合理、结构优化、特色鲜明的专业体系。具体如表 6.1 所示。

表 6.1 2017—2018 学年专业设置及与行业产业结构匹配情况统计表

专业类代码	专业类名称	设置专业数量	面向行业/产业
5401	建筑设计	1	建筑、房地产等
5405	建设工程管理	2	建筑、房地产、环境和公共设施管理等
5407	房地产	1	房地产、销售等
6101	电子信息	3	信息传输、软件和信息技术服务,制造等
6102	计算机	7	信息传输、软件和信息技术服务,文化、体育和娱乐等
6103	通信	1	信息传输、软件和信息技术服务等
6302	金融	1	金融、证券等
6303	财务会计	2	会计、财务管理等
6306	工商管理	1	工商管理、商务服务等
6307	市场营销	1	商务服务、房地产等
6308	电子商务	1	电子商务、批发和零售等
6309	物流	1	物流服务等
6501	艺术设计	3	文化、体育和娱乐等
6602	广播影视	1	影视动画、广播电视等
	合计	26	

二是联系地方实际,打造特色专业。学院着力培育和建设与安徽省经济发展方向和合肥市重点发展产业契合度高的、具有较强影响力和良好品牌效应的重点(特色)专业,逐步构建电子信息、电子商务、建筑设计、财务会计等特色专业群,每个专业群都以特色专业或重点建设专业为核心,引领和带动整个专业

群发展。学院坚持将专业优势转化为人才培养优势,充分发挥省级、校级特色(重点)专业对专业建设的支撑作用,形成了一批特色鲜明、具有一定影响力的优势特色专业。学院现有电子商务、信息安全与管理2个省级一流(品牌)专业(原特色品牌专业),信息安全与管理获批为教育部高职教育创新发展行动计划骨干专业。具体如表6.2所示。

表6.2 学院重点(特色、骨干)专业一览表

序号	专业名称	级别
1	电子商务	省级一流(品牌)专业(原特色品牌专业)
2	信息安全与管理	省级一流(品牌)专业(原特色品牌专业)、教育部创新发展行动计划骨干专业
3	动漫制作技术	校级重点专业
4	建筑设计	校级重点专业
5	物流信息技术	校级重点专业
6	计算机应用技术	校级重点专业

学院根据合肥市打造全国电子商务产业承载和集聚基地的需要,依托合肥(蜀山)国际电子商务产业园、合肥同心源电子商务有限责任公司等企业,加强电子商务专业建设。根据安徽省"强化合肥作为全国区域性物流节点城市、全国物流园区一级布局城市的核心地位,把合肥物流圈打造成引领全省物流发展的核心圈层,符合长三角副中心定位,具有国际竞争力的重要物流增长极"的需要,加快发展物流信息技术专业。根据合肥市打造全国极具影响力的公共安全产业基地的需要,整合师资队伍,加强信息安全与管理专业建设。根据安徽省"861"行动计划和合肥市"1346"行动计划、合肥市打造中国动漫产权交易集散地的需要,大力发展动漫制作技术专业。根据合肥市打造"大湖名城 创新高地"的需要,加强建筑设计专业建设。根据合肥市打造在全国具有重要影响力的电子信息国家高技术产业基地的需要,强化计算机应用技术专业建设。重点(特色、骨干)专业在专业群改革与建设中起到了引领、示范、带动作用。

三是改革培养模式,彰显专业特色。学院认真贯彻《国务院关于加快发展现代职业教育的决定》《教育部关于全面提高高等职业教育教学质量的若干意见》《高等职业教育创新发展行动计划(2015—2018年)》《高等职业院校内部质

量保证体系诊断与改进指导方案(试行)》等文件精神,主动联合行业企业,共同制订专业人才培养方案,以工学结合为切入点,构建"校企合作、工学结合"的人才培养模式;积极推行学分制改革,以满足学生多样化学习和发展需要为目的,坚持共性培养与个性培养相结合,因材施教,注重分类培养与分层教学,探索建立多种形式学习成果认定机制,逐步建立与学分制改革相适应的教学制度、课程体系、教师队伍和评价制度,充分调动学生学习的积极性和主动性;积极推动课程体系、教学内容、教学和考核方法等改革,突出学生实践能力和职业综合素质的培养,实现教学过程的实践性、开放性和职业性,不断提高人才培养质量。

(2) 推进课程改革,提高人才培养质量。

一是实施通识教育。通识教育(General Education)的目标是在现代多样化的社会中,为受教育者提供通行于不同人群之间的知识和价值观。哈佛大学第 26 任校长尼尔·陆登庭在北京大学作"面向 21 世纪高等教育的改革和发展"演讲中,在阐述其对高等教育发展方向的看法时,提出大学应该淡化专业教育,加强大学生人文教育、强调基础研究。可见,美国的通识教育被赋予了更新的时代内涵。因此在某种意义上讲,通识教育是指培养在特定社会中所需的教养、知识、技能和能力的教育。耶鲁大学第 22 任校长理查德·雷文在《论通识教育》中指出:"通识教育与专业教育、职业教育有着根本性的区别。通识教育不是为了培养你们掌握特定的技能,也不是为你们谋求某种职业做准备。通识教育的教导内容更具有普遍性,看上去似乎不那么'有用'……通识教育的目的是发展独立思考的能力。"学院立足于自身特色和优势,大力推进科技与人文有机结合的通识教育。教师在传授文化知识的同时,更加注重思想的启迪和理性的引导。通过课内外的通识教育,不仅丰富了知识,培养了学习兴趣,而且个性品格、文化修养和道德情感等方面也都得到全面发展,从通识教育资源中汲取了成长的滋养和成才的力量。学院积极构建人才培养的"第三课堂"。推进教育教学改革,构建了创新人才培养的"三个课堂",第一课堂即知识的课堂,形成了通识课程与专业课程相结合、科技与人文相结合的课程体系,着力加强学生对基础知识的掌握;第二课堂是实践的课堂,工程实践与社会实践同步增强,着力加强学生解决问题和开展实践的能力;第三课堂是文化的课堂,以文化艺术教育、国际化交流为载体,专注于提升学生的人文素养和综合能力。

二是推进公共课程改革。学院公共课程实施"体育与健康"课程选项教学,满足学生个性化成长需求,激发学生体育运动兴趣,切实提高学生的体质健康水平;实施"大学英语"课程分级教学,充分调动不同层次学生英语学习的积极性和主动性,提高学生英语应用能力;深化"计算机应用基础"课程教学改革,增加"云物移大智"(即云计算、物联网、移动互联网、大数据、人工智能)等新一代信息技术相关内容,增强课程教学的针对性和实效性,训练学生计算机思维,增强学生操作能力和创新意识。

　　三是深化专业课程改革。以工作过程为导向,构建专业课程体系。学院根据新一代信息技术专业技术领域和职业岗位(群)的任职要求,按照"职业性、实践性和开放性"的原则,坚持素质、知识、能力并重,以工作过程为导向,以"职业岗位→职业关键能力→能力要素→主要支撑课程"为路径,以"课程设置基于工作岗位、课程内容基于工作任务、课程教学基于教学做一体化"为课程建设思路(图6.1),采用学校主导、企业参与的方式,构建以素质教育为基础、以能力培养为主线的由通识教育课程(公共基础课程、素质教育课程)、专业学习领域课程(职业技术基础课程、职业技术课程、职业能力拓展课程、综合实践课程)构成的课程体系;参照相关职业资格标准,共同制(修)订课程标准,编写实训指导书。公共基础课程内容以"必需、够用"为原则,适应专业课程学习和可持续发展的需要;在职业技术基础课程、职业技术课程、职业能力拓展课程内容的选择上,重点考虑知识构建的针对性、能力培养的应用性、质量评价的社会性、教学内容的前瞻性。

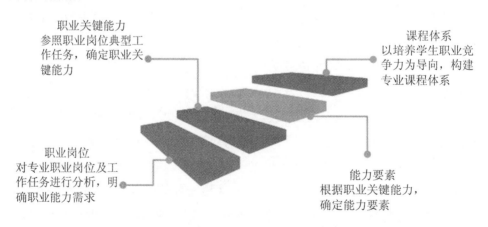

图6.1　课程体系

　　以职业标准为依据,推进课程教学改革。学院根据产业转型升级对职业标准提出的新要求,将职业标准融入到课程标准、课程内容的设计和实施中。专业课程(尤其是专业核心课程)以国家职业标准为依据,以综合职业能力培养为目标,以典型工作任务为载体,根据典型工作任务和工作过程设计课程内容;在教学过程中突出学生的中心主体地位,积极采用行动导向教学模式,激发学生的学习兴趣,广泛运用项目教学、案例教学、模拟教学、任务驱动、角色扮演、情境教学、互动交流等多种形式的"做中学、学中做"的教学方法,融"教、学、做"为一体,努力做到教学过程与生产过程对接,引导学生积极思考、乐于实践,真正做到学做合一,强化学生能力培养,增强教学效果。

(3) 加强实践教学,培养创新实践能力。

学院持续加大实践教学投入,完善实践教学条件,建立运行良好并有保障机制的校内外实训基地;探索建立"校中厂、厂中校"实训基地,校企共建大学生创新创业孵化基地;以岗位能力培养为目标,构建由基本技能训练、专业技能训练、综合技能训练、创新创业能力训练四大模块构成(图 6.2),由实验、实训、课程设计、综合实践、顶岗实习、毕业设计(论文)、社会实践等环节组成的实践教学体系,各专业实践类课时占总教学时数的比例达 50% 以上;邀请行业企业一线专家和技术骨干参与制(修)订课程标准和实训指导书,突出实践性特点,注重专业技能和实践能力培养。

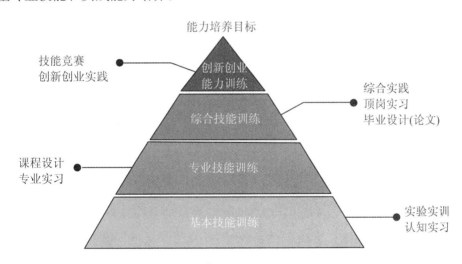

图 6.2　新一代信息技术专业"四位一体"实践教学体系

不断完善实践教学相关管理制度,强化课内实践、综合实践、顶岗实习、毕业设计(论文)等实践教学环节的过程管理;安排"双师素质"专任教师,从行业、企业聘请有实践经验的专家、工程技术人员和能工巧匠,担任实践课程的指导工作。顶岗实习采用学校和企业双重管理模式,校内指导教师和企业兼职教师共同指导学生实习,校内指导教师负责检查督促、过程指导和学生实习成绩最终评定,企业指导教师负责对学生进行纪律教育、安全教育、实习指导、实习鉴定等;学生在顶岗实习过程中完成毕业设计(论文),选题主要来自工作实际,指导教师负责检查督促和过程指导,如图 6.3 所示。实施"双证书""课证融通"制度,鼓励支持学生参加职业资格证书或职业技能等级证书考试。组织学生参加各级各类职业技能竞赛,创新创业、社会实践等活动,培养学生创新精神,强化学生创新意识,提升学生创新创业能力。

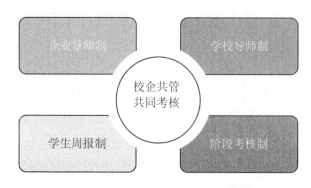

图 6.3　学生顶岗实习校企双重管理模式

(4) 完善校企合作机制,创新人才培养模式。

学院坚持素质、知识、能力并重,以工学结合为切入点,构建"校企合作、工学结合"的人才培养模式,探索建立学校、社会、行业企业共同参与人才培养的协同育人机制,实现人才培养紧密结合社会需求、专业设置对接产业发展、人才培养方案对接职业岗位要求、课程教学内容更新紧跟企业技术进步。

按照"学校服务企业、企业支持学校、校企深度融合"的思路,以"合作办学、合作育人、合作就业、合作发展"为主线,以校企共赢为目标,提高企业参与人才培养的积极性,建立校外实习实训基地,形成稳定的合作关系,校企双方共同制订人才培养方案、共同设置课程体系、共同打造师资队伍、共同搭建就业平台;成立由专业带头人、专业骨干教师和行业企业专家组成的专业建设指导委员会,指导专业人才培养方案制(修)订、专业建设、课程建设等;联合行业企业共同开展专业建设、课程建设、教材建设、实训基地建设、"双师素质"教师队伍建设、质量评价等工作,实现人员互聘、基地共建、成果共享的合作机制,在促进学生顶岗实习与就业、提高人才培养质量等方面发挥积极的作用,如图 6.4 所示。

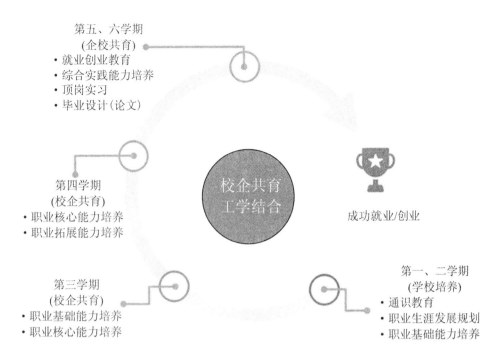

图 6.4　新一代信息技术专业"校企合作、工学结合"人才培养模式

一是建立双向流动机制,强化师资队伍建设。探索建立校企互聘互用、双向流动机制,以"教师到企业锻炼,提高双师素质、服务企业发展;行业企业专家到学校兼职,提高业务能力、参与人才培养"为目标,着力打造一支专兼结合、结构合理、素质优良的"双师素质"师资队伍。专业基础性课程以具有专业背景、企业实践经历的专任教师讲授为主,实践性较强的课程主要由行业企业技术技能骨干担任的校外兼职教师讲授;顶岗实习指导工作则由校内专任教师和企业兼职教师共同完成。有计划地组织专任教师参与企业实际工程项目或研发项目,服务企业发展;选派专任教师赴合作企业挂职锻炼,了解企业需求,熟悉生产过程,提升工程实践能力;聘请具有丰富实践经验的企业专业技术人员担任兼职教师,加强对兼职教师教学能力的培训。

二是校企共同制定标准,多方参与考核评价。学院根据人才培养目标,结合国家职业标准,邀请行业企业专家参与制定考核内容、考核办法和评价标准,实行过程性评价与终结性评价相结合、理论考核与技能考核相结合、学校考核与企业考核相结合、教师评价与学生评价相结合的考核评价方法,综合评价学生的专业能力、方法运用能力、社会适应能力。顶岗实习由学校和实习单位共同制定评价标准、共同评定顶岗实习成绩,将实习学生的技能水平、职业道德、职业素养、劳动态度、劳动纪律以及实习过程中的技术改革和创新成果等作为考核评价的重要指标。通过实施多方参与考核的评价机制,实现学校考核标准与企业用人标准对接,为学生尽快适应未来的工作岗位奠定基础。

三是推进校企深度融合,提升服务社会能力。学校主动到合作企业了解生产、经营、管理等方面的情况与特点,了解企业在产品开发、技术创新、品牌建设、员工培训等方面的需求。在此基础上,为企业多方面的需求提供服务、做出贡献、创造价值。校企联合培养的学生优先满足合作企业开展实习就业的需要,服务产业行业发展;充分利用自身人才、技术、设备、图书情报等资源优势,以技术服务、产品研发为切入点,为企业提供技术咨询、系统设计调试及维护、软件开发等服务;以课题研究、科技成果转化为切入点,与企业开展产学研合作,形成知识、能力、技术的融合,帮助企业解决生产中的技术难题;为企业员工、转岗再就业人员等提供学历继续教育、技能培训、职业资格认证等服务,提高企业员工专业技能和综合素质,从而提升企业竞争力与企业经济效益。

四是完善质量保证体系,构建多元评价机制。学院制定并执行严格的教学质量标准,课堂教学、课内实训、综合实训、顶岗实习、毕业设计(论文)等各主要教学环节建立明确、具体的质量标准和工作规范,持续推进专业、课程、教学、学生等不同层面质量保证机制建设,形成一套较为完善的多方参与的教学质量保障、监控与评价体系。

建立常态化专业整改机制,紧跟区域支柱产业、新兴产业需求变化动态调整,深入开展人才需求调研,邀请行业企业专家进行专业论证,确保人才培养目标定位准确、岗位能力及素质结构要求合理、课程设置符合人才培养目标的要求;加大专业建设支持力度,持续改善教学设施、图书、设备投入与利用、实践教学条件建设与使用;强化专业内涵建设,邀请企业专家参与专业教学质量评价。持续推进课程层面质量保证体系建设,加强课程建设过程监控和教学质量评估,通过学生评教、教师评学、领导评教、同行评教、督导听课、师生座谈等多种形式,及时了解教与学的状况,对课堂教学和实践教学进行跟踪指导,形成常态化的课程质量保证机制,实现课程评价标准与教学标准、企业标准和行业标准的有机统一,促进课程建设水平和教学质量不断提高。及时跟踪调查毕业生就业工作情况,吸收用人单位反馈意见。形成学院、系(部)、教师、学生、用人单位等多方共同参与的多元化教学质量监控体系,切实保证人才培养质量。

3. 工作成效

(1) 学生素质不断提升,就业能力日益增强。

学院高度重视就业工作,不断完善工作机制,促进就业指导与服务工作的经常化、制度化。成立了毕业生就业工作领导小组、就业指导中心,开设就业创业指导课,帮助学生形成正确的择业观、就业观,增强就业创业适应能力,提高就业创业成功率和就业创业质量。

一是毕业生就业率较高。学院秉承"以服务为宗旨,以就业为导向"的办学指导思想,建立了"领导主抓、部门统筹、系部为主、全员参与"的就业工作体系,每年定期策划和举办人才交流会,为用人单位和毕业生搭建广阔的双向交流平台,并实行全程的就业指导和跟踪服务,为毕业生开通就业的"绿色通道"。学院毕业生就业率连续八年保持在90%以上,且每年都高于省均初次就业率。2012届毕业生初次就业率达99.28%,高出省均初次就业率9.52个百分点;2013届毕业生初次就业率达99.06%,高出省均初次就业率10.21个百分点;2014届毕业生初次就业率达92.47%,高出省均初次就业率2.89个百分点;2015届毕业生初次就业率达94.01%,高出省均初次就业率5.09个百分点;2016届毕业生初次就业率达91.39%,高出省均初次就业率2.15个百分点;2017届毕业生初次就业率达91.71%,高出省均初次就业率2.03个百分点;2018届毕业生初次就业率达92.53%,高出省均初次就业率2.27个百分点;2019届毕业生初次就业率达94.61%,高出省均初次就业率4.2个百分点。

二是毕业生就业质量较高。学院毕业生的就业质量较高,就业稳定性较好。2017届毕业生的就业质量体现出月收入较高、毕业生就业现状满意度较高等特点,具体如表6.3、表6.4所示。

表6.3 2017届毕业生就业相关指标统计表1

指标	比例(%)
毕业半年后的就业率	94.70
毕业生工作与专业的相关度	85.10
毕业半年内的晋升率	52.76
毕业半年内的转岗率	20.82
毕业生的就业现状满意度	94.95

表 6.4　2017 届毕业生就业相关指标统计表 2

指标	比例(%)
毕业生初次就业率	91.71
毕业生工作与专业的相关度	78.59
毕业生签约率	84.55
毕业生的就业现状满意度	79.31

学院 2017 届毕业生就业半年后，月收入在 4000 元以上的占 13.36%，在 3000—4000 元的占 20.05%，在 2000—3000 元的占 53.54%，在 2000 元以下的占 13.05%，平均月收入水平高于我院 2015 届毕业生。

三是用人单位满意度较高。从用人反馈情况看，聘用我院毕业生的用人单位对我院 2017 届毕业生的评价，非常满意占 14.33%，满意占 47.86%，基本满意占 34.91%。

四是毕业生对母校的满意度和推荐度较高。为了更好地促进学院的发展，改进服务水平，学院对 2017 届毕业生开展了对母校的总体满意度抽样调查，评价等级分为非常满意、满意、基本满意、不确定和不满意五项。统计结果显示，非常满意的占 10.72%，满意的占 49.11%，基本满意的占 35.43%；毕业生对母校的总体满意度为 95.26%。学院对 2017 届毕业生"在同等分数同类型学校条件下，就毕业生是否愿意推荐母校给亲朋好友就读"情况进行抽样调查，统计结果显示，愿意推荐者占 82.05%。

五是毕业生自主创业能力增强。学院积极响应国务院"大众创业、万众创新"号召，深化教育教学改革，推动专业内涵创新发展，把创新创业教育融入人才培养全过程中，鼓励引导学生参与创新创业实践活动，组织学生参加"互联网＋创新创业大赛、大学生职业生涯规划大赛等赛事，切实提高学生的创新精神、创业意识和创新创业能力。2017 年，学校组织 300 名学生参加了 SYB 创业培训；学生参加创业创新等大赛获安徽省大学生职业规划设计大赛暨大学生创业大赛铜奖 1 项、安徽省"互联网＋"大学生创新创业大赛创意组铜奖 2 项。在 2016 年全国民办高校创新创业教育示范学校评选中，学院获创新创业教育示范学校成果孵化奖；学生获第十一届安徽省大学生职业规划设计大赛暨大学生创业大赛铜奖 1 项，学院获大赛"组织奖"。学院毕业生中涌现了一些创业典型。例如，电脑艺术设计专业 2012 届毕业生魏杰，创办合肥杰成广告公司；电子信息工程技术专业 2014 届毕业生周文康,创办合肥文翰汽车服务有限公司;2015 届营销与策划专业毕业生孙坤,于 2015 年 6 月在蚌埠市蚌山区创办了蚌埠联动网络科技有限公司;2017 届电子商务专业毕业生王庆伟,于 2016 年 12 月在合肥市注册成立合肥徽众信息科技有限公司。

六是学生获奖、获证率较高。学院积极组织学生参加全国大学生市场调查与分析大赛、中国大学生计算机设计大赛、全国大学生广告艺术大赛、安徽省高校物联网应用创新大赛、全国高职高专英语写作大赛、全国青少年书画大赛、安徽省大学生力学竞赛、安徽省大学生先进成图技术与产品信息建模创新大赛等国家级、省部级技能竞赛。2016—2017 学年,学院参赛学生获省级及以上奖项共计 73 人次。学院 2017 届毕业生共 1593 人,其中,1461 人获得职业资格证书或技能等级证书,证书获得率达 91.71%。

(2) 专业实力不断增强,人才培养质量持续提升。

学院坚持"校企合作、产学融合、学做合一"的办学理念,持续推进校企深度合作,建成中央财政支持的计算机应用与软件技术职业教育实训基地、教育部创新发展行动计划校企共建生产性实训基地,以及电子商务实训室、建筑制图实训室、电工实训室、电子实训室、计算机网络实训室、动漫设计与制作实训室等校内实训室;与北京水晶石科技有限责任公司、大唐辉煌传媒有限公司、上海极光网络科技有限公司、合肥京东方显示光源有限公司等多家企业合作建立运行良好并且保障机制完备的校外实训基地;与水晶石公司以"校企合作办学"的形式,采用"校企合作、订单培养、定向就业"的人才培养新模式,整合双方优势资源,合作培养社会急需的动漫制作技术、影视动画专业高素质技术技能人才。

学院以人才培养为核心,以专业建设为抓手,以改革创新为动力,以完善内部质量保证体系为保障,注重内涵发展、特色发展,牢固树立教学工作中心地位,深入推进教育教学改革,人才培养质量不断提升。近几年,学院先后获批中央财政支持的计算机应用与软件技术职业教育实训基地建设项目,特色专业、卓越人才教育培养计划、精品资源共享课程、教学成果奖、教学研究项目、思想政治理论课教学研究项目等省级质量工程项目,重大教学改革研究项目、优秀青年人才基金重点项目等省级高等教育振兴计划项目,骨干专业、校企共建生产性实训基地、精品在线开放课程等教育部高职教育创新发展行动计划项目。学生在中国大学生原创动漫大赛、全国大学生物联网创新应用设计大赛、全国大学生广告艺术大赛、中国大学生计算机设计大赛、中国"互联网+"大学生创新创业大赛、安徽省职业院校技能大赛、安徽省高校物联网应用创新大赛、安徽省大学生力学竞赛等国家级、省部级技能竞赛中频频获奖,获多项国家实用新型专利。

(3) 产学结合不断深化,服务地方成效显著。

学院持续为社会输送了大批具有社会责任感、创新精神和实践能力,适应行业与区域经济社会发展需要的高素质技术技能人才。学院利用自身人才、技术、设备等软硬件资源优势,先后为合肥同心源电子商务有限责任公司、合肥丰盛工贸有限公司、安徽大哲园林绿化工程有限公司、安徽高速公路控股驿达物流有限公司等企业提供技术咨询、技术支持和员工培训服务,服务企业发展,深受企业欢迎;依托学院拥有的全国计算机信息技术高级人才水平考试(NIEH)、国家信息化计算机教育认证(CEAC)、中国建设教育协会认证、全国计算机应用水平考试(NIT)、国家动漫游戏产业振兴基地认证(NACG)、Adobe 认证考试、Autodesk 认证考试等职业技能认证考点,为多家企业员工、社会人员等提供技能考试与鉴定服务。

(4) 社会评价不断提升,社会声誉与日俱增。

学院先后获批中央财政支持的职业教育实训基地建设项目 1 项,教育部骨干专业 1 个,省级质量工程项目 39 项,省高等教育振兴计划项目 4 项,高职教育创新发展行动计划项目 8 项。学院连续两年被省教育厅评为"民生工程高校学生资助工作考核优秀单位",被省民政厅评为"中国社会组织评估 AAAA 等级",连续两年荣获省属"百优社会组织"称号,荣获安徽省平安校园建设优秀成果二等奖,荣获全国高校创新创业教育示范学校成果孵化奖;学院党校连续两年荣获合肥市"先进基层党校"称号;2015 年 11 月,学院顺利通过人才培养工作评估。2017 年,院党委被上级党组织评定为"先进"等次。2019 年,院党委被上级党组织评为"先进党组织"。

第三节 启示与借鉴

学科建设既是理论问题,又是实践问题;既包括精神层面的建设,又包括物质层面的建设。理念和模式作为精神层面和物质层面的主要建设内容,二者互动互补,密不可分。大学学科建设理念既有共同的部分——它是一流大学成长的基本命脉;也有不同的部分——正是这种不同,才有了世界一流大学各具特色的学科建设模式。由于种种原因,我国大学学科建设至今没有一个贯通发展始终——既尊重传统,又观照现实,同时放眼未来的理念的牵引,或者说牵引的理念是善变的、即时的、功利的,从而导致学科建设模式的趋同、低效和浮夸,严重阻碍了我国大学学科发展的脚步。研读世界一流大学学科建设理念和模式,探究两者之间的互动关系,以此作为参考和借鉴,重塑我国大学学科建设的理念,重构我国大学学科建设模式,对于提升我国大学学科核心竞争力,尽快跻身世界一流大学无疑具有重要的理论意义和实践价值。[①]

一、基本特点

从国内外应用型大学的发展经验来看,它们具有以下基本特点[②]:

1. 明确人才培养目标

应用型大学总体以社会需求和学生就业为导向,以服务社会为宗旨,培养应用型、创新型、复合型人才。因此,应用型大学要重点培养经济社会发展重点领域急需的紧缺人才,根据国家战略性新兴产业规划布局,加快相关新兴学科建设和急需人才培养,加快培养先进制造业和现代服务业急需的人才。应用型大学就是要深化高职教育培养人才的内涵,担负起培养生产、建设、管理和服务一线需要的较高层次的应用型人才的使命。应用型大学要为社会各行业提供专业基础扎实,技术水平过硬,并具有较强工作能力的应用型人才。应用型大学要求学生所具备的素质,不仅仅是知识和技术,更重要的是工作能力。

---

① 翟亚军,王战军. 理念与模式:关于世界一流大学学科建设的解读[J]. 清华大学教育研究,2009(1):17-21.
② 郭静,邢玉升. 美、德应用型大学教育模式及对我国的启示[J]. 黑龙江教育学院学报,2014(10):51-53.

2. 突出应用型教学内容

目前许多发达国家都十分重视以能力为本位的教育。比较典型的有以北美为主的 CBE 模式和德国的"双元制"模式。CBE 模式实际上是一种以职业综合能力为基础,以胜任岗位要求为出发点的教学体系,这也是近年来国际上相当流行的一种教育思想;德国"双元制"模式的突出特点是:将学习同生产紧密结合;企业广泛参与;各类教育形式互通;培训与考核相分离,使岗位证书更具权威性。

应用型大学应适时更新教学内容,调整课程结构。教学内容和课程结构应以夯实学生的理论素养、提高学生的实践能力为目标,注重满足市场需求和学生未来发展的需求。在教学内容方面,必须确保教学内容的广泛性和教学环节的实践性。首先,理论学习是基础,加强理论学习、夯实理论基础是理论结合实际的前提。其次,提高学生的专业技术能力,注重对学生实践能力的培养。再次,坚持能力为重,加强创新意识和能力的培养,注重学思结合,知行统一,因材施教,加强对学生实践能力的培养。在课程设置方面,强化创新型人才的培养,加强实践教学。应用型教育是一种以产业需求为导向的教育,因此,课程设置必须满足应用型人才的工作需求。应借鉴国外应用型大学的课程设置的经验,结合国内经济发展水平和产业结构状况,开发和设置课程,可以分为通识课程、专业理论课程、专业相关课程、实践能力培养课程。另外,应注重采用多种教学方法,特别是案例教学法。在专业设置方面,应考虑到经济社会发展的需要,完善主导产业、新兴产业和人才稀缺产业的相关专业的设置。强化政策机制,加强对学科专业结构的宏观调控,促进学校根据区域经济社会发展需求,积极主动调整学科专业结构。建立人才培养与供给结构调整机制,完善人才需求预测与发布机制,实现人才培养与经济社会发展需求的对接。在评估体系方面,要建立完善的评估体系。应用型大学的考核应不同于普通高等院校的考试,在考核专业知识的同时,要对学生的技术水平、实践能力及工作能力进行测试。同时,毕业考核的主考官不仅有本校教师还应外聘企业的相关专业人才,从理论学习、技术水平、工作能力三方面对学生进行考核。

3. 注重"双师型"队伍建设

师资队伍建设是应用大学发展的基础与关键,必须建设一支师德高尚、教育观念新、改革意识强、具有较高的教学水平和较强的实践能力专兼结合的"双师型"教师队伍。根据教学需要,实行引进来和走出去相结合战略。一方面,聘请知名企业高层管理人员和高级技术人员兼职授课,为学生讲授真实的企业管理案例,也可以给学生带来最新的用人信息和技术信息,指导学生的毕业实习。使学生突破象牙塔式的教育,充分与社会实际紧密结合。另一方面,鼓励教师到相关企业兼职,获取实践经验,并定期、有计划地将教师派出学习、培训,以期不断充实、更新教学理念,在弥补教师实践经验不足的同时,也为校企合作创造良好的环境。大力推进专业研究生培养机制改革,推行产学研联合培养研究生的"双导师制"。基于应用型人才的培养需要,教师在掌握"教学型"和"研究型"大学所要求的专业理论知识的同时,应把"服务国家的'双师型'职教师资人才培养"作为目标。

4. 坚持产学研相结合

实训基地是应用型大学的基本硬件设施,是对大学生进行技能训练的基本保证。国外应用型大学的校外实训基地的建设主要依托以下几类组织:一是依靠公有或私有的培训部门,如丹麦的应用型大学,产、学、研结合十分紧密,由社会合伙人和地方当局的代表一起组成学校董事会,参与制定专业技能标准,向学校提供实训基地,接受学生实训;二是依靠公共教育培训机构,如日本政府在1986年就设立了实施专业能力开发的公共教育机构——专业能力开发服务中心,开设各种能适应社会需要的专业技术教育课程和讲座;三是依靠企业教育培训机构,如德国"双元制"的一元就是企业参与培训。事实上,任何一个国家进行应用型人才培养都离不开企业的参与。应用型高校利用校外实践教学资源的重要意义表现在两个方面:一是有利于推动实验室建设,探索实验教学新模式;二是有利于推动产学研在更深层次上的结合。在校内实训基地建设方面,澳大利亚高校校内实训场所的主要特点是设施先进,品种齐全,数量能够满足学生的需要,政府全额投资建设了许多校内实训基地,他们的资金和设备主要由企业直接赠送或通过合作、租借等形式获得的。

应用型大学必须坚持走产学结合的道路,注重校企合作。一方面,校内教学实践基地是产学结合的基础,应加大对校内实践基地的投资,设立和完善学生实践基地;另一方面,校企合作是产学结合的主体,应根据不同专业的特点,选择当地信誉度较高、企业内部治理结构较完善,并且有校企合作意愿的企业进行合作。同时,依托企业,建立产学研紧密结合的校外实习基地,让学生直接参与生产、经营、管理,将专业知识与生产紧密结合,做到学以致用。另外,应坚持引进来与走出去相结合,积极与国内外其他应用型大学交流、合作,借鉴其他应用型大学的办学模式、管理经验,努力做到资源共享。

二、基本模式

大学学科建设理念是人们对大学学科使命、学科性质、学科功能、学科结构、学科文化的基本认识,是对大学学科与外部世界诸元素之间以及内部诸元素之间关系的基本把握。由于学校传统、背景和目标的不同,在共同理念的指引下,不同大学又衍生出各具特色的学科建设模式。有学者将其归纳为 4 种模式。[①]

1. 秉承传统——以哈佛大学、耶鲁大学为代表

哈佛大学和耶鲁大学同为建于殖民地时期的美国早期大学,完全仿照英国大学模式建立,最早设立文、法、医、神四大学部,以培养教会人士为目的,目的是对学生进行博雅教育,以使学生能在"神学和基督教教义上受到教育",并成为像当时英国社会的上层人士那样的人。18 世纪初,受欧洲启蒙运动和德国大学模式的影响,哈佛大学开始设置一些自然科学的课程,如天文、物理、化学、测量术、航海术、植物学、医学等,商学院、教育学院、行政学院的建立都是 20 世纪以后的事情。耶鲁大学和哈佛大学相仿,坚持学术的正统性,重视传统学科

---

① 翟亚军,王战军.理念与模式:关于世界一流大学学科建设的解读[J].清华大学教育研究,2009(1):17-21.

的价值,在继承欧洲人文学科传统上更甚于哈佛大学,19世纪中期才授予哲学学位。20世纪70年代,布鲁斯特校长仍然坚持发扬人文科学传统,维护人文科学的崇高威望,并大力改善理科教育,鼓励发展表演艺术。

2. 推陈出新——以麻省理工学院为代表

麻省理工学院始建于1865年,由于和哈佛大学同处于一个地区,建校之时,哈佛大学已有百年历史,作为一个后来者,麻省理工学院没有活在哈佛大学的阴影之下,而是推陈出新,以自己的优势和特色与之分庭抗礼,一争高低,形成了独特的模式:工科独占鳌头,理工领域强劲;人文学科依托强大的理工背景,在文理交叉学科上寻找突破口,教学与科研内容中科技成分占很大比重;侧重于发展交叉学科、边缘学科和应用学科,如语言学、政治学和电子学的结合,数学在经济学领域的应用等。

3. 共荣共生——以普林斯顿大学为代表

普林斯顿大学成功于求精不求全。在学科建设中,普林斯顿大学重视基础学科,追求学科之间的平衡、互补和互助,以达到共荣共生。普林斯顿大学认为,各自为政的发展就好像在一栋大楼里装修房间,每人都在考虑如何使自己的房间更加美观、实用和豪华,而不去关注和毗邻的房间是不是协调,整个大楼的地基是不是稳固。所以,在学科建设上,普林斯顿大学慎而又慎,在研究方向上,不涉猎所有领域,坚持以基础研究为主的方针,二战后一度被称为世界"数学之都"的普林斯顿大学迄今仍保持着这一名望,其物理学研究也一直是一流水平。

4. 兼容并包——以加州大学伯克利分校为代表

多元是加州大学伯克利分校的特色。加州大学伯克利分校作为为数不多的可以与老牌私立名校抗衡的公立学校,源于其兼容并包的学科建设模式。加州大学伯克利分校不仅理、工、文、法、经、管、教、医等学科并驾齐驱,发展均衡,都具有一定的优势,而且农、林、矿产、环境、保健等学科也优势明显;同时还建有一定数量的独具特色的特色学院。学科均衡且一流是该学校的优势。该学校每个学科都具有一定的竞争优势,职业学科不仅远远领先于传统大学,还可以和职业性学校一决雌雄。基础学科以特色研究领域与传统大学一争高低,一些文学学科甚至超过了哈佛大学、耶鲁大学等以人文见长的古老名校。物理学、化学、生物学、地质学等理学学科举世闻名:物理学,发明了世界上第一个回旋加速器,成为高能物理研究领域的领导中心,并开创了原子时代;化学,原子核的研究导致了16种新化学元素被发现;生物学,第一次分离出人类脊髓灰质炎病毒;率先使用原子示踪技术做出了完整的碳圈,并成功地进行了存在于生物细胞之外的独立叶绿体的首次光合作用。计算机、工学等学科和麻省理工学院不相上下,法学、社会工作等学科的成就足以傲视群英。

不同的理念、不同的历史、不同的背景、不同的功能定位、不同的战略目标,创设了大学和学科间的非一一对应关系。而不同的对应,造就了多元化的学科建设模式,展示了大学的不同特色。模式无所谓优劣,世界一流大学的学科建设模式呈现的是一个和大学自身适合度和协调性最佳的结构,正是这些恰切和谐的、各具特色的——有时甚至是相异的模式,也才有了世界一流大学的殊途同归。

三、建设原则

1. 创新性原则

大学如果能在变与不变之间取得动态的平衡,就必须对在哪些方面应该与时俱进引领变化,在哪些方面应该坚持传统保持不变做出正确判断,就能在不断变化的社会中获得永生。在世界一流大学中,既有在创新中坚持传统的哈佛大学,也有在坚守中谋求创新的耶鲁大学,哈佛大学的领先充溢着先行者的胆略和气概,耶鲁大学的坚守则蕴含着后来者的睿智和精明。坚守是一种理念的坚守,这是由大学的本质特征决定的。大学储存、传递和创造人类文明的重要使命赋了大学保守的文化品格,它天然地反对功利,要求与社会即时的、功利的需要保持一定的距离。正是有了大学的坚守,才会使大学创新人才辈出,创新成果不穷,世界一流大学才能在循序渐进中脱颖而出。而作为新知识的策源地,大学又是不断推陈出新的地方。从工业革命开始,大学逐渐从社会的边缘走向社会的中心,成为社会的"轴心机构",肩负着引领社会发展,推动社会进步的历史使命,永不停顿地探索和追求真理是大学之所以为大学的首要使命。坚守使创新趋于常态,创新赋予了坚守时代的价值,世界一流大学的发展是创新与坚守携手并进的过程。创新是核心,坚守是保障,大学作为优良传统的护卫者、社会发展的风向标,保守与创新缺一不可。

对于应用型大学而言,虽然欧洲国家的应用技术大学的发展取得了举世瞩目的成就,可以为我国新建本科院校未来的发展提供借鉴,但是必须客观地认识到,欧洲应用型大学的发展轨迹和我国新建本科院校的发展轨迹是截然不同的,不能简单地盲目效仿,必须要走自己的创新发展之路。这里的创新有两个层面的含义:第一个是学校个体层面的创新,作为个体的学校,面临着自身独特的发展机遇和挑战,每个个体拥有的资源和环境是千差万别的,这就决定了每个学校之间转型的路径必须做到因地制宜,有的放矢;第二个是学校间的协同创新,这是因为我国大学之间资源分布相对分散,但是大学与大学之间在人才培养、师资培训、学校发展等方面又有着高度的契合点,因此在资源共享、协同创新方面也是未来新建本科院校发展需要遵循的原则。

2. 特色化原则

应用型大学作为一种全新的高等学校类型,要想真正摆脱传统研究型大学的光环诱惑和职业专科院校的形象,获得自身的身份认同,必须具备有别于其他类型高校的、特有的属性,其发展路径必须具备鲜明的、可识别的特征。新建本科院校大部分分布在地方城市,离开了服务地方,空谈学校的发展和办学特色的培育,犹如"皮之不存,毛将焉附",所以实现新建本科院校的特色发展,必须紧紧依靠地方特色。

第一,新建本科院校一般隶属于地方政府,办学经费大都来源于政府的财政拨款,而地方经济发展状况又决定了政府的财政收入,而政府的财政收入的多寡,又决定了政府对高校的经费投入力度的大小,因此,为了从源头解决经费问题,新建本科院校要积极融入地方发展。

第二,新建本科院校的生源大都来自本地,就业也是在本地,即人才的输入和输出都在本地区,想要形成一个良性的循环,新建本科院校自然要在人才培养中提炼特色,更好地服务地方。

第三,新建本科院校在办学条件、经费支持、科研能力、学科建设水平、社会影响等方面都是有限的,只能从点做起,才能辐射更广的面。因此,新建本科院校转型要结合所处区域的实际需要,发挥区域优势,找准自己发展的空间,错位发展,走出一条特色化转型之路。

3. 开放性原则

随着我国高等教育从精英化步入大众化的阶段,越来越多的人能够享受到高等教育的成果,大学也由最初的象牙塔走到了社会的中心。无论是历史教训,还是现实要求,都告诉我们,闭门造车是行不通的,新建本科院校向应用型大学转型的路径,需要遵循开放性原则。这里的开放,指的是两个层面:第一个是地域开放,第二个是国际开放。所谓地域开放,是指学校的转型需要借助企业、政府的力量,政府、企业要广泛地参与学校的办学工作、人才培养工作、学生实习就业工作,当然也包括兄弟学校间的协同合作,兄弟院校之间共同分享转型经验,共同探索转型路径。所谓国际开放,是指随着中国的高等教育不断融入世界高等教育的发展大流之中,国际间的交流合作已是大势所趋,国外的先进的教学理念、课程体系、人才培养模式,都值得我们去学习、借鉴。

4. 一流化原则

世界一流大学面对世事的变迁,面对无数的诱惑和压力,追求一流的核心原则永恒不变。一流是和谐基础上的一流,和谐为学科交叉提供了更高的起点,交叉为一流建立了更新的路径。和谐是一流基础上的和谐,和谐是手段、是途径,一流是目标、是归宿。耶鲁大学在学科发展战略上坚持质量优先和规模控制的原则,始终如一地反对盲目的平庸化,坚持把耶鲁大学所要设置的一切学科都办成美国乃至世界一流。耶鲁大学明确提出,耶鲁大学的专业计划的形成要更多地由争取优异而非强求综合性的理念来指导,因为人类知识的范围是如此广泛,变化是如此丰富,即使一所伟大的大学也不能期望覆盖值得学习的每一个学科,所以更明智的是建立少数几个出众的教师组,使他们能够在专门领域为争取科研经费和研究生与世界一流大学相竞争。

斯坦福大学的工程师培养计划充分体现了"优异与广博"的办学理念,斯坦福大学成立之初,土木工程系主任马科斯就反复强调,"工程师必须在语言、社会科学、书写以及技术方面接受广泛的教育"。他的思想成为斯坦福工程教育的哲学基础,也使斯坦福大学成为世界上少数高度重视工学院而又使其与很强的人文和社科环境融合在一起的大学之一。法学院院长也一针见血地指出:"法学不是一个自给自足的学科","你若不懂经济学,你就不可能懂自然资源法或反托本拉斯法;你若不懂政治制度,你就不可能懂行政法;你若不懂历史,你就不可能懂宪法,如此等等"。教育学院在20世纪50年代初一跃跻身一流学院之列,其转折点就是建立了新的聘任制度,即教育学科所有的聘任决定都要与另一个学科领域一道做出,也就是说教育学科要与英语、社会学、人类学、艺术、法学、管理学、数学等学科一道评审和聘任教师。

5. 应用性原则

大学不是方外之地,也不是世外桃源,大学不仅要独善其身、坚持操守,更要经世济用、兼济天下。纵观世界一流大学发展史,其成功都离不开所处的时代和国家发展的大背景,正所谓时势造英雄,英雄造时势。麻省理工学院不断让自己的教学与科研站在社会需要的前列,与科技进步的步伐紧密联系;耶鲁大学认为不但要使已有的人文、艺术和社会科学处于前列,还要选择几个对现代经济发展起决定作用的科技领域集中资源做到最好;斯坦福大学以注重科技转化著称于世,注重与产业界密切合作,在产、学、研结合中把握机遇,如硅谷的建立和发展对世界计算机行业居功至伟。

四、问题反思

学科建设是一个连续的过程。世界一流大学在历史的发展进程中,不论外界环境如何变化,都保持着学科发展的连续性,严格恪守自身的传统和优势。分析世界一流大学学科发展的演进轨迹可以发现,大部分较早建立的学科由于具有深厚的积淀,在学科发展中处于领先地位,成为学校的主干学科和强势学科,学科建设主要围绕主干学科和强势学科展开和扩大。哈佛大学是建立于殖民地时期的老牌私立大学,最初效仿牛津大学和剑桥大学的学科建制,成立文、法、医、神四大学部,以培养教会人士为目的,学科以宗教、神学和人文学科为主。虽然以后增加了设计学院、公共卫生学院和政府学院,但基础学科依然是哈佛大学的最爱,不间断地持续建设使得哈佛大学的文、法、医、神四学科的地位遥遥领先,难以撼动。

学科建设是一个长期的过程。世界一流大学的一流学科不是一蹴而就的,它经历了一个长期建设的过程。哈佛大学的医学、文学和学校历史一样悠久;麻省理工学院的工学在建校之初就被明确定位——成为学校发展的顶梁柱;耶鲁大学的文学和艺术作为立校之基成为学校永远的追求;斯坦福大学建校伊始,物理学就是重点发展的学科,并始终受到学校的高度重视。正因为此,物理学才积淀了深厚的力量,建校60年后即1952年布洛格教授获得诺贝尔物理学奖,继布洛格之后,1955年肖克利、1961年霍夫施达特、1976年雷茨、1981年肖鲁等相继获得诺贝尔物理学奖,验证了学科建设的长期性和牢固基础的长效性。

学科建设是一个创新的过程。世界一流大学学科发展的历程体现了创新下的连续和连续下的创新,体现了尊重传统和追求创新的和谐统一。芝加哥大学建校之初,就打破常规,摒弃流行的、传统的单科学院→多科大学→综合性大学的发展道路,以综合性为目标,努力超越现有的墨守成规的教育体制,提出了著名的"哈珀计划",创造了一种全新的教育模式。斯坦福大学的成就同样证实了创新的价值,当美国东部地区的大学津津乐道于传统之时,斯坦福大学以极大的勇气与之抗衡,取传统大学和新兴农工大学二者之长,既抛弃了传统大学"重学轻术"的陈规,注重实用教育,又融合柏林大学注重研究的经验,开创教学与研究相结合之风,从第一届即开始招收研究生,弥补了农工学院"重术轻学"的不足。

反思应用型大学的学科建设,仍存在一系列发展的制约因素:一是系统缺陷。开放性和融通性是世界高等教育体系的普遍特征。我国高等教育系统至少存在以下3个方面的问题:第一,普通教育与职业教育相互隔离,无法满足学生多元化选择和调整的需要;第二,教育系统与工商业界相互隔离,高等学校培养的毕业生无法满足各行业工作岗位的实际需要;第三,混淆了高等教育的层次结构和类型结构,导致高等教育系统断层:专科层次的高等教育都是职业导向的,本科和研究生(硕士和博士)层次的高等教育都是学术导向的。高等教育的系统性缺陷,不但造成了学术研究与职业养成的分离,也导致了不同类型高等教育之间的等级差别,进而造成了专业教育的学术化和学术性对职业性的僭越。二是管理局限。中国特色的高等教育建设,必须立足于中国实际,从中国的国情出发,与政治体制和文化传统相协调。但在如何平衡行政统管与大学自治的问题上,我们似乎研究不够,经验不足,还需要在"把特权关进制度的笼子"之后,处理好高等教育管理的集权与分权、行政与学术、效率与科学的关系。三是研究滞后。理论是实践的先导。应用转型本来是一个完全中国化的问题,没有可以照搬的理论和经验,也没有可以袭用的传统,是一项需要高教政策、理论和实践界携手合作的筚路蓝缕的工作。显然,我们过于简单地理解了"应用转型"这一重大理论问题。比如:应用型大学的缘起、谱系、内涵和外延是什么?应用型大学、应用科学大学、应用科技大学、应用技术大学、高等职业技术学院几个概念之间的区别、联系和关系又是什么?如何对待和衡量不同地区、不同历史、不同背景、不同学科专业构成的大学的转型问题?作为高教理论研究,不但未能很好地回答以上问题,发挥批判者和先导者的智库作用,甚至成了政策的注脚,只唱赞歌而不是批判现实,只解释现象而不是追问根源,只追逐潮流而不是引领发展,巨大的转型工程在基本理论问题没有得到有效解决的情况下匆忙上马,"先干起来再说",其结果是问题越积越多,情况也越来越复杂。高等教育理论的孱弱必然带来政策成本的增加,也降低了其理论品格,丧失了独立存在的价值。在理论检省的同时,我们有必要追问:理论如何自立?转型如何自主?[①]总之,要解决我国应用型大学建设中的现实问题,必须站在健全高等教育系统的高度完善顶层设计,增加高等教育系统的开放性和融通性,尊重大学的理性和逻辑,改善理论研究的品格和质量,培育良好的高等教育生态。至于各个院校(包括地方本科院校)往何处去、何时转型、转型到什么程度,取决于各自的条件和环境(主要是市场),不必也不应该整齐划一,真正回归大学办学的主体性和自主抉择权。

综上所述,随着我国大学学科建设的深入发展,大学学科建设体系已相对完备,学术水平有了较明显的提高。但不可否认,和世界一流大学相比,我国大

---

① 王硕旺,蔡宗模.应用型大学的缘起、谱系与现实问题[J].重庆高教研究,2016,4(2):27-28.

学学科建设还存在着很多问题。首先是学科建设理念的迷失,从20世纪50年代的院校调整到90年代的院校管理体制改革,学科建设在很大程度上是由政府主导并通过一定的方式推行和实施的,带有明显的"自上而下""自外而内"的特点,政府强有力的干预所显露出来的规范性、导向性以及由此获得的丰厚资源,使其所隐含的标准成为大学学科建设模式选择和构建的参照系。因为缺少了发展的土壤和动力,学科建设理念成为空白。而学科建设理念的迷失直接导致了我国大学学科建设原则的随意和盲目,主要表现为重规划轻建设,盲目扩张,追求规模等数量指标,忽视学科水平的整体提升;囿于单一的基地建设,忽略创新平台的构筑;学科规划华而不实,目标庞杂、琐细;有规划无实施,且缺乏必要的保障措施和效益观念。反映在学科建设模式上,表现为学科结构雷同;学科体系各部分的互补互动功能不彰,整体效应得不到有效发挥。世界一流大学一流学科的形成得益于各具特色的学科建设模式,不同模式的选择与构建既不是即时之举,也不是空穴来风,不同的学科建设模式下蕴含的是对共同理念的一脉相承,是对自身特色的自信和张扬。我国目前大学学科建设的当务之急应是在借鉴世界一流大学学科建设的经验基础之上,进行理念的重塑以及在理念指导下进行模式的重构,探寻自己的路径,构建自己的特色。①

---

① 翟亚军,王战军.理念与模式:关于世界一流大学学科建设的解读[J].清华大学教育研究,2009(1):17-21.

第七章 结 语

　　从世界高等教育发展的历史来看,我国建设高水平应用型大学还要经历一个不断探索和实践的时期。需要在包括顶层设计、评价标准、投入机制、质量保障、环境创设等重要环节上深入研究并建立有效的制度保障体系。建设一流应用型大学,必须实现办学理念向"应用型"转变,专业结构向"需求导向"转变,培养模式向"产教深度融合"转变,课程体系向"能力导向"转变,教学过程向"以学为中心"转变,师资队伍向"双能型"转变,资源保障向"两个开放"转变,质量评价向"两满意"转变。应用型大学作为中国高等教育的重要组成部分,要把握好新时代所聚焦的新思想和所担负的新使命,把握好在教育强国和"双一流"建设进程中所确定的新目标,把握好融入地方、服务地方的新作为,力求在新时代呈现新气象、开启新征程。

　　在新时代,应用型大学要紧跟一流大学和一流学科建设步伐,大力推进内涵式发展,关键在于以提高质量为核心,坚定不移抓好学科建设。学科是应用型高等教育持续推进的核心要素,是应用型高等教育核心竞争力的集中体现。应用型大学推进内涵式发展,要通过学科的优化和整合,积极培育学科优势,重点打造一批应用型优势学科和特色专业群,推动学科群与交叉学科建设,促进学科与科技进步、产业发展同频共振,并根据地方经济社会发展的需求状况,建立完善的专业动态调整机制,不断优化学科和专业结构,切实发挥学科专业在内涵式发展中的牵引和带动作用。

一、加强顶层设计,做好发展规划

学科建设水平和科技创新能力是衡量高校办学层次和办学水平的主要标志。学科建设水平不高、科技创新能力不足是制约地方高校高质量内涵发展的瓶颈。与中央高校特别是教育部直属高校相比,地方高校的学科建设层次和水平存在相当大的差距,科技创新能力有着显著的差异。学科评估结果表明:地方高校学科建设和科技创新存在诸多不足。究其原因,在于迷失了学科建设方向,缺乏学科优势和特色;科技创新动力不足,缺少对学科专业建设的贡献度和支撑度;学科人才梯队缺档、断档,科技创新平台数量不足、成果产出与贡献不足。

学科建设和科技创新是高校高质量内涵发展的关键。对学科建设水平不高、科技创新能力不足的地方高校而言,要实现内涵发展必须认清现状,采取适当策略在学科建设和科技创新方面有所突破,特别是要以学校发展定位和资源整合为基础开展学科建设和科技创新,强化发展优势和特色,支撑人才培养需求,服务经济社会发展需求。

教育主管部门或学科负责人在学科建设中首先应做好学科建设的顶层设计和论证规划,找准建设目标,科学合理地将建设经费重点支持到学术交流和人才培养中,即鼓励广大师生积极参加国内外学术交流活动,扩大学术视野、提升自身学术声誉;另一方面,在学科建设顶层设计的基础上,有针对性地培养和引进人才、建设科研条件平台。换句话说,通过学术交流活动瞄准国际前沿开展科学研究;同时,依托高水平项目和学科建设经费的支持大力培养人才,既培养学生又锻炼队伍,使该学科优势不断积累、特色越发鲜明,走上良性循环的道路。这个结论对于各级教育主管部门在重点学科建设实践中在政策引导、资金投入方面做到有的放矢具有指导意义。

二、重构学科系统,推动学科、专业、课程一体化建设

闫俊凤指出,应用型大学的特色在于它的行业背景,历史传统赋予应用型大学与行业的紧密联系关系。历史的发展表明,应用型大学在办学实践中形成了丰富的办学经验,服务于行业发展。具有针对性的人才培养方案和明确的竞争目标使应用型大学的优势学科独树一帜,这大大提升了其学术声誉。从生态学的视角出发,特色学科与行业相互影响、协同创新,形成了一个持续循环的系统。在这个系统内部,高校与行业互惠互利。高校为行业发展提供人才保障和技术支持,助推了行业的科技转型与地区经济增长;行业积极为高校开辟实践场地,提供横向科研项目与经费支持,这进一步加强了社会对特色学科的认可度,有利于高校实现争创世界一流学科的目标。特色学科是高校与行业间相互支持、优势互补的重要载体,高校-学科-行业形成了学科专业体系良性发展的生态环境,特色学科的外部环境与学科之间内部环境的良好互动成为了学科体系长盛不衰的重要因素。①

高等学校的专业,是以学科为依托,根据社会职业分工的需要,分门别类进行人才培养的基本单位。也就是说,专业的划分是以学科分类为基础的,是与社会职业分工相适应的。专业是学科及其分类与社会职业需求的结合点或交叉点。所以,研究高等学校的学科建设,必然涉及专业。所以,在进行学科建设时,应当将专业设置及专业建设,包括博士、硕士学位授权点的建设以及学科、专业结构调整,与人才培养、教学建设及其改革统筹考虑。②

在学科与专业的关系上,研究型大学的学科设置偏重于数学、经济学、历史学、政治学等基础理论,和研究型大学不同,应用型大学开设的专业以实务型、应用型为主,与企业生产、社会生活和实际工作紧密联系,培养的人才应能适应地方经济社会发展需要,不能偏离实际。

学科建设是专业建设的基础。学科建设为专业建设提供的基础包括如下几个方面:高水平的师资队伍、教学与研究的基地、包括学科发展最新成果的课

---

① 闫俊凤.生态学视域下行业特色高校学科建设[J].高教探索,2014(2):96-99.
② 谢桂华.关于学科建设的若干问题[J].高等教育研究,2002(5):48-52.

程教学内容等。重点学科建设可以推动教师开展科学研究,而科学研究的进展又极大地提高了教师队伍的学术水平和教学质量。重点学科建设要与教学紧密结合。把人才培养作为重点学科的主要任务。重点学科应担负提高专门人才的培养质量的重要任务。应用型大学重点学科要与专业建设紧密结合。从人才培养质量来看,学生的发展潜力,在很大程度上取决于学科建设的效果。

从狭义上理解,学科既指一个知识体系,又指一种学术制度,学科建设的目的在于提升学科组织的知识生产能力;从广义上理解,学科是一个系统概念,由学科、专业、课程共同组成,学科建设理应推动其三位一体建设。根据以往实践可知,学科建设重点在于引进一流的学者,其潜在要求是一流的学者具备一流的科研能力,而对育人的能力与水平考核不足。事实也证明,一流的学者与一流的教师并不能画等号,甚至有时候呈负相关关系。在此理念与实践的指引下,一流的学科被曲解为仅有一流科研能力的学科,一流的大学很自然被异化为一流的研究所。显然,这种发展趋势与大学的育人、科研、社会服务职能相违背。学科是大学组织的细胞,学科是承担大学职能的实践载体,一流的学科自然是科研的平台,也是育人的平台,更是社会服务的平台,学科系统正是基于这种理念提出来的。当然,学科系统并不是简单拼凑的结果,其中存在着互动生长的关系,课程内容来自于学科,专业由若干门课程组成,学科通过课程的组合来影响专业。鉴于此,一流学科的建设应该重视学科系统,推动学科、专业、课程一体化建设。①

应用型大学立足于地方,服务的地区也是所在省市,因此地方产业的需要是应用型大学专业设置的基础,设置新专业务必建立在对就业市场和当地行业、企业进行广泛的市场调查的基础上,听取业界意见。各个专业人才培养方案也必须反映行业需要和企业岗位能力的需求。具体做法是:应用型大学依据区域经济社会发展的行业需要设置专业,并据此确定专业培养要求,再根据专业培养要求选择相关学科作为专业课。由此可见,应用型大学要以经济社会发展为基础,以专业建设为特色,以学科建设作为专业建设的支持,最终实现社会需要、专业设置、学科专业建设三者的有机统一。

---

① 武建鑫.走向自组织:世界一流学科建设模式的反思与重构[J].湖北社会科学,2016(11):162-163.

三、遵循学科建设规律,营造良好发展环境

做好学科建设需要一个良好的、适合学科发展的内部和外部环境,内部环境主要指教学、科研、人才培养和购置先进的仪器设备等;外部环境主要包括政策、资金投入、社会等。

1. 适应需求,主动调整重点学科结构

依据系统理论,不同的组分结构对系统的运行、存续的影响深远。因此,结构是系统理论的一个重要概念,也是系统研究的核心之一。在重点学科布局研究中也是如此,重点学科体系的学科结构分布是判断重点学科布局是否合理的重要依据,也是重点学科布局依据需求导向原则,重点学科布局结构的调整应符合地区经济社会发展的战略调整。

2. 从学科自身的内涵属性出发加强学科建设

从"学科"概念所具有的丰富内涵中可以看到构成学科的主要因素:一是知识体系(学科的研究方向),二是学科的历史性(学科的外部环境),三是学科组织(学术队伍),四是规训和控制研究对象和门徒的权力技术的组合(学科的管理)。

展开来说,学科的知识性特点告诉我们,在构建学科研究方向时,要注意组成学科的知识体系(或研究领域)应具有既能互相支撑又能互补的理论体系和结构。这就要求我们在规划学科建设的学术队伍构成时,不仅要考虑教师的年龄结构、职称结构和学历结构,更重要的是要考虑教师们的知识结构,使他们的学术专长能够合作和互补。这也是符合团队管理的理论要求的。

学科的学术组织特性告诉我们,从组织管理的角度来看,从事科学研究的教师是一个"活动"编制,他可能暂时属于某一个行政组织(某个学校或某个学院),但除非他改行,否则他将永远属于他所从事的学科。曾有专家论述,学科中的人对学科的忠实更甚于对单位的忠实。这个特性提醒我们,因为学科中的

人对学科拥有的强烈归属感,所以在学科建设时要注意加强学科团队的建设,以"学科"为凝聚点,通过共同的课题、共同的学术目标吸引有志教师,组成"科研创新团队",充分调动起教师们的积极性,主动地为学科的建设和发展而努力工作。

学科的"规训和控制研究对象和门徒的权力技术的组合"的特点告诉我们,正因为学科是一种具有"科学共同体"性质的组织机构,因此有其自身的管理规范。那么,我们在进行学科建设时,应当遵循或利用这个管理规范,比如通过同行评议来评估学科建设的成果、评价该学科培养的人才质量等,这都是从管理部门的角度来说的。如果从学科自身的角度来说,就要求学科建设中要加强国内外的学术交流,在获得同行认可的同时也扩大自身的学术影响。

学科的历史性特点告诉我们,学科属于一个历史性的范畴,一门学科从诞生到发展都受到外部环境的影响,这种外部环境主要来源于社会、经济和科技的影响。特别是重点学科建设,对于某一个具体的重点学科,其本身的存在即是一个阶段性的过程。在学科的发展和强大的过程中,要注意优势积累,必须时刻关注外部环境即社会发展、经济建设的要求,追踪学术前沿,及时调整研究方向以推动学科建设的持续发展,才能保持学科的优势地位。

3. 从人才引进入手加强导师队伍建设

优化学科结构、构建良好的学科生态环境,需要学校和学科带头人两方面共同发挥作用。从宏观角度出发的学科结构需要学校从其整体定位和人才培养目标定位入手,从微观角度出发的学科结构则需要由学科带头人根据本学科发展的前沿趋势和自身的特色入手。因此,建议高校今后在人才引进中,首先应当让各学科制定出自己的学科发展规划,确立能形成特色的几个较为稳定的研究方向和目标,以此作为人才引进时考虑学术特长的依据。同时,在进行人才储备时考虑"学缘结构"的因素,减少学术上的"近亲繁殖"。但从另一个方面来说,"学缘结构"有时又须有研究方向的稳定和学术传统的传承,所以也不能一概而论,关键要看是否能够形成良好的学术氛围。另外,一些二级学院的学科构成要素结构不合理,如有的新学科所在学院的博士构成比例还不高、一些学院存在着导师队伍老化、一些学院的师生比过大等问题。建议高校在人才引进和储备时要考虑这些因素。同时,从学科评估工作中所反映的情况来看,对其中一些学科应重在资深教授或学科带头人的引进。

如果说学科建设是高等学校发展的龙头,那么学科带头人则是学科建设发展的火车头。

从"制度经济学"的角度来分析,由于学科建设具有一种类似"准公共资源"的属性,又受到学校和二级学院行政管理对学科学术管理的干扰,因而导师队伍中存在着"学科建设是学校的事,与我无关"的心理,自然对学科建设成果存在着"重利用轻建设"的倾向。这在经济学上称为"搭便车"现象。而责权利的不明确则使得优秀的学科带头人难以脱颖而出。

要想改变这种状态,高校必须充分认识到"学科建设的核心是队伍建设,核心中的核心是选好学科带头人"。首先,要定义选拔学科带头人的标准。学科带头人应具有坚实的理论基础,对本学科发展有真知灼见,有崇高的职业道德,有很强的组织能力和团队意识。他能吸引中青年教师在自己的周围形成梯队。学科带头人不同于学术骨干。带头人要有水平、有思想,创新意识强,同时不谋私利、有事业心、能团结人。学术骨干学术水平高,有创新能力,他们可能会有不少缺点,对他们不要苛求,只要能出成果,就是学术骨干。因此,"学科带头人"应当也是一种岗位,而岗位就应当有明确的职责和任期目标及考评要求。同时,应当赋予一定的行政权力,主要表现在"用人权"和"用财权"两个方面。这种行政权力不是"所有权",而是一种"使用权","用人权"表现在学科带头人应有选拔和推荐人才的权利,"用财权"表现在学科带头人应有分配和使用学科建设专款的权利。这种"使用权"是指学科带头人代表学校行使一种行政权力(体现岗位职责),同时又是指代表教授行使一种学术权力(体现学科发展的利益)。它是学术权力能够正确表达的一种机制保障。

另外,学科带头人是学科发展过程中自然涌现的,不能靠指定,更不能拔苗助长。同样,对学科带头人的考核不仅要看他作为一名教授是否合格,更要看他在"学科带头人"的岗位上是否完成了既定的任务。高校应创造一个使学科带头人能够不断涌现的环境和运行机制,并通过导师年报使每位导师时时处于动态排序之中。通过连续几年的对比,学术骨干自然脱颖而出。学校应当对连续多年成果丰硕者实行重奖。有了这样的"激励考核"机制,学术骨干当中的德才兼备者就会逐渐脱颖而出,成为学科的带头人。

4. 在学科建设中要搞好资源优化配置,把经费用在刀刃上

重大设备必须与重大目标相匹配,要考虑设备与成果的关系。一方面应当根据科研目标确定设备,另一方面应当加大重大设备的开放程度,提高设备的利用率和成果产出率。

另外,在学科建设的"软经费"使用方面,应当加大对人才培养的投入。在人才培养方面的投入,一方面是指对学生的培养,另一方面则是指对学科梯队的培养。对学生的培养,经费重点用于支持和鼓励学生参与科研(助研费)和发表论文等成果、参加各种学术活动(调研、会议)。对学科梯队的培养,则是指把学科建设经费用于对学科带头人和学术骨干的培养,送他们到世界上相应学科最先进的高等学校深造,使他们能够站在巨人的肩膀上,早日成为世界一流的人才。这一点,高等学校特别是国家有关部门应当有长远的眼光、宽广的胸怀,不仅要擅长"使用"人才,更要舍得"培养"人才、舍得创造条件、创造机会培养人才。值得欣慰的是,国家已经着手改革,对人员经费等软性支出已经放开了许多,但如何使得更多的财政专项经费特别是用于科研和学科建设方面的经费能直接用于"人"的方面,同时又能加大力度管理好经费,还值得进一步思考和研究。

5. 抓好学科四个基本要素建设

学科是人类在认识和研究活动中针对认识对象,将自己的知识划分出来的集合,是相对独立的知识体系。一个个相对独立的知识体系是高校的基本元素,也是一所应用型大学发展水平的主要标志。只有把学科建设好,才能从根本上提高大学的办学质量和科研水平。学科建设主要包括学科的方向建设、学科梯队建设、基地建设和项目建设四个基本要素。抓好学科建设首先要符合学科知识自身逻辑发展规律,同时要抓好学科四个基本要素建设。在学科方向的建设上,要注重学科的本体部分建设,要确立有特色的学科,特色学科也是突显应用型大学特色的主要载体。在学科梯队建设上,要建立一个合理的学科梯队结构,包括年龄结构、知识结构和学历结构。在学科基地建设上,要统一规划,建立一个或几个高水平的基地,配备一支高水平的实验室队伍,以推动学科的

发展。在项目建设上,要通过科研项目,锻炼学科队伍对学科前沿发展的敏锐观察力,培养高水平的学者,提高学科的整体科研水平。抓好学科交叉,推动学科建设。学科发展越来越呈现出不断分支交叉又加速综合的趋势,使学科朝向一个领域不断深入又和多个领域综合的整体化方向发展。不同学科相互交叉和综合产生新的学科,新的学科正成为高校发展的创新点。应突出重点,构建一个合理协调的学科结构。应用型大学要树立一个或几个重点和特色学科,带动应用型大学的发展。正像质量是企业的命脉一样,学科的水平就是大学的命脉。任何一所应用型大学都不能把所有学科建设成为一流的学科,而是应该把主要精力放在一个或几个学科上面,发挥自己相对突出的优势,建立一个或几个特色学科、重点学科。[①]

四、加强应用型研究,以科技创新驱动发展

科研实力是重点学科建设成效的外在反映。高水平的学科是高水平研究的基础,高水平的科学研究是学科特色与优势形成的重要途径,是促进学科交叉、融合与创新的重要动力。但换个角度说,科学研究在促进学科建设的同时也不断地吸收学科建设的营养。一方面,科研工作依赖于学科的优势和学术声誉来获得高水平课题以开展高水平的研究;另一方面,一些缺乏基础性、探索性的工程开发项目会"榨干"学科的养分,使学科建设的水平退化。这也说明,学科建设和单纯的科学研究不是一回事。学科建设更注重学科优势的形成和可持续发展,因此要求"学科中的人"根据学科建设的发展需要选择研究方向和科研课题,而不能唯"市场论",更不能以经济利益为导向。

应用型大学必须坚持科技创新驱动发展战略,必须注重应用型研究。应用型科学研究需要解决的问题源自区域经济社会发展的现实需要,理论型科学研究解决的一般是学科和知识创新自身的问题。在转型发展中,科研是驱动力,驱动转型发展,使得高校自身能具备为行业企业技术进步提供服务的能力。应用型研究包括应用型科学研究,也包括课程改革、体制机制、专业建设、实践教学等服务应用型人才培养目标的应用型教学研究。"应用型科学研究、应用型

---

① 吴振顺.应用型大学核心能力培育的思路和途径[D].长沙:中南大学,2005:34.

教学研究、应用型人才培养"三者之间的关系在于,应用型科学研究解决生产实践问题,应用型教学研究将应用型科学研究过程中形成的工程案例转化为教学案例,服务于应用型人才培养的目标。所以应用型大学注重应用型研究,应用型研究包括应用型科学研究和教学研究,两者相衔接,服务于应用型人才培养目标。

应用型大学必须夯实学科基础,再突出与行业结合的特色应用方向。应用型大学依然是知识创新体系中的重要组成部分,学科建设水平依然是大学评价重要的指标之一,学位点建设仍然是按照学科进行组织的。应用型大学需要做的是努力夯实学科基础,在论文和成果方面突出解决实际应用问题。跨学科团队是应用型大学中科研组织的最重要模式,产学研相结合对接具体行业,围绕实际应用问题,采用多学科方法或者视角开展研究。可以考虑的策略包括针对实际应用问题,采用项目负责人制,跨学院组成科研团队或者采用分包的机制,并建立合理的科研业绩分配和成果奖励制度。所以应用型大学注重应用研究,也就要注重跨学科培养应用型人才,培养应用型人才解决问题的多学科视角。[1]

五、坚持产教融合和校企合作,学科链与地方产业链紧密对接

应用型大学应深入贯彻落实党的十九大精神,要更加明确与产业融合、与企业合作的发展主线,研究行业,亲近产业,走进企业,坚定不移地走产教融合和校企合作道路,着力将地方应用型大学打造成深度融入地方、坚决服务地方的四个高地。[2]

一是成为与地方经济社会发展紧密结合的应用型人才培养高地。地方应用型大学要积极对接地方经济社会发展,从"学科专业转型、人才培养目标转向、人才培养方式转变"入手,对学科专业设置、人才培养方案、课程建设及实践

---

[1] 赵剑冬,戴青云.服务区域经济发展助推应用型大学转型升级[J].中国高校科技,2018(1,2):125.

[2] 蒋德勤.着力推进新时代地方应用型大学建设[J].中国高等教育,2018(8):17-19.

基地等进行调整和改造,加强学科专业交叉融合,增设地方急需的应用型专业。创新人才培养模式,按照专业方向模块、创新创业模块和个性化拓展模块,创建"平台＋模块"知识架构,突出知识的地方性、应用性和实用性三大特点,发展应用特色鲜明的专业学位研究生教育,着力实施卓越应用型人才教育培养计划,引入行业标准,修订完善专业建设标准,开展专业资格认证,引入企业核心技术标准,修订完善专业核心课程标准,真正体现出对地方经济社会发展的支撑度、对人力资源建设和科技成果转化的贡献度及提升人民群众的满意度。

二是成为与地方政府战略需求紧密融合的社会服务高地。地方应用型大学欲成为地方政府的社会服务高地,当前要解决两个认识问题:一是必须把办学思路真正转到服务地方经济及社会发展上来,转到产教融合、校企合作上来,转到培养应用型技术技能型人才上来,推动响应式服务向主动式服务转变;二是必须彻底解决重项目轻平台、重科技研发轻成果转化的弊端,按照新常态下地方经济结构转型升级和产业结构调整优化的现实需要,改变过去点对点、点对线、点对面的合作方式,转为对地方政府面对面的平台合作,以产教融合和校企合作为突破口,与当地政府产业发展战略对接,与地方政府经济开发区、产业聚集区创新发展要素对接,与地方政府人才需求和技术需求对接,积极推动学科专业与地方产业相衔接,与地方政府共建研究院、研究中心等成果转化平台,将科学技术成果转化为生产力,全面提高学校服务区域经济社会发展的能力。

三是成为与地方资源要素紧密对接、协同创新的科技推广高地。地方应用型大学要着力强化学校内部资源整合的"蓄水池"功能,推行竞争性绩效资源配置机制,推动资产的捆绑使用、资源的优化配置和资本的保值增值。同时,加大校地和校企实践育人基地建设力度,开发基于"互联网＋"、大数据、云计算等现代技术资源的共享共用平台,增强服务地方的能力;着力发挥人才资源和科技资源对外输出的"灌溉池"作用,以地方政府、行业企业对技术技能型人才需求为导向,开发应用技术类培训课程资源库,推进优质培训资源跨行业、跨企业共建共享,为行业企业提供多层次、多类型、立足岗位需求的应用技术类培训服务和学历继续教育。

四是成为与地方文化紧密呼应的文化传承与创新高地。文化传承与创新是大学的重要职能,在这一问题上,地方应用型大学要展现高度自觉和高度自信,责无旁贷地承担起传承优秀文化、创新思想文化的时代使命,积极推进大学精神与地方文化的共建和共融。一是在共建上,地方应用型大学在选择主流文化、崇尚主流价值的同时,还要依托马克思主义学院等人文学科平台,主动对地方文化进行理论阐释,主动吸吮地方文化养分,不断提升地方高水平大学发展的软实力。二是在共融上,地方应用型大学在办学进程中,已经深深融入地方文化之中,这种相融共生的关系,决定了地方应用型大学在接受地方文化滋养的同时,还要反哺地方文化,服务地方文化产业发展,参与区域文化建设,推动大学文化建设成果向周边辐射,着力发挥文化高地的引领和示范作用。

我国所提出的"一带一路"倡议顺应世界经济中心的转移并连接起亚洲、欧洲和非洲,建立起经济共同体和命运共同体;对内则实行"四个全面"战略,实现从经济大国向经济强国转变,推进粗放型经济转型升级到集约型经济,加速要素、资本驱动型经济转向创新创业驱动型经济,其中最关键的是产业链和价值链的升级。应用型本科建设的最大意义和最优路径必然是实施学科链与地方产业链无缝对接,在培养体系中自选学科链与产业链,加速提升创新型技能人才的培养能力、水平和层次。不同类型高校均需要在应用型本科建设的主题框定下重新修订办学定位,紧密结合地方支柱产业谋划专业布局,把地方支柱产业引入专业培养体系中,将专业培养方案延伸到支柱产业实际生产中,共同打造教学实践平台、实践实训基地,协同培养富于地方特色和专业优势的专门性人才。例如部分工程类、财经类等院校应用性定位明确,需要更加紧密对接地方产业;而综合类、基础性文理类院校以及部分重复开设而过度饱和的专业调整和设置则任重道远。应用型本科高校应重点以学科链对接地方支柱行业产业链,以学科群对接产业群,以专业匹配岗位;与此同时,要根据市场波动,建立专业动态调整机制,自选学科链与产业链,维持适度规模,提高承受冲击的能力,通过校企合作研判产业结构调整和人力资源需求,保证应用型专业设置的适应性和前瞻性。[①]

总之,学科建设是提高学校办学层次和水平,关乎学校生存与发展的关键。只有充分认识到学科建设在高校工作中的地位和作用,了解学科建设的规律和方法,才能搞好学科建设,才能使学科建设真正对专业建设起到支撑作用,才能培养出一支业务精良的教师队伍,才能形成学校自己的办学特色,使应用型本科院校在地方经济建设中发挥更为重要的作用。

---

① 祝青江.应用型本科院校发展路径分析[J].教育评论,2015(4):15-17.

面对"双一流"建设带来的机遇和挑战,应用型大学要着力解决自身学科建设中存在的问题,积极探索一流学科建设路径,围绕人才培养、科学研究、社会服务、文化传承与创新、师资队伍建设、国际交流合作六大建设任务,扎根中国大地办大学,遵循学科建设基本规律,以一流特色学科建设为核心,坚持行业特色,"以点带面,建成一批掌握世界学术话语权、有力支撑国家重大战略的优势学科群,不断推进世界一流行业特色大学建设"。

参 考 文 献

[1] 托马斯·库恩.必要的张力[M].纪树立,范岱年,罗慧生,等译.福州:福建人民出版社,1981.

[2] 伯顿·R.克拉克.高等教育系统:学术组织的跨国研究[M].王承绪,徐辉,等译.杭州:杭州大学出版社,1994.

[3] 霍恩比.牛津高阶英汉双解词典[Z].4版.北京:商务印书馆,1997.

[4] 华勒斯坦.学科·知识·权力[M].刘健芝,译.北京:生活·读书·新知三联书店,1999.

[5] 米歇尔·福柯.知识考古学[M].谢强,马月,译.上海:生活·读书·新知三联出版社,2003.

[6] 丹尼尔·若雷,赫伯特·谢尔曼.从战略到变革:高校战略规划实施[M].周艳,赵炬明,译.桂林:广西师范大学出版社,2006.

[7] 迈克尔·吉本斯.知识生产的新模式[M].北京:北京大学出版社,2011.

[8] 丁雅娴.学科分类研究与应用[M].北京:中国标准出版社,1999.

[9] 汪晖.死火重温[M].北京:人民文学出版社,2000.

[10] 胡建雄.学科组织创新[M].杭州:浙江大学出版社,2001.

[11] 谢桂华.20世纪的中国高等教育:学位制度与研究生教育卷[M].北京:高等教育出版社,2003.

[12] 张维迎.大学的逻辑[M].北京:北京大学出版社,2004.

[13] 罗云.中国重点大学与学科建设[M].北京:中国社会科学出版社,2005.

[14] 谢桂华.学位与研究生教育研究新进展[M].北京:高等教育出版

社,2006.

[15] 徐理勤.现状与发展:中德应用型本科人才培养的比较研究[M].杭州:浙江大学出版社,2008:20.

[16] 李娟,李晓旭.高等学校重点学科建设研究[M].北京:中国科学技术出版社,2015.

[17] 李志峰,曾庆东,等.行业特色型高校主干学科专业体系建设研究[M].武汉:武汉大学出版社,2017.

[18] 卞清.重点学科评估探析[J].江苏高教,1997(4):69-71.

[19] 周蒲荣.高校重点学科的建设与管理[J].湖南师范大学自然科学学报,1998,21(3):92-96.

[20] 郑国强.创建面向21世纪的新应用型大学[J].高等教育研究,1999(5):93-95.

[21] 金薇吟.对高校学科建设的再思考[J].苏州丝绸工学院学报,1999,19(6):180-181.

[22] 刘献君.论高校学科建设[J].高等教育研究,2000(5):16-20.

[23] 李玉民,岳瑛.天津市大学学科建设探讨[J].科学学与科学技术管理,2001(12):83-85.

[24] 严冬珍.高校学科建设层级互动管理系统模式的应用[J].江苏高教,2001(6):79-80.

[25] 姚云.论大学学科建设[J].林师范学院学报(哲学社会科学版),2001(2):69-71.

[26] 谢桂华.关于学科建设的若干问题[J].高等教育研究,2002(9):46-52.

[27] 王艳玉,张社列,谷冠鹏.学科建设与优势积累[J].河北大学学报(哲学社会科学版),2002,27(1):76-80.

[28] 田恩舜.关于我国高校学科建设的思考[J].现代教育科学,2002(9):17-19.

[29] 孟宪范.学科制度建设研讨会综述[J].开放时代,2002(2):134-143.

[30] 谭荣波."源"与"流":学科、专业及其关系的辨析[J].教育发展研究,2002(11):114-117.

[31] 刘诚芳,严春燕.试析学科建设的几个问题[J].西南民族学院学报(哲学

社会科学版),2002(1):31-32.

[32] 毛晓华,王家平,朱玲.浅议高校学科建设的现状及对策[J].现代教育科学,2003(9):72-73.

[33] 田定湘,胡建强.对大学学科建设几个问题的思考[J].湖南社会科学,2003(2):114-116.

[34] 娄延常.理念·定位·学科:论高等学校办学特色的战略选择[J].高校理论战线,2003(4):32-34.

[35] 程焰.浅议加强重点学科建设[J].湖北师范学院学报(哲学社会科学版),2003,23(3):99-102.

[36] 周秀娇,朱建成.对学科建设的原则和实践问题的思考[J].佛山科学技术学院学报(社会科学版),2003(1):80-83.

[37] 刘港.浅谈学科建设的管理模式[J].沈阳大学学报,2003,15(2):108-130.

[38] 李爱彬,张庆春.重点学科建设项目组织管理体制探讨[J].高教探索,2003(4):35-37.

[39] 宣勇.基于学科的大学管理模式选择[J].中国高教研究,2004(4):43-44.

[40] 伍百洲,秦大同.论学科建设的内涵、策略与措施[J].重庆大学学报(社会科学版),2004(2):134-137.

[41] 徐东.论学科向学科群演化的必然规律[J].现代大学教育,2004(6):10-14.

[42] 马涛,邓鹏图.高等学校学科建设内涵略析[J].高等教育研究学报,2004,27(1).

[43] 杨天平.学科概念的沿演与指谓[J].大学教育科学,2004(1):13-15.

[44] 刘宏林,刘华,赵胜岩.学科建设内涵与体制创新浅议[J].辽宁教育研究,2004(6):41-42.

[45] 郑龙章,陈绍军.普通高等学校学科建设的思路[J].高等农业教育,2004(1):45-47.

[46] 赵沁平.谈我国研究型大学的学科建设[J].中国高等教育,2004(5):9-11.

[47] 游海.高校学科建设必须正确处理的几个关系[J].江西社会科学,2004

(9):167-172.

[48] 罗云.警惕我国重点大学学科建设中的若干误区[J].现代大学教育,2004(4):55-58.

[49] 黄争舸,叶松.大学学科建设问题分析[J].高等农业教育,2004(9):16-18.

[50] 汪泓.瞄准地方需求创新应用型大学办学模式[J].中国高等教育,2005(21):39.

[51] 胡守强,赵正洲.我国高等学校重点学科建设若干问题分析[J].高等农业教育,2005(6):48-50.

[52] 刘淑霞.高校学科建设问题[J].大连民族学院学报,2005,7(1):76-77.

[53] 万力维.学科:原指、延指、隐指[J].现代大学教育,2005(2):16-19.

[54] 刘开源.高校学科建设中的若干关系探析[J].黑龙江高教研究,2005(3):99-101.

[55] 高校中青年干部培训班"高校学科建设"课题组.我国高校学科建设存在问题及对策[J].国家教育行政学院学报,2005(8):60-63.

[56] 孙建京.应用型大学重点学科内涵探讨[J].北京联合大学学报(自然科学版),2005(3):9.

[57] 冯虹,刘文忠.对应用型大学的探讨[J].北京联合大学学报(自然科学版),2005(2):26-27.

[58] 吴振球.以学科交叉推动高校的学科建设[J].高教发展与评论,2005(2):17-21.

[59] 罗云.论大学学科建设[J].高等教育研究,2005(7).

[60] 庞青山,薛天祥.大学学科结构的演进及其特点[J].教师教育研究,2005,17(5):67-71.

[61] 张亚群.高等学校学科建设中的关系链链接[J].江苏高教,2005(5):90-92.

[62] 左兵.政策导引下的重点学科建设制度分析[J].高等教育研究,2006,27(10):36-41.

[63] 肖艳芳,吴冰,仇光永.高校学科建设管理的问题与思考[J].研究与发展管理,2006,18(4):127-130.

[64] 程永波,罗云.启迪与借鉴:关于国外著名研究型大学学科建设实践的研究[J].黑龙江高教研究,2006(3):35-37.

[65] 宣勇、凌建."学科"考辨[J].高等教育研究,2006(4):18-23.

[66] 王梅,陈士俊,王怡然.我国高校学科建设研究述评[J].中国地质大学学报(社会科学版),2006,6(1):76-81.

[67] 姜振家.对高等学校学科建设的矛盾分析[J].学位与研究生教育,2006(2):48-51.

[68] 郭纬.高校学科建设的管理模式[J].教师教育研究,2006,18(5):61-64.

[69] 刘晓,周明星.应用型大学学科建设:内涵、内容与内功——以天津工程师范学院学科建设工作为例[J].荆门职业技术学院学报(教育学刊),2007(7):45.

[70] 徐英俊.应用型大学的特点及发展路径[J].大学研究与评价,2007(3):66.

[71] 康翠萍.学术自由视野下的大学发展[J].教育研究,2007(9):55-58.

[72] 孔繁敏.应用型学科专业的改革与实践探索[J].北京教育(高教),2008(Z1):17-19.

[73] 陈小虎."应用型本科教育":内涵解析及其人才培养建构[J].江苏高教,2008(1).

[74] 柳贡慧.办人民满意的应用型大学[J].北京联合大学学报(自然科学版),2008(3):2.

[75] 史秋衡,王爱萍.应用型本科教育的基本特征[J].教育发展研究,2008(21).

[76] 张晓敏.建设应用型本科院校之探析[J].辽宁教育行政学院学报,2008(10):59-59.

[77] 高林,吴智泉.发展应用性高等教育若干基本问题的研究[J].中国高教研究,2008(5):46-47.

[78] 刘献君,张俊超.高校学科建设规划的制订:HS大学案例分析[J].大学(学术版),2009(12):65-67.

[79] 吴智泉.应用型大学发展应用性学科探析[J].民办教育研究,2009(7):72.

[80] 翟亚军,王战军.理念与模式:关于世界一流大学学科建设的解读[J].清华大学教育研究,2009(1):20.

[81] 刘美,叶晓.浅谈应用型大学的学科建设[J].中国电力教育,2009(10):41.

[82] 潘懋元,周群英.从高校分类的视角看应用型本科课程建设[J].中国大学教学,2009(3).

[83] 尤丁力.行业特色型高校人才培养特色研究[D].成都:西南交通大学,2009.

[84] 潘懋元.什么是应用型本科?[J].高教探索,2010(1):10-11.

[85] 赵宇,朱伶俐.对行业特色高校学科群建设的思考[J].科技信息,2010(14):56.

[86] 晏湘涛.世界一流大学学科体系建设的基本经验[J].研究生教育研究,2011(2):47-50.

[87] 梁传杰.对学科建设几个基本问题的思考[J].研究生教育研究,2012(8):57-60.

[88] 杜卫,陈恒.学科交叉:应用型本科院校学科建设的战略选择[J].高等工程教育研究,2012(1):130.

[89] 胡天佑.建设"应用型大学"的逻辑与问题[J].中国高教研究,2013(5).

[90] 山红红.行业特色型大学学科建设的思考与实践[J].中国高等教育,2013(Z3):13-15.

[91] 曹国永.创建世界一流行业特色大学的若干思考[J].中国高等教育,2013(3):24-26.

[92] 陈琳,龚秀敏.基于协同理论的应用型大学学科、专业一体化建设研究[J].郑州师范教育,2013(3):24.

[93] 张大友,冉隆锋.地方高校教学应用型学科专业建设的特色培育路径研究:以长江师范学院为例[J].贵州师范学院学报,2013(9):75.

[94] 闫俊凤.生态学视域下行业特色高校学科建设[J].高教探索,2014(2):96-99.

[95] 薛岩松,卢富强,毕华玲.行业特色高校学科与专业建设策略[J].中国高校科技,2014(7):42-45.

[96] 祝青江.应用型本科院校发展路径分析[J].教育评论,2015(4):15-17.

[97] 冉隆锋.论应用型大学的内涵及特征[J].职业技术教育,2015(13):25-28.

[98] 康翠萍.高校学科建设的三种形态及其政策建构[J].高等教育研究,2015(11):37-41.

[99] 李林,刘琳,刘华伟.应用型大学科研管理工作研究[J].北京联合大学学报,2016(1):18.

[100] 武建鑫.走向自组织:世界一流学科建设模式的反思与重构[J].湖北社会科学,2016(11):162-163.

[101] 朱国华,吴兆雪.应用型本科建设的时代逻辑、国际经验与路径选择[J].职业技术教育,2016(22):10.

[102] 陈志伟.应用型大学的基本内涵与国别特征研究[J].贵州师范大学学报(社会科学版),2016(1):142-145.

[103] 付八军.学以致用:应用型大学的灵魂[J].教育发展研究,2016(19):25.

[104] 陈刚,胡景乾.高等教育内涵式发展背景下的一流学院和一流专业建设:以安康学院为例[J].安康学院学报,2017(6):4.

[105] 齐再前.走内涵发展之路,提升城市型、应用型大学人才供给质量[J].北京联合大学学报,2017(3):19.

[106] 冯年华,张素红.转型发展地方高校应用型本科人才培养方案制定的研究与实践:以金陵科技学院为例[J].金陵科技学院学报(社会科学版),2017(1):72.

[107] 杨宜,林妍梅.校本生本质量为本:城市型、应用型大学人才培养的策略研究[J].北京联合大学学报,2017(4):2.

[108] 别敦荣.应用型大学的发展与教学改革[J].玉林师范学院学报,2017(3):3-9.

[109] 欧江.从学科逻辑到应用逻辑:西欧应用型大学转型的经验借鉴[J].湖北函授大学学报,2017(8):20.

[110] 朱国华,张勤.应用型大学建设:整体背景、目标定位与优势路径[J].职业技术教育,2017(34):51-56.

[111] 齐再前.走内涵发展之路,提升城市型、应用型大学人才供给质量[J].北京联合大学学报,2017(3):18.

[112] 陈东辉,曲嘉.全领域构建协同创新平台推进产教融合:以上海应用技术大学为例[J].教育理论研究,2017(11):177-179.

[113] 胥桂宏.行业特色型大学在"双一流"战略中的发展与对策思考[J].河北师范大学学报(教育科学版),2017(5):74-75.

[114] 姜淼芳,肖爱.我国应用型本科院校学科建设模式的反思与体制创新[J].江苏高教,2017(9):33-35.

[115] 刘学忠.地方应用型大学协同育人体制机制新探[J].国家教育行政学院学报,2017(9):70.

[116] 陆珂珂,龚放."双一流"建设背景下创业型大学发展的若干思考[J].江苏高教,2018(11):2.

[117] 李枫,李萍,何丽娜.高水平行业特色型大学一流学科建设策略分析[J].江苏高教,2018(11):34.

[118] 蔡敬民.地方高水平应用型大学建设的思考与实践:以合肥学院为例[J].北京教育(高教),2018(10):26-28.

[119] 赵剑冬,戴青云.服务区域经济发展助推应用型大学转型升级[J].中国高校科技,2018(1-2):125.

[120] 张红兵.应用型大学教学与科研"相长"的对策研究[J].大学教育,2018(3):1.

[121] 蒋德勤.着力推进新时代地方应用型大学建设[J].中国高等教育,2018(8):17-19.

[122] 北京石油化工学院.以学科建设和科技创新促进高水平应用型大学建设[J].北京教育(高教),2018(10):83-87.

[123] 李小牧.创新专业学科建设思路,打造独具首都特色的应用型大学[J].中国大学教学,2018(9):62.

[124] 邹晓东.研究型大学学科组织创新研究[D].杭州:浙江大学,2003.

[125] 刘湘宁.我国研究型大学学科建设目标研究[D].长沙:中南大学,2003.

[126] 王梅.高等学校学科建设若干问题的探讨[D].天津:天津大学,2003.

[127] 王波.论合并高校的学科融合[D].武汉:武汉大学,2004.

[128] 庞青山.大学学科结构与学科制度研究[D].上海:华东师范大学,2004.

[129] 郑海燕.大学学科建设的战略研究[D].南京:南京航空航天大学,2004.

[130] 吴振顺.应用型大学核心能力培育的思路和途径[D].长沙:中南大学,2005.

[131] 段丹.基于知阵结构的大学学科组织结构创新研究[D].杭州:浙江大学,2006.

[132] 张立伟.基于核心竞争力理论的大学学科建设研究[D].大连:大连理工大学,2006.

[133] 施咏清.大学生社会适应性研究[D].南京:河海大学,2007.

[134] 翟亚军.大学学科建设模式研究[D].合肥:中国科学技术大学,2007.

[135] 沈红宇.中国行业特色研究型大学的发展现状与发展趋势[D].哈尔滨:哈尔滨工程大学,2010.

[136] 常姝.行业特色型高校学科发展战略管理研究[D].南京:南京农业大学,2011.

[137] 吕斌.行业高水平大学科学定位与特色发展研究[D].武汉:华中农业大学,2011.

[138] 史健勇.基于东方管理理论的应用型大学竞争力研究[D].上海:复旦大学,2012.